Arne Hoffmann

Lexikon des Jenseits

W0336255

LEXIKON DES JENSEITS

ARNE HOFFMANN

SILBERSCHNUR

Die in diesem Lexikon zusammengetragene Forschungslage ist auf dem Stand von April 2005.
Über die neuesten wissenschaftlichen Erkenntnisse in der Jenseitsforschung
nach Veröffentlichung dieses Buches berichtet Arne Hoffmann in seinem Internet-Blog,
zu finden unter http://spoekenkieker.blogspot.com.

Alle Rechte - auch die des auszugsweisen Nachdrucks, der fotomechanischen Wiedergabe, der Übersetzung und der Einspeicherung und Verarbeitung in elektronischen Systemen - vorbehalten.

© der Originalausgabe Verlag "Die Silberschnur" GmbH

ISBN 3-89845-115-1

1. Auflage 2005

Covergestaltung und Satz: XPresentation, Boppard
Druck: Finidr, s.r.o. Cesky Tesin, Tschech. Rep.

Verlag "Die Silberschnur" GmbH · Steinstraße 1 · D-56593 Güllesheim

www.silberschnur.de
Email: info@silberschnur.de

Themenübersicht

"Es ist eine wahre Revolution im westlichen Denken im Schwange. Wissenschaft und Esoterik stehen einander seit Galileos Zeiten unversöhnlich gegenüber. Jede neue wissenschaftliche Entdeckung und die daraus entwickelte Theorie hatte bis jetzt zur Folge, dass die Kluft zwischen der objektiven Wissenschaft und den subjektiven spirituellen Aspekten der menschlichen Natur immer größer wurde. Diese Kluft erreichte gegen Ende des neunzehnten Jahrhunderts ihr Maximum: Die Menschheit wurde aufgefordert, zwischen Gott und Darwin zu wählen, und Freud zeigte uns, dass Himmel und Hölle in unserem Innersten wohnten und nicht in unserer Beziehung zum natürlichen Universum. Die wissenschaftlichen Entdeckungen des zwanzigsten Jahrhunderts passen nicht in dieses Schema. Endlich stimmen die jüngsten Erkenntnisse der Wissenschaft und die spirituellen Erfahrungen der Menschheit miteinander überein. Dies ist ein gutes Zeichen für das neue Jahrtausend. – Eine Wissenschaft, die mit der spirituellen Natur des Menschen ihren Frieden macht, mag die technologische Wissenschaft der jüngsten Vergangenheit bei ihrem Beitrag für das Wohlergehen der Menschheit gut und gerne hinter sich lassen."

Karl Pribram, international führender Neurophysiologe

"Wir sind wie Fliegen, die über die Decke der Sixtinischen Kapelle krabbeln. Wir können nicht sehen, welche Engel und Götter jenseits der Schwelle unserer Wahrnehmung liegen. Wir leben nicht in der Wirklichkeit; wir leben in unseren Weltbildern, unseren gewohnheitsmäßigen Wahrnehmungen, unseren Illusionen. Die Illusionen, die wir durch unsere Kultur miteinander teilen, nennen wir Wirklichkeit. Aber die wahre Wirklichkeit unseres Seins bleibt uns unsichtbar."

William Irwin Thompson, Philosoph

Abmelden

Scheinbar unerklärliches Vorkommnis, das sich zeitgleich mit dem Sterben eines Menschen ereignet: etwa das Herunterfallen eines Bildes, das Stehenbleiben einer Uhr, das Zerspringen eines Spiegels oder die > Erscheinung des Verstorbenen im Traum oder als > Halluzination. Dieses Zusammentreffen kann durch > Telepathie oder > Telekinese erklärt werden. Findet dieses Abmelden zu einem Zeitpunkt statt, zu dem die betreffende Person bereits tot ist, deuten das viele damit, dass sie sich noch einmal aus dem Jenseits meldet. Da man aber nicht weiß, wie übersinnliche Fähigkeiten funktionieren, kann es auch sein, dass die beobachtete Auswirkung schlicht nur mit einiger Verzögerung zutage trat: Aus Versuchen mit Telepathie gewinnt man den Eindruck, dass übermittelte Botschaften manchmal erst Stunden später im > Bewusstsein des Empfängers erscheinen (88, 101).

Ätherleib

In der esoterischen Vorstellung der nicht-stoffliche Körper, ähnlich dem > Astralleib. Er soll dem stofflichen Körper am nächsten liegen und als eine Art Energiefeld (> Feld) sein Wachstum steuern (82, 180).

“The Afterlife Experiments”

Aufsehen erregende, aber auch umstrittene Buchveröffentlichung von Professor Gary > Schwartz. Er möchte mit einer Reihe von Experimenten mit > Medien beweisen, dass es ein Leben nach dem Tod gibt. Damit nimmt Schwartz einen Forschungszweig wieder auf, der vom Hauptstrom der > Parapsychologie in den letzten Jahrzehnten vernachlässigt worden ist (> Banks, Joseph Rhine). Schwartz ließ > Medien mit den verstorbenen Angehörigen von Versuchspersonen Kontakt aufnehmen, wobei diese Medien die Versuchspersonen nicht zu Gesicht bekamen und die Möglichkeit eines Betruges etwa durch > Cold Reading so ausgeschlossen werden konnte. Verschiedene Medien gaben über mehrere Punkte - etwa den Tod des Sohnes einer Versuchsperson - übereinstimmende Berichte ab. Anhand einer Bewertungsskala hielt Schwartz fest, wie viele konkrete Angaben gemacht wurden und wie viele Angaben eine Kontrollgruppe durch bloßes Raten zustande brachte. Die Medien brachten es auf 83, die Kontrollgruppe nur auf 36 Prozent an Treffern. In weiteren Durchgängen kam es zu noch einmal verschärften Bedingungen.

Unter anderem wurde ein professioneller Bühnenmagier als kritischer Beobachter hinzugezogen. Die Medien stellten jetzt unter anderem fest, dass eine der weiblichen Versuchspersonen inzwischen ihren Mann verloren hatte und dass sie vor seinem Tod entsprechende Vorahnungen gehabt hatte.

Schwartz analysierte, ob man die Ergebnisse dieses Experimentes auch anders als durch Kontakte mit den Seelen Verstorbener erklären könnte. Unter den Möglichkeiten, die er durchging, waren unter anderem Betrug, Glückstreffer beim Raten, schlichtes Gedankenlesen und das Anzapfen eines übergeordneten Feldes, in dem möglicherweise sämtliche Informationen gespeichert sind (> Akasha-Chronik). Da die Medien auch Dinge bekannt gaben, die sich erst im Nachhinein als richtig herausstellten, und da eine sehr aktive Kommunikation seitens der Verstorbenen stattzufinden schien, hält Schwartz einen tatsächlichen Kontakt mit dem > Jenseits für die wahrscheinlichste Möglichkeit. Auf dieser Grundlage erörtert er im Schlussteil seines Buches, wie sich unsere Welt ändern würde, wenn wir das Überleben des > Bewusstseins tatsächlich hieb- und stichfest beweisen könnten.

Schwartz' Ergebnisse blieben nicht unumstritten. > Skeptiker warfen ihm eine fehlerhafte Durchführung des Experimentes vor, was Schwartz Punkt für Punkt zurückwies. Fundierter war hingegen die Kritik, die von anderen > Parapsychologen erhoben wurde: Schwartz stelle seine Ergebnisse allzu marktschreierisch als einen "Beweis" für die Existenz eines Jenseits dar, was sie nicht seien. Nichtsdestoweniger stellen sie und ähnliche Versuche mit Medien, wie sie in den letzten Jahren verstärkt unternommen wurden, einen wichtigen Schritt bei der Auseinandersetzung mit dieser Frage dar (> Scole-Experiment).

Literatur: Gary Schwartz: The Afterlife Experiments. Breakthrough Scientific Evidence for Life after Death. Atria Books 2002

Akasha

Insbesondere im heidnischen Glauben stellt Akasha die Weltseele dar: eine allumfassende Energie, die jedes lebende Wesen umfasst, und damit eine Art kosmisches > Bewusstsein.

Akasha-Chronik

In der esoterischen Lehre insbesondere nach Rudolf Steiner dient die Akasha-Chronik als ein universeller Speicher des gesamten vorhandenen Wissens. Sie speichert sämtliche Ereignisse und Gedanken, ähnlich einer grenzenlosen kosmischen Bücherei. Manche Esoteriker vertreten die Auffassung, dass diese Chronik angezapft wird, wenn Menschen auf übernatürliche Weise (etwa durch > Hellsehen) an Informationen gelangen, die ihnen auf irdischem Weg nicht zugänglich sind. Andere Esoteriker glauben, dass man nach seinem Tod in Verbindung mit diesem Wissensspeicher tritt. Als Beleg dient ihnen, dass viele Menschen, die > Nahtod-Erfahrungen durchlebt haben, berichten, ihnen sei sämtliches verfügbare Wissen schlagartig zugänglich geworden. Nach ihrer Wiederbelebung können sie davon aber nicht berichten. Lediglich manche zutreffenden Informationen, die sie preisgeben, können theoretisch mit Wissen erklärt werden, das sie auf diese Weise gewonnen haben.

Jane > Roberts schildert in ihren Seth-Büchern die These, dass die Grundlage unseres Universums nicht die Materie, sondern Informationen, Vorstellungen und Bewusstsein darstellen. Entsprechend veranlagte Menschen können demnach auf dieses Wissen direkt zugreifen, also beispielsweise durch Intuition, > außersinnliche Wahrnehmung oder > automatische Kreativität.

Literatur: Rudolf Steiner: Aus der Akasha-Chronik. Dornach 1987

American Society for Psychical Research (ASPR)

US-amerikanische Zweigstelle der > Society for Psychical Research (SPR).

Animismus

(Gegensatz: > Spiritismus) Weltbild, dem zufolge sämtliche scheinbar übernatürlichen Erscheinungen von Lebenden statt von jenseitigen Kräften ausgeübt werden. Vgl. > Super-Psi.

anthropisches Prinzip

Der Umstand, dass viele Bedingungen unseres > Universums bis ins Kleinste so abgestimmt sind, dass sie dabei Beobachter (also Lebewesen mit einem > Bewusstsein) hervorbringen. Wären beispielsweise die Kernkräfte der Atome nur um ein halbes Prozent verändert, gäbe es entweder keinen Sauerstoff oder keinen Kohlenstoff und damit kein Leben. Wäre die Schwerkraft nur um eine Winzigkeit kleiner, hätte sich die Materie nie zu Sternen geformt; wäre sie nur um eine Winzigkeit größer, hätte unser Universum seine Ausdehnung kurz nach dem Urknall beendet. Verhielte sich das

Verhältnis zwischen magnetischer Kraft und Kernkraft nur ein wenig anders, gäbe es keine stabilen Moleküle. Diese und verschiedene andere Dinge haben jedoch exakt so zusammengewirkt, dass wir Menschen entstanden sind. Für manche Forscher ist das ein Hinweis darauf, dass es einen planvollen Schöpfer geben muss. Religiöse Menschen würden hier von Gott sprechen. Andere Menschen vertreten die Auffassung, dass unser Bewusstsein selbst das Universum hervorgerufen haben könnte: auch rückwärts in die Zeit hinein. Wissenschaftler, denen solche Gedanken zu gewagt erscheinen, versuchen, andere Möglichkeiten der Erklärung zu finden. Beispielsweise könnte unser Universum eines von vielen sein - in den anderen gibt es aber andere Grundlagen und damit keine Beobachter.

Manche Forscher wenden das anthropische Prinzip in der Biologie an. Sie glauben, dass die Lebewesen auf unserer Erde dermaßen kompliziert gestaltet sind, dass hinter ihrer Entstehung nicht allein blinder Zufall, sondern ein schöpferischer Plan stehen müsse. Damit geraten die Anhänger dieser Deutung in Konflikt mit der Evolutionslehre, die von einer zufälligen Mutation gekoppelt mit natürlicher Auslese ausgeht (vgl. > Wallace, Alfred Russell). Die meisten Schulwissenschaftler können sich nicht so recht damit anfreunden, weil sie glauben, dass auf diese Weise die Religion quasi durch die Hintertür in den Bereich der Wissenschaft geholt wird (46, 43-45).

Der international verwendete Fachbegriff für jene umstrittene neue Philosophie lautet "Intelligent Design".

Literatur: Arnold Benz und Samuel Vollenweider: Würfelt Gott? Patmos 2003; Paul Davies: Der Plan Gottes. Insel 1996; Kitty Ferguson: Gott und die Gesetze des Universums. Econ 2001; John Lennox: Hat die Wissenschaft Gott begraben? Brockhaus/Haan 2002

Apport

Herbeischaffen eines Gegenstandes auf übernatürliche Weise, zum Beispiel von einem verschlossenen Raum in einen anderen. Berichten zufolge kommt es bei manchen > Séancen vor, dass verschiedene Dinge zum Beispiel plötzlich von der Zimmerdecke fallen. Während dieser Vorgang nach unserem physikalischen Weltbild völlig absurd ist, konnte er beispielsweise schon in den zwanziger Jahren in Experimenten des Astrophysikers Friedrich Zöllner unter kontrollierten Bedingungen beobachtet werden (73).

Ein bekanntes Beispiel für einen "fehlgeschlagenen" Apport berichtet der italienische Parapsychologe Ernesto Bozzano. Er bat im Jahr 1904 das > Medium Peretti, auf diese übernatürliche Weise einen Block aus Pyrit (Eisen- bzw. Schwefelkies) herbeizuholen, der sich auf dem Schreibtisch in Bozzanos zwei Kilometer entfernter Wohnung befand. Nach mehreren Anstrengungen teilte Perettis > Kontrollgeist mit, dass er es nicht mehr schaffe, den Block wieder zu verstofflichen. Bozzano schaltete im Raum das Licht an und stellte fest, dass Möbel und Fußboden jetzt mit Pyritstaub bedeckt waren. Er kehrte nach Hause zurück, um den Pyritblock dort zu überprüfen, und stellte fest, dass dieser zwei Drittel seines Gewichtes verloren hatte (49, 132-133).

Aktuell soll es im Rahmen des > Scole-Experimentes zu zahlreichen Apporten gekommen sein.

Association for Past-Life Research and Therapies (APRT)

Internationale Vereinigung professioneller Therapeuten, die sich mit psychologischer Heilung durch > Rückführungen beschäftigt. Ihren Mitgliedern geht es also weniger darum, die > Reinkarnation zu erforschen, als entsprechende Erlebnisse sinnvoll zu nutzen. Gegründet wurde diese Organisation 1980 in Kalifornien (42, 33).

Astralebene

In der esoterischen Vorstellung die der körperlichen Ebene überlagerte Form der substanzlosen Wirklichkeit. Sie ist demnach Schauplatz von > Traum und Fantasie sowie der Ort, den die menschliche > Seele nach dem Tod und bei manchen > außerkörperlichen Erfahrungen aufsucht. In verschiedenen spirituellen Lehren wird empfohlen, diese Welt nach dem Tode möglichst bald hinter sich zu lassen und zu höheren Ebenen emporzustoßen (37, 23), vgl. > erdgebundene Seele.

Astralleib, Astralkörper

Der nicht-stoffliche Körper des Menschen, der nicht so stark wie dieser an den Raum gebunden ist, sondern etwa zu > Astralprojektionen ausgesandt werden kann und als Träger des > Bewusstseins den Tod übersteht. Oft handelt es sich dabei um eine genaue Nachbildung des leiblichen Körpers, manchmal aber auch um eine Nachbildung dieses Körpers in früherer Zeit, als er noch gesünder und vitaler war. In einigen Fällen ist der Astralleib auch weniger klar ausgeformt, sondern zum Beispiel nebelartig oder lediglich ein Fleck aus Licht.

Literatur: Sylvan Muldoon & Hereward Carrington: Die Aussendung des Astralkörpers. Freiburg 1983. Robert Monroe: Der Mann mit den zwei Leben. Reisen außerhalb des Körpers. München 1992

Astralprojektion, Astralreise

> Außerkörperliche Erfahrung, bei der der Betreffende seinen > Astralleib (> Bewusstsein, > Seele) an einen anderen Ort sendet. Ob so etwas tatsächlich möglich ist, wird derzeit noch diskutiert. Dafür spricht, dass Berichten zufolge Astralreisende Zeugen von Ereignissen geworden sind, von denen sie auf andere Weise keine Kenntnis erlangen konnten. Die Forscher Sylvan > Muldoon und Hereward Carrington unterteilten diese Erfahrung in ihren Büchern in bewusste, zum Teil bewusste und unbewusste Astralprojektionen und stellen Techniken vor, um sie zu erzeugen.

Verschiedene Astralreisende haben ihren Astralleib über eine > Silberschnur mit ihrem stofflichen Körper verbunden gesehen.

Bekannte Persönlichkeiten, die von Astralreisen berichtet haben, sind etwa Edgar > Cayce und Robert > Monroe.

Literatur: James H. Brennan: Astral-Projektion. Freiburg 1986

Astralwesen

Körperlose Wesen, denen manche Menschen bei Reisen in andere Ebenen der Wirklichkeit oder des > Bewusstseins begegnen. Dies geschieht etwa bei > außerkörperlichen Erfahrungen oder bei > Nahtod-Erfahrungen. Manche Menschen begegnen diesen Wesen daraufhin in ihrem irdischen Alltag wieder, erleben sie dort als real, gehen eine Beziehung zu ihnen ein und erhalten von ihnen Beistand in Momenten der Not (2, 370).

Athenodorus

Griechischer Philosoph. Von ihm handelt die erste dokumentierte Erforschung eines > Geistes in der Weltgeschichte. Athenodorus kaufte ein Haus, in dem es spuken sollte. In einer Nacht, als er noch arbeitete, wurde er von einer kettenrasselnden > Erscheinung überrascht. Er folgte ihr in den Garten, wo sie verschwand. Athenodorus ließ an dieser Stelle die Erde umgraben und entdeckte einen Haufen Knochen und Ketten. Diesen Überresten verschaffte Athenodorus ein angemessenes Begräbnis, woraufhin der Geist nie wieder gesehen wurde (19, 7).

Atman

Insbesondere in der hinduistischen Philosophie die alles durchdringende Weltseele, das kosmische Bewusstsein. Diesem Glauben nach sind persönliche Seelen nur Illusionen und in Wahrheit Aspekte dieser Überseele.

Atwater, Margaret

US-amerikanische Erforscherin von > Nahtod-Erfahrungen und Autorin mehrerer Bücher zu diesem Thema, worauf sie 1977 durch eine eigene Erfahrung dieser Art gebracht wurde. Mittlerweile ist sie Vizepräsidentin der > International Association for Near-Death Studies (IANDS). Als ihre größten Leistungen gelten die Thematisierung auch von negativen Erlebnissen beim Sterben (> Höllenerfahrungen), ihre zugleich umfassende und auch für Laien leicht zugängliche Aufarbeitung des Themas in ihrem "The Complete Idiot's Guide to Near-Death Experiences" sowie ihre Erforschung der Folgen von solchen Erfahrungen insbesondere bei Kindern (ein Interesse, das sie mit Melvin > Morse teilt). Dabei kam sie zu dem Schluss, dass Kinder, ähnlich wie viele Erwachsene, als Folge dieser Erlebnisse einen Reifeprozess durchmachten und deutlich klüger und kreativer wurden. Bei Intelligenztests erreichten zwischen 50 und 80 Prozent von ihnen ein geradezu geniales Ergebnis - was Atwater ähnlich wie Kenneth > Ring als Hinweis darauf deutet, dass die Zunahme solcher Erfahrungen zu einer gesamtgesellschaftlichen > Transformation führen könnte. Viele Kinder scheinen ihr Erlebnis jedoch auch nur schwer bewältigen zu können und geraten daraufhin in seelische Not: Jeder zweite der von Atwater Befragten litt Jahre später an Depressionen, jeder Dritte hatte Probleme mit Alkohol und jeder fünfte hatte sogar versucht, sich das Leben zu nehmen.

Selbst wohlwollende Kritiker von Margaret Atwater bescheinigen ihr allerdings eine gewisse Neigung dazu, bei ihren Werken zunächst auf dem

Boden gesicherter Tatsachen zu beginnen, bald aber in den Bereich sehr wilder esoterischer Spekulationen abzudriften und Weltbilder zu entwerfen, für die es keine handfesten Belege mehr gebe.

Literatur: Margaret Atwater: The Complete Idiot's Guide to Near-Death Experiences. Macmillan 2000; Margaret Atwater: Coming Back to Life. Citadel Press 2002; Margaret Atwater: The New Children and Near-Death Experiences. Bear & Company 2003; Margaret Atwater: We Live Forever. A.R.E. Press 2004

Aura

Energiefeld um den Körper eines Menschen, das von manchen anderen Menschen ihrer Aussage nach wahrgenommen werden kann. Da deren Berichten zufolge die Farbe und die Form einer Aura von der jeweiligen Verfassung ihres Trägers abhängt, trauen sie sich zu, auf dieser Grundlage sehr genaue Diagnosen zu stellen. Die Aura spirituell besonders weit entwickelter Menschen wird als golden beschrieben und bildete insofern möglicherweise die Grundlage für die Vorstellung des Heiligenscheines. Valerie Hunt stellte an der Universität Kalifornien durch Messungen mit Silberchloridfühlern fest, dass die Schwingungsfrequenzen der Körperenergie jenen Farben entsprechen, die sensible Menschen in der Aura wahrnehmen und dass sich die von Mystikern, Sehern und Heilern ausgestrahlte Energie in einem deutlich höheren Frequenzbereich befand (37, 30; 41, 224).

Ein Versuch, diese Aura für jeden Menschen sichtbar zu machen und so zu dokumentieren, ist die so genannte > Kirlian-Fotografie.

außerkörperliche Erfahrungen

Erfahrungen, bei denen die betreffende Person den Eindruck hat, ihren stofflichen Körper verlassen zu haben, sodass sie ihn von außen betrachten kann. Schätzungen zufolge soll eine von zehn bis zwanzig Personen bereits einmal ein solches Erlebnis gehabt haben. Manchen Berichten nach gelangt sie dabei mit ihrem nicht-stofflichen Körper an einen anderen Ort dieser Welt. In diesem Fall kann man auch von einer > Astralprojektion sprechen. Gemeinsame Kennzeichen dieser Erfahrungen sind, dass sie als sehr echt und alles andere als traumartig wahrgenommen werden, dass sie im Zustand entspannter Wachsamkeit und geistiger Klarheit stattfinden, dass sie häufig unabsichtlich geschehen (wie wohl manche Fachleute Möglichkeiten schildern, sie durch bestimmte Methoden willentlich herbeizuführen), dass die Betreffenden ihre Umgebung aus einem völlig ungewohnten Blickwinkel (in der Regel von oben) wahrnehmen und dass sie zu ihrer Verblüffung nicht mehr in der Lage sind, ihren stofflichen Körper zu bewegen. Manche berichten von einer Angst, sich zu weit von diesem Körper zu entfernen, andere von einem Gefühl der spirituellen > Erleuchtung, der Ruhe und des Friedens. Der "Wiedereintritt" geschieht häufig sehr ruckartig. Eine außerkörperliche Erfahrung muss nicht zwangsläufig im Zustand der Ruhe stattfinden: Motorradfahrer durchleben sie Berichten zufolge ebenso wie manche Piloten besonders hoch fliegender Flugzeuge, die sich plötzlich außerhalb ihres Cockpits befanden und sich verzweifelt mühten, wieder hineinzugelangen (22, 220-224).

> Skeptiker wenden ein, dass die Realität außerkörperlicher Erfahrungen für Außenstehende nicht nachprüfbar sei, dass sich solche Erfahrungen durch elektrische Reizungen bestimmter Teile des > Gehirns bzw. durch die Gabe des Medikaments > Ketamin simulieren lassen und dass ohne Einsatz der menschlichen Sinne und des Gehirns eine Wahrnehmung nicht nachvollziehbar erklärt werden kann.

Aber diese Auffassung der Skeptiker stößt auf Widersprüche. Die Tatsache etwa, dass wir noch kein Erklärungsmodell für > außersinnliche Wahrnehmung haben, muss nicht bedeuten, dass es eine solche Wahrnehmung nicht gibt. Ob elektronische Reizungen oder die Gabe von Ketamin außerkörperliche Erfahrungen nur vortäuschen oder diese nicht in Wahrheit begünstigen, sei unklar. Und schließlich werden verschiedentlich Belege ins Feld geführt, denen zufolge durch außerkörperliche Erfahrungen in der Tat Erkenntnisse gewonnen wurden: Viele, die auf diese Weise einen Ort besuchten, konnten ihn ebenso genau beschreiben wie die Handlungen der dort weilenden Personen - bis hin zum Inhalt gerade verfasster Briefe (55, 41).

Dem aktuellen Forschungsstand nach scheint es mindestens drei unterschiedliche Formen außerkörperlicher Erfahrungen zu geben (die sich allerdings möglicherweise überlappen):

a) **die pseudo-außerkörperliche Erfahrung.** Sie tritt vor allem im Schlaf oder als Folge von Drogenkonsum auf und erscheint demjenigen, der sie erlebt, als außerordentlich real. Erst wenn er die Orte überprüft, die er glaubt, mit seinem Astralkörper besucht zu haben, stellt er fest, dass sich die Gegebenheiten dort doch von denen unterscheiden, die er mit seinem > Astralkörper gesehen zu haben glaubt. Das ist in der Regel eine sehr ernüchternde Erfahrung.

b) **Die außerkörperliche Erfahrung als medizinisches Vorkommnis.** Sie wird gelegentlich von Menschen berichtet, die an Epilepsie oder Migräne erkrankt sind oder einen Schlaganfall erlitten haben. Hierzu liegen insbesondere aus dem Jahre 2003 aufschlussreiche neuere Forschungsergebnisse vor. So stellte der Schweizer Neurologe Olaf Blanke von der Universität Genf, als er eine Patientin wegen Epilepsie behandelte, fest, dass er durch die Reizung eines bestimmten Teils ihres Gehirns entsprechende Erlebnisse hervorrufen konnte. Sie fühlte, wie sie ihren Körper verließ, sah ihre Beine und ihren Unterkörper von oben und hatte den Eindruck, zur Zimmerdecke zu schweben. Franke geht davon aus, dass dasselbe geschieht, wenn es in besonderen Stresssituationen in diesem Teil des Gehirns zu Störungen kommt (79; 80).

c) **Die "echte" außerkörperliche Erfahrung.** Sie zeichnet sich vor allem dadurch aus, dass die betreffende Person offenbar über ihren Astralkörper zutreffende Informationen über Orte erhalten konnte, die sie auf andere Weise nicht gewinnen konnte. Über außerkörperliche Erfahrungen wahrgenommene Dinge entsprechen in der Regel den Tatsachen; Ausnahmen gibt es insbesondere, wenn diese Erfahrungen nicht von selbst eintreten, sondern absichtlich herbeigeführt werden (43, 232). Janice Holden von der Universität Texas befragte dazu Menschen, die solche Erfahrungen in Todesnähe gemacht hatten: 79 Prozent berichteten von klaren, unverschwommenen, farbigen Wahrnehmungen und einer panoramaartigen Rundum-Sicht, 61 Prozent besaßen eine vollständige und zutreffende Erinnerung an dieses Ereignis. Ebenso viele gaben an, dass sie dabei sogar lesen konnten (62, 58).

Skeptiker bezweifeln, dass solche Schilderungen den Tatsachen entsprechen, aber es gibt hierfür inzwischen auch experimentelle Belege. Beispielsweise ließen die Forscher > Osis und McCormick eine Versuchsperson, Alex Tanous, auf diese Weise Bilder und Gegenstände betrachten, die aus einem bestimmten Winkel erblickt ein anderes Gesamtbild ergaben, als wenn sie durch > außersinnliche Wahrnehmung gesehen worden wären. Während frühere Ergebnisse eine Durchmischung beider Formen von Wahrnehmung zeigten, lernte Tanous bald, die Gegenstände aus dem außerkörperlichen Blickwinkel zu beschreiben. Zudem war der Raum, in dem sich die Gegenstände befanden, mit Sensoren ausgestattet, die winzigste Bewegungen und Vibrationen erkennen konnten. Diese Sensoren gaben deutlich stärkere Signale ab, wenn Tanous eines dieser Bilder zutreffend erkannte. Das legt die Schlussfolgerung nahe, dass ein Teil seiner Persönlichkeit diese Sensoren aktivierte, auch wenn sich der Einfluss von > Telekinese nicht ausschalten lässt. Insgesamt war Tanous bei 114 von 197 Versuchen erfolgreich darin, die für ihn ausgelegten Zielobjekte richtig zu identifizieren (1, 168; 12, 251-253; 75, 12-13).

Einer anderen Versuchsperson, Ingo Swann, gelang es auf anscheinend ähnliche Weise, von New York aus eine Reihe von Geräuschen wahrzunehmen, die in einem leeren Raum auf der anderen Seite des Kontinents abgespielt wurden. Auch schaffte er es, Gegenstände in der richtigen Anordnung zueinander auf einer Plattform zu erkennen, die nur von der Zimmerdecke aus sichtbar waren. In einigen Fällen nahm er zutreffend Dinge wahr, die die Forscher selbst anfangs übersehen hatten: etwa gedruckte Worte in einer Schachtel. Noch verblüffender war, dass er per außerkörperlicher Erfahrung Informationen über die Planeten Merkur und Jupiter erlangte, die erst später von Sonden der Raumfahrtbehörde NASA bestätigt werden konnten (8, 55; 63, 52; 84, 57).

In einem anderen Experiment des Parapsychologen Charles > Tart war ein Mädchen in der Lage, eine fünfstellige Zahl zu erkennen, die so über ihrem Bett angebracht war, dass sie sie eigentlich nur gesehen haben konnte, wenn sie "hinaufgeschwebt" war. Allerdings wurden andere Möglichkeiten der Erklärung angeboten: Das Mädchen hätte die Zahl sich in einer Wanduhr widerspiegeln sehen oder aber sie aus dem Augenwinkel wahrnehmen können, als Tart sie auf dem Regal aufstellte (78, 46; 86, 3-27).

Des Weiteren ließ sich durch Experimente belegen, dass andere Menschen genau zu dem Zeitpunkt, als Versuchspersonen ihr Bewusstsein von ihrem Körper lösten, um damit einen anderen Ort aufzusuchen (und diesen später zutreffend zu beschreiben), entsprechende > Erscheinungen wahrnahmen. Ein Medium, Christine Whiting, sah den Astralreisenden Tanous vor sich und erkannte ihn anhand dieses Eindrucks wieder, als sie ihm später leibhaftig begegnete. Etwas Ähnliches zeigte sich bei den Experimenten mit dem US-Amerikaner Keith Harary: Es kam vor, dass er mit seinem Astralleib einen Ort besuchen sollte, um dort Gegenstände zu erkennen. Manchmal scheiterte er zwar daran, war aber dafür in der Lage, die Anwesenheit einer Person wahrzunehmen, die überraschend an diesem Ort zugegen war - oft ein anderer Versuchsteilnehmer. Manche dieser Personen wiederum konnten Harary wahrnehmen oder zumindest seine Anwesenheit im genau richtigen Zeitpunkt spüren (63, 52-56).

Auch Tierexperimente gelangen mit Harary gut. Eine sehr unruhige und ständig miauende Katze beruhigte sich in genau jenem Moment, als Harary seinen Astralleib zu ihr aussandte. Eine Schlange hingegen wurde dadurch ausgesprochen aggressiv (48, 267; 63, 57-58; 78, 46-47; 82, 248).

Durch Augenzeugenberichte belegt sind Fälle, bei denen andere Menschen eine außerkörperliche Erfahrung mitbekamen. Ein Beispiel mag ein Fall aus dem Journal der > Society for Psychical Research darstellen: Zwei Gäste des englischen Dr. E. sahen in dessen Haus mehrfach und unabhängig voneinander eine junge Dame mit rotblondem Haar in einem braunen Kleid. Sie wirkte so real, dass ihr einer der Gäste die Hand schütteln wollte, woraufhin sie sich in Luft auflöste. Ein Jahr später kehrte der Sohn Dr. E.s aus Australien zurück, um seine junge Frau seinen Eltern vorzustellen. Sie wurde als eben jene Dame wiedererkannt, die man zuvor als Phantomgestalt wahrgenommen hatte. Und tatsächlich berichtete sie, in den letzten Jahren des Öfteren krank gewesen zu sein und in dieser Zeit > Visionen vom Haus ihrer Schwiegereltern gehabt zu haben (48, 76-77).

Ein ähnliches Schema zeigt der Fall eines S. R. Wilmot, der eine Schiffsreise von Liverpool nach New York unternahm. Eines Morgens träumte er, dass seine Frau im Nachthemd in seiner Kabine erschien, zu ihm trat, sich zu ihm herabbeugte und ihn küsste. Als er erwachte, wurde er von seinem Mitreisenden darauf angesprochen, der in hellwachem Zustand all das mitangesehen hatte. Wilmot traf seine Frau schließlich wieder. Sie berichtete ihm, eines Nachts in großer Sorge wegen der stürmischen See gewesen zu sein, woraufhin sie den Eindruck hatte, aus ihrem Körper auszutreten und ihren Mann aufzusuchen. Sie konnte das Schiff in allen Einzelheiten zutreffend beschreiben, obwohl sie es nie gesehen hatte. Die Beweiskraft dieses Falles leidet allerdings etwas darunter, dass er erst zwanzig Jahre später der Forschungsgemeinschaft mitgeteilt wurde (53, 127; 78, 167).

Offenbar gibt es auch außerkörperliche Erfahrungen, die mit einer Gestaltveränderung einhergehen. Über einen solchen Fall berichtet etwa der bekannte US-amerikanische Geisterforscher Loyd Auerbach. 1990 sahen Jean und Bill, ein Pärchen aus dem Börsengeschäft, in dem alten Haus, in das sie gerade eingezogen waren, ein sechsjähriges Mädchen herumtollen, das auch berührt werden konnte. Etwas später entdeckte Jean alte Fotografien, auf denen auch dieses Mädchen in seiner typischen Kleidung abgebildet war. Jean ermittelte, um wen es sich bei dieser Person handelte und stellte fest, dass sie noch lebte: Es war eine Frau in den Neunzigern, die noch in der Nachbarschaft wohnte, jetzt aber krank und bettlägerig war. Ihre Pflegerin berichtete, die alte Dame verliere immer wieder mal das > Bewusstsein und berichtete danach von ihren Träumen, in denen sie das Haus ihrer Kindheit besuchte und die nette Dame, die jetzt dort lebte (19, 118).

Ein weiteres beeindruckendes Erlebnis schildert der Philosoph Michael Grosso, dessen Studentin Liz von regelmäßigen außerkörperlichen Erfahrungen berichtete. Grosso wachte seiner Darstellung nach eines Morgens auf und fand den Notenständer für seine Flötenübungen statt an seinem üblichen Ort in der Mitte des Wohnzimmers stehen, ohne ihn verstellt zu haben. Am Abend dieses Tages erhielt er einen Anruf seiner Studentin, die ihm mitteilte, sie habe eine Astralreise in seine Wohnung unternommen, habe ihn in ihrem außerkörperlichen Zustand aber nicht auf sich aufmerksam machen können. Frustriert darüber, ihren Besuch später nicht beweisen zu können, habe sie versucht, den Notenständer in die Zimmermitte zu verschieben, was ihr schließlich auch gelungen sei (73).

Noch mehr gegen den scheinbaren gesunden Menschenverstand richtet sich der Fall des indischen Radiosängers Dadaji, wovon > Osis und > Haraldson erzählen. Dadaji hatte sich in seinen Gebetsraum zurückgezogen, um danach eine anwesende Frau zu bitten, mit seiner Schwägerin, die 400 Kilometer entfernt war, Kontakt aufzunehmen und sie zu fragen, ob man dort seine > Erscheinung wahrgenommen habe. Dies war in der Tat der Fall. Zuerst hatte die Tochter der Familie mitbekommen, wie Dadaji allmählich körperliche Gestalt angenommen hatte. Sie alarmierte ihren Bruder und ihre Mutter. Wortlos ließ sich Dadaji einen Keks und eine Tasse Tee reichen und zog sich in sein Zimmer zurück. Wenig später war er spurlos verschwunden – obwohl die eine Tür seines Raumes von innen verriegelt und die andere ständig im Blick der Familie war. Zurück blieben die halb ausgetrunkene Teetasse, ein Rest Keks sowie eine noch brennende Zigarette (10, 170).

In einem Fall wurde von > Osis eine nebelhafte Gestalt auf einem Fernseher aufgezeichnet, der einen Raum überwachte, welchen die Versuchsperson ihrer Aussage nach per außerkörperlicher Erfahrung besuchte (8, 57).

Wenn bei einer außerkörperlichen Erfahrung die Gehirnwellen des Betreffenden gemessen werden, zeigt das entsprechende EEG ein ungewöhnliches bis einzigartiges Bild, das nicht mit den Bildern bei anderen Bewusstseinszuständen (Wachbewusstsein, Schlaf, Traum, Koma, Tod) in Einklang zu bringen ist (86, 3-27).

Seit September 2003 versucht der Neuropsychiater Peter > Fenwick zusammen mit seinem Kollegen Sam > Parnia, einen erneuten Nachweis für außerkörperliche Erfahrungen insbesondere im Zusammenhang mit > Nahtod-Erlebnissen zu erbringen, wie sie durch verschiedene Zeugenaussagen belegt sind. Zu diesem Zweck platzieren sie an der Zimmerdecke von Operationsräumen Gegenstände, die von unten aus nicht gesehen werden können. Sollten Operierte von außerkörperlichen Erfahrungen berichten, bei denen sie diese Gegenstände erkennen konnten, während bei den Betreffenden keine Hirnwellen aufgezeichnet werden, dann wäre dies ein weiterer Beleg dafür, dass das Bewusstsein auch unabhängig vom Gehirn funktioniert (81).

Befragungen zufolge überzeugen außerkörperliche Erfahrungen zwei Drittel derjenigen, die sie erfahren haben, davon, dass sie den Tod ihres Körpers überleben werden (27, 230). Vgl. > Bilokation.

Literatur: Susan Blackmore: Beyond the Body. Academy Chicago Publishers 1991. Janet Mitchell: Out-of-Body Experiences. Ballantine 1997

außersinnliche Wahrnehmung

Das Erlangen von Informationen über die äußere Welt ohne das Benutzen der fünf Sinne (sehen, hören, schmecken, riechen, tasten) oder anderer Körpersinne (Gleichgewicht, Lage im Raum, Geschwindigkeit etc.). Generell gehören in diesen Bereich unter anderem > Hellsehen, > Telepathie, > Präkognition und > Psychometrie. Auch das Lesen von > Auras kann man darunter fassen. Der Beweis, ob eine solche Form der Wahrnehmung möglich ist, könnte als starker Beleg dafür gelten, dass ein > Bewusstsein ohne > Gehirn möglich ist. Darüber, ob es der > Parapsychologie bereits gelungen ist, einen solchen Beleg experimentell zu erbringen, besteht insbesondere zwischen Parapsychologen und > Skeptikern noch große Uneinigkeit. Die zahllosen Zeugenberichte über entsprechende Vorkommnisse (67 Prozent der US-Amerikaner gaben in einer Umfrage an, entsprechende Erlebnisse gehabt zu haben) können (mit großer Mühe) als enorme Anhäufung von Betrug, Selbstbetrug, Wahrnehmungsstörungen oder Fehlerinnerungen wegerklärt werden. Zahlreiche Experimente weisen inzwischen allerdings auch sehr stark darauf hin, dass es außersinnliche Wahrnehmung gibt. Beispielsweise brachten die Parapsychologen Targ und Puthoff einen Sender und einen Empfänger an weit voneinander entfernt liegende, zufällig ausgewählte Standorte. Dann sollte der Empfänger das zeichnen oder beschreiben, was der Sender gerade wahrnahm. Unabhängige Gutachter konnten in 66 Prozent der Fälle charakteristische Übereinstimmungen feststellen. Der Parapsychologe J. B. > Rhine stellte in einem Experiment fest, dass die Versuchsperson 4000 Meilen entfernte Ziele wahrnehmen konnte.

Vergleichbare Versuchsergebnisse findet man in der parapsychologischen Literatur inzwischen zuhauf. Manche Skeptiker sind damit allerdings immer noch unzufrieden. Schließlich widerspricht außersinnliche Wahrnehmung unserem bisherigen Weltbild, es gibt noch keine überzeugende Erklärung, wie sie funktioniert, und sie lässt sich nicht auf Wunsch im Laborversuch beliebig wiederholen. Tatsächlich scheint sie von einer Unzahl äußerer und innerer Einflüsse abzuhängen, darunter von der Stimmung und dem Glaubenssystem der Beteiligten, ihren Beziehungen zueinander sowie offenbar von bestimmten erdmagnetischen Einflüssen (11, 80; 41, 144; 57, 226; 70, 61).

Literatur: Dean Radin: The Conscious Universe. Harper San Francisco 1997.

Automatismus

Das Schaffen von Werken ohne bewusste Kontrolle, also etwa in Trance. Solche Werke können Texte, Bilder oder musikalische Kompositionen darstellen. Oft werden sie in enormer Geschwindigkeit angefertigt. Manche > Medien sind der Ansicht, dass sich auf diese Weise Verstorbene in ihnen äußern, beispielsweise verstorbene Künstler (> Brown, Rosemary).

> Skeptiker glauben eher, dass sich hier unbewusste Anteile der Persönlichkeit des betreffenden Menschen äußern. So brachte der russische Psychiater Wladimir L. Raikow Kunststudenten in einen Zustand der Trance und redete ihnen dann ein, sie seien berühmte verstorbene Maler. Daraufhin zeigte sich in ihren Gemälden tatsächlich ein leichter Qualitätsanstieg und eine Ähnlichkeit im Stil der toten Künstler (45, 137-138). Parapsychologen mögen zusätzlich den Einfluss > außersinnlicher Wahrnehmung zugestehen. Allerdings gibt es manche Menschen, die überhaupt keine künstlerische Erfahrung haben, von selbst in Trance geraten und dann sehr beeindruckende Werke schaffen. Falls sie nicht unter dem Einfluss Verstorbener stehen, würde das bedeuten, dass die menschliche Psyche in der Lage ist, ohne Ausbildung und blitzschnell entsprechende Kunstwerke zu schaffen, dabei zugleich auf paranormale Fähigkeiten zurückzugreifen, willkürlich die passenden Persönlichkeiten zu entwickeln und sich die ganze Zeit selbst über diesen Vorgang zu täuschen.

Manche > Medien, die automatische Texte verfassen, können bei der Niederschrift ein Buch lesen, sich unterhalten oder sich mit anderen Dingen beschäftigen. Dass wirklich ein Verstorbener die Hand eines Mediums führt, lässt sich indes nur schwer belegen. Hinweise, die in diese Richtung deuten, gibt es, wenn ein Medium auf diese Weise gleichzeitig mit zwei verschiedenen > Seelen zu kommunizieren scheint oder wenn seine Handschrift plötzlich der des Verstorbenen ähnelt. Letzteres wird etwa über Mrs. R. Thompson berichtet, die im Jahr 1900 scheinbar Botschaften des verstorbenen Professors Henry Sidgwicks übermittelt bekam. (Sidgwick war der erste Präsident der > Society for Psychical Research.) Allerdings scheinen manche Medien in Experimenten in der Lage, auch die Handschriften Lebender nachzuahmen, an die der Versuchsleiter in diesem Augenblick denkt, selbst wenn sie die Betreffenden nicht kennen.

Recht überzeugend wirkt der Fall des > Mediums William Stead, der durch automatisches Schreiben Berichte der Jahre zuvor verstorbenen Journalistin Julia Ames erhielt. Er hielt sie zunächst für Erzeugnisse eines unbewussten Persönlichkeitsanteils, legte sie aber nach nachdrücklichem Drängen des vermeintlichen > Geistes von "Julia Ames" einer Freundin von ihr vor. Diese erkannte darin Namen und andere Angaben, die mit der Verstorbenen zu tun hatten, die Stead aber nicht kannte.

Kritiker wenden allerdings ein, dass die durch automatisches Schreiben erstellten spirituellen Aufsätze inhaltlich banal sind und oft bloße Aufforderungen zum tugendhaften Leben darstellen (42, 39-40; 88, 140-141, 157, 190, 193-194). Vgl. > Mirabelli, Carlos sowie > Moses, William Stainton.

Autoskopie

Vorgang, bei dem eine Person ihren Körper von außen betrachtet. Aus schulmedizinischer Sicht handelt es sich dabei um eine > Halluzination als Folge einer Fehlleistung des Nervensystems sowie des > Gehirns. Sie tritt unter anderem beim Missbrauch von Alkohol und anderen Drogen auf, bei Leberschäden, Epilepsie und Gehirntumoren. Häufig wird sie durch einen Mangel an > Sauerstoff im Gehirn verursacht. Eine rein medizinische Herleitung erklärt allerdings nicht, warum bei vielen > außerkörperlichen Erfahrungen Dinge in Erfahrung gebracht werden, die der Betreffende auf normalem Wege nicht wahrnehmen konnte. Auch ist jemandem, der eine krankhaft bedingte Autoskopie durchlebt, dabei klar, dass es sich um eine Halluzination handelt und sich sein > Bewusstsein noch in seinem Körper befindet. Zudem sieht er seinen Körper so vor sich, wie er ihm im Spiegel erscheint, statt wie ihn andere Menschen wahrnehmen (1, 174; 8, 70; 35, 223).

Bardo

In der tibetischen Vorstellung der Zustand zwischen zwei Leben, also nach dem Tod als eine Person und vor der Wiedergeburt als eine weitere (> Reinkarnation). In diesem Zwischenzustand ist das > Bewusstsein/die > Seele des Betreffenden nicht mit einem stofflichen Körper verbunden. Das Bardo soll von dem geprägt sein, was einem zu Lebzeiten wichtig war und was man fürchtete (36, 101).

Dem tibetischen > Totenbuch zufolge folgen im > Jenseits drei Bardos aufeinander. Das erste ist gekennzeichnet durch die Begegnung mit dem klaren > Licht. Hier besteht die spirituelle Herausforderung darin zu erkennen, dass man selbst das Licht ist, mit ihm zu verschmelzen und so Befreiung zu erlangen. Scheitert dies, gerät man in das zweite Bardo, in dem man Göttern und Dämonen begegnet. Hier kommt es darauf an zu begreifen, dass diese Wesen nur die eigene Seele des Verstorbenen widerspiegeln (> Höllenerfahrung, > imaginale Welten). Gelingt dies, kommt es zu einer Verschmelzung mit dem Licht der Weisheit. Scheitert auch dies, gelangt man in das dritte Bardo, in dem die Wiedergeburt geplant und vorbereitet wird. Grundlehren dieser Philosophie sind, dass es nie zu spät ist, die Welt als Illusion zu erkennen und sein eigenes Schicksal durch > Liebe, Mitgefühl und Weisheit zu bestimmen (5, 157-159).

Bender, Hans

(1907-1991) Bis 1975 Leiter des > Instituts für Grenzgebiete der Psychologie und Psychohygiene an der Universität Freiburg, das er 1950 gründete. Damit gilt er als deutscher Pionier dieser Forschungsrichtung. Seine Schwerpunkte waren > außersinnliche Wahrnehmung und Fälle von Spuk (vgl. > Poltergeist).

Literatur: Hans Bender: Verborgene Wirklichkeit. Freiburg 1975

Benedict, Mellen-Thomas

US-amerikanischer Künstler. 1982 überstand er nach einer Erkrankung an einem Gehirntumor eine neunzigminütige > Nahtod-Erfahrung, bei der er tiefgründige Einsichten in die wissenschaftlichen und spirituellen Grundlagen des Universums erhalten haben will. Dieses Erlebnis ließ nicht nur seinen Tumor komplett verschwinden, sondern setzte bei Benedict auch eine tief greifende > Transformation in Gang. Er zog sich vom Filmgeschäft zurück, erhielt inzwischen einige Patente für verschiedene Erfindungen und arbeitet an Universitäten mit Spezialisten zusammen, um Forschungen in Grenzgebieten voranzutreiben. So gibt Dr. Janice Holden von der Universität Nord-Texas an, Benedict habe im hypnotisierten Zustand genaue Informationen über eine seltene Nervenkrankheit abgeben und ihren genetischen Aufbau zeichnen können. Die Biophysikerin Beverly Rubik stellte fest, dass von Benedict durch > Geistheilung behandelte leichte Verletzungen doppelt so schnell heilten wie unbehandelte Verletzungen (2, 37; 5, 39-40).

Besessenheit

Völlige oder teilweise Übernahme eines Menschen durch ein fremdes > Bewusstsein. Der Betroffene verhält sich widersprüchlich zu seiner gewohnten Persönlichkeit, besitzt andere Kenntnisse und Fertigkeiten, kann sein

Verhalten in dieser Phase nicht kontrollieren und sich danach möglicherweise nicht einmal daran erinnern. > Medien, die sich von einem > Kontrollgeist übernehmen lassen, stellen diesen Zustand bewusst her, die meisten anderen Menschen offenbar unfreiwillig.

In der psychologischen Vorstellung unserer Tage werden Besessenheitserlebnisse so gedeutet, dass abgespaltene Teile der eigentlichen Persönlichkeit eines Menschen ein Eigenleben entwickeln und wieder integriert werden müssen. Spirituelle Glaubenssysteme hingegen vertreten die Auffassung, dass sich körperlose Wesen (beispielsweise > erdgebundene Seelen) gewaltsam eines fremden Körpers bemächtigen. Diese Bewusstseinsformen können u.a. durch einen Exorzismus ausgetrieben werden. Besorgniserregende Fälle von scheinbarer Besessenheit hat man insbesondere bei Menschen festgestellt, die allzu fahrlässig mit bestimmten okkulten Praktiken (wie etwa dem > Ouija-Brett) Jenseitskontakte aufzunehmen versuchten. Bemerkenswerte Beispiele von scheinbarer Besessenheit durch die Persönlichkeit eines Verstorbenen drehen sich um das so genannte > Watseka-Wunder, den > Thompson-Gifford-Fall sowie Uttara > Huddar, Sumitra > Singh und Patience > Worth (1, 135; 37, 37).

Literatur: Edith Fiore: Besessenheit und Heilung. Silberschnur 2002; Carl Wickland: 30 Jahre unter den Toten. Reichl 2000

bewusstes Sterben

Eine Methode, den Tod als Übergang vom körpergebundenen zum nichtkörperlichen > Bewusstsein gezielt und aufmerksam wahrzunehmen. Sie wurde Ende der achtziger Jahre insbesondere in den Büchern Benito F. Ryes (1914-1992) dargestellt. Rye geht davon aus, dass das persönliche Selbst auch nach dem Körpertod erhalten bleibt und dass die Identifikation des Menschen mit seinem Körper eine Täuschung darstellt, was er durch > außerkörperliche Erfahrungen für belegt hält. Ryes Gedankengänge wurden stark durch das Tibetanische > Totenbuch beeinflusst. Er rief auch die "Internationale Gesellschaft für bewusstes Sterben" (International Association for Conscious Dying) ins Leben. Ihr Ziel ist es, die Menschen vor der Angst vor dem Tod zu befreien, die durch eine materialistische Deutung der Welt entstanden ist, und einen Weg zum Sterben in Würde und Weisheit zu finden (42, 83, 198).

Bewusstsein

Wahrnehmung und Formgebung der äußeren und eigenen Wirklichkeit. “*Es gibt keine wissenschaftliche Erklärung für die Erfahrung des Bewusstseins*”, erklärte etwa der Physiker und Psychologe Peter Russell 1999. Neben vielen anderen stützt der Nobelpreisträger Richard Feynman diese Behauptung: “*Ich denke, ich kann mit Sicherheit sagen, dass niemand das menschliche Bewusstsein versteht.*” Der Physiker Amit Goswami weist darauf hin, dass keine Theorie über das Bewusstsein ernst genommen werden könne, die das > Paranormale außen vor lässt (66, 6-8).

Für klassische Schulmediziner ist das Bewusstsein lediglich eine Folgeerscheinung von im > Gehirn erfolgenden Nervenreizen. Diese Deutung wird von verschiedenen anderen Forschungszweigen allerdings mehr und mehr als unbefriedigend empfunden. Quantenphysiker stellen fest, dass Vorgänge in der äußeren Welt offenkundig verändert werden können, sobald sie das Bewusstsein wahrnimmt. Manche Parapsychologen kommen anhand von Vorkommnissen wie > Telepathie, anderen Formen > außersinnlicher Wahrnehmung sowie > Telekinese zu dem Schluss, dass Bewusstsein nicht ortsgebunden sein kann. Für Rupert > Sheldrake und andere Anhänger seiner Theorie stellt das Bewusstsein ein > Feld dar, das mit anderen Feldern dieser Art verbunden ist - vielleicht sogar zu einem übergeordneten Bewusstseinsfeld, in dem sich alles Leben vereinigt. Esoteriker, Mystiker und manche Philosophen glauben, dass Bewusstsein die eigentliche Grundlage der materiellen Wirklichkeit darstellt. Wissenschaftler, die sich an einem > holographischen Weltbild ausrichten, gehen von einer tieferen Seinsebene aus, der Bewusstsein und Materie gleichermaßen entspringen. All diese Annahmen und Theorien (vielleicht bis auf die schulmedizinische) lassen sich an verschiedenen Punkten miteinander in Verbindung bringen.

Bewusstsein ist alles andere als leicht zu erforschen. Zum einen stellt es sich als subjektive Erfahrung anders dar als von außen betrachtet. Zum anderen tritt es nie gleichförmig, sondern in verschiedenen Zuständen auf, etwa als Wachbewusstsein, Schlaf, Traum, Koma, Trance, Rausch und Tod.

Charles > Tart weist darauf hin, dass das menschliche Bewusstsein so sehr von bewussten und unbewussten Körpererfahrungen geprägt werde, dass ein Bewusstsein nach dem Tod sich von unserem jetzigen stark unterscheiden müsse (84, 171-197). Bezeichnenderweise sprechen manche von einer Aufsplittung ihres Bewusstseins bei einer > Nahtod-Erfahrung, so etwa Sir Auckland Geddes: "*Ich merkte, dass sich mein Bewusstsein von einem anderen Bewusstsein löste, das ebenfalls ich war. Wir können sie A- und B-Bewusstsein nennen, und mein Ich heftete sich selbst an das A-Bewusstsein. (...) Ich merkte, dass das B-Bewusstsein, das zum Körper gehörte, begann, Zeichen seines Zusammengesetzt-Seins zu zeigen: also errichtet durch Bewusstsein vom Körper, vom Herz und von den anderen inneren Organen. Diese Bestandteile vereinzelten sich, und das B-Bewusstsein begann, sich aufzulösen, während das A-Bewusstsein, das jetzt ich war, sich gänzlich außerhalb meines Körpers befand, den es jetzt sehen konnte. Allmählich wurde mir klar, dass ich sehen konnte, nicht nur meinen Körper und das Bett, in dem er lag, sondern alles im gesamten Haus und Garten, und nicht nur Dinge zuhause, sondern in London und in Schottland, wohin auch immer meine Aufmerksamkeit sich richtete ...*" (7, 34-35). Solche Schilderungen einer Spaltung des Bewusstseins sind unter anderem deshalb so interessant, weil manche > vorgeburtlichen Erinnerungen von einer Vereinigung eines > transzendenten mit einem körperbedingten Bewusstsein sprechen.

Literatur: David Lorimer (Herausgeber): Thinking Beyond the Brain. Scientific and Medical Network 2001

Web: www.datadiwan.de/SciMedNet/catalog/art_psy1.htm

Bilokation

Das gleichzeitige Erscheinen eines Menschen an zwei (oder mehreren) Orten. Beispielsweise soll Alfonso Maria di Liguori, der Begründer des Redemptionistenordens, sich 1774 reglos in seiner Zelle befunden haben, während er zugleich an der Bahre des sterbenden Papstes Clemens XIV gesehen wurde - um seinen Brüdern später von seinem "Ausflug" zum Vatikan zu berichten. Von anderen Heiligen wird Ähnliches erzählt. Es gibt aber auch aus der Gegenwart immer wieder Berichte von Menschen, die an einem Ort gesehen wurden, an dem sie sich nicht aufgehalten haben. Wo Verwechslungen und Wahrnehmungstäuschungen als Erklärung unbefriedigend sind, könnte es sich nach Ansicht mancher Parapsychologen um eine > Astralprojektion handeln (24, 49; 42, 34; 55, 35-36).

Blackmore, Susan

Britische Autorin, geboren am 29. Juli 1951 in London. 1973 College-Abschluss in Psychologie und Medizin, 1980 Abschluss in > Parapsychologie an der britischen Universität Surrey mit einer Arbeit über > außersinnliche Wahrnehmung. Nachdem sie unter anderem als Folge einer durch Haschisch erzeugten > außerkörperlichen Erfahrung begonnen hatte, sich für Parapsychologie zu interessieren und beispielsweise für die > Society for Psychical Research (SPR) zu arbeiten, war sie bald von den mangelhaften experimentell nachprüfbaren Beweisen für übersinnliche Vorkommnisse frustriert. So wandte sie sich bald den > Skeptikern zu. Inzwischen bezweifelte sie sowohl die zuvor als selbstverständlich angenommene Echtheit ihrer außerkörperlichen Reisen als auch die Existenz eines Lebens nach dem Tode, wiewohl sie Mitglied der > International Association of Near-Death Studies ist und sich mit den Schilderungen zahlreicher > Nahtod-Erlebnisse auseinander setzte. Sie gilt insofern als führende Skeptikerin in diesem Bereich und wird von Journalisten deshalb häufig dazu befragt. In ihren Texten lässt sich aber im Allgemeinen eine Offenheit gegenüber unterschiedlichen Erklärungen und Weltbildern erkennen. Insbesondere unter dem Einfluss von Zen-Meditation wandte sie sich der Auffassung zu, dass sowohl das > Bewusstsein als auch die vom Bewusstsein wahrgenommene Realität nicht mehr als ein psychisches Konstrukt darstellen.

Blackmore vertritt in ihrem Buch "Dying to Live" die These, dass Nahtod-Erfahrungen lediglich einen Versuch des sterbenden > Gehirns darstellen, aus seinem Zusammenbruch so etwas wie Sinn zu schaffen, wobei es > Halluzinationen erzeugt. Andere Sterbewissenschaftler (wie etwa Kenneth > Ring und Greg Stone) wenden ein, dass Blackmore diese Theorie zum einen wissenschaftlich nicht genügend untermauere, sodass sie weit eher einen Glaubenssatz als eine Erkenntnis darstelle. Zum anderen könne Blackmore diese Theorie nur aufrecht erhalten, indem sie alles ausgliedere, was nicht hineinpasse: die übersinnlichen Erfahrungen, die oft mit diesem Erlebnis verbunden sind; das Speichern von Informationen im Gedächtnis, obwohl keine Gehirnaktivität verzeichnet wird; die spirituelle Lehre, die in diesem Erlebnis erfolgt (> Moral); die immense körperliche und psychologische Verwandlung, die durch solch ein Erlebnis hervorgerufen wird und anderes mehr. Blackmore selbst nahm zu der Kritik an ihrem Werk Stellung, indem sie äußerte, niemals behauptet zu haben, ihre Theorie beweisen zu können, sondern lediglich dass die wesentlichen Merkmale einer Nahtod-Erfahrung auch ohne das Konzept einer > Seele oder eines Lebens nach dem Tode erklärbar seien. Hier sind andere Sterbeforscher anderer Meinung.

Literatur: Susan Blackmore: Dying to Live. Grafton/Harper Collins 1993. Susan Blackmore: Consciousness: An Introduction. Hodder Arnold 2003

Web: www.susanblackmore.co.uk, www.psywww.com/asc/obe/whois_bl.html, www.near-death.com/discussions/0003.html, www.near-death.com/experiences/skeptic1.html, www.cinemind.com/atwater/zapsb.html, www.psiexplorer.com/blackmore_critique.htm

Blinde

Durch Aussagen von Forschern wie Elisabeth > Kübler-Ross und Kenneth > Ring ist belegt, dass blinde Menschen bei > Nahtod-Erfahrungen Dinge sehen können. Kübler-Ross berichtet etwa in ihrem Buch "Kinder und Tod", dass die kleinen Patienten Farben und Muster von Kleidung und Schmuck beschreiben konnten. Vgl. > Mindsight und > Taube.

Bohm, David

Britischer Quantenphysiker (1917-1992). Bohm arbeitete unter anderem mit so berühmten Wissenschaftlern wie Robert Oppenheimer, Enrico Fermi und Albert Einstein zusammen und leistete dabei wichtige Beiträge zu Gebieten wie der Relativitätstheorie oder der Quantenphysik. 1959 stieß er auf die Schriften des indischen Philosophen Krishnamurti und war verblüfft über die Nähe dieser Texte zu den neuesten wissenschaftlichen Erkenntnissen. Spätestens seitdem überlappen sich in seinem Schaffen eine streng naturwissenschaftliche und eine spirituelle Sicht des Universums. Bohm entwarf das > holographische Weltbild, um damit bislang ungeklärte quantenphysikalische Vorkommnisse zusammenfassend einzuordnen.

Literatur: David Bohm und F. David Peat: Das neue Weltbild. Goldmann 1990

Borley Rectory

Medienberichten zufolge das Haus in England, in dem die häufigsten Spukfälle stattfanden (> Poltergeist). Über 75 Jahre hinweg kam es dort zu den unterschiedlichsten > Erscheinungen, unerklärlichen Geräuschen (etwa Schritte, > Musik und Stimmen), Gegenstände verschwanden und tauchten wieder auf und an den Wänden waren plötzlich Botschaften zu lesen. Über das Gebäude erschienen mehrere Bücher, Zeitungsartikel und Fernsehsendungen. Ein Team von Parapsychologen unter der Leitung von Harry Price versuchte über Jahre hinweg, die Vorgänge dort wissenschaftlich zu untersuchen (durch Fotografien, Zeugenbefragungen, > Séancen und zahlreiche Experimente), kam jedoch zu keiner befriedigenden Erklärung (70, 198-199).

Web: www.borleyrectory.com

Braude, Stephen

US-amerikanischer Professor für Philosophie und Parapsychologie, Mitglied der > American Society for Psychical Research. Zu seinen Veröffentlichungen gehören Texte über die Einheit des > Bewusstseins sowie über > Medien. In seinem neuesten Buch, "Immortal Remains", unterzieht er die Hinweise auf ein Leben nach dem Tod einer besonders kritischen Prüfung. Insbesondere wendet er ein, dass die Annahme von > Super-Psi die Beweislage hier sehr schwierig mache. Er kommt jedoch zu dem Schluss, dass bei sorgsamer Gewichtung und Verknüpfung der vorliegenden Hinweise die Existenz eines > Jenseits immer noch am wahrscheinlichsten sei.

Literatur: Stephen Braude: Immortal Remains. The Evidence for Life After Death. Rowman & Littlefield 2003

Web: http://userpages.umbc.edu/~braude, www.survivalafterdeath.org/articles/braude/response.htm

braune Dame

> Erscheinung, die seit über zwei Jahrhunderten im englischen Rainham Hall spukt. Sie wird für den > Geist von Lady Dorothy Townshend, Schwester des ersten englischen Premierministers Robert Walpole, gehalten. Im Laufe der Zeit wurde sie unter anderem vergeblich von einem Colonel gejagt, ein anderer Soldat gab Schüsse auf sie ab, aber die Kugeln jagten durch sie hindurch. 1936 gelang es dem Fotografen Indra Shira erstmals, ein Foto von ihr zu machen. Das Bild zeigte die durchsichtige Gestalt einer verschleierten Frau, die die breite Eichentreppe des Hauses herabstieg. Herbeigezogene Experten erkannten bei dem Foto keine Spur

eines Betruges. Shiras Assistent, der im richtigen Moment auf den Auslöser drückte, konnte im Gegensatz zu Shira die schemenhafte Gestalt nicht selbst sehen (19, 40).

Brinkley, Dannion

US-Amerikaner, der 1975 beim Telefonieren vom Blitz getroffen wurde und danach eine umfassende > Nahtod-Erfahrung erlebte. Unter anderem begegnete er > Astralwesen aus > Licht, durchwanderte verschiedene Ebenen des > Bewusstseins und tauchte in einer Stadt aus Kristall in einen Ozean reinen Wissens ein. Nach seiner Rückkehr ins Leben kam es zum einen zu einer umwälzenden > Transformation seines moralischen Denkens (> Moral). Vor diesem Erlebnis hatte Brinkley für die amerikanische Regierung Menschen getötet und Waffen geliefert, danach entwickelte er eine spirituelle Einstellung und arbeitete als Sterbebegleiter in Hospizen. Zum anderen entwickelte er allem Anschein nach > paranormale Fähigkeiten. Er soll Palästinenserkonflikte, den Reaktorunfall von Tschernobyl, den Golfkrieg 1990 sowie den Zusammenbruch der Sowjetunion schon Jahre vorher zutreffend vorhergesagt haben. Letzteres etwa äußerte Brinkley 1976 in einem Gespräch mit Raymond > Moody. Auf Anregung der Lichtwesen hin entwickelte Brinkley eine Entspannungsliege, die durch elektronische Felder, Vibrationen und Klänge dem Benutzer einen veränderten Bewusstseinszustand bis hin zu > außerkörperlichen Erfahrungen ermöglicht. Brinkley erläutert zu den Erfahrungen der Testpersonen: *"Es waren etwa 85 bis 90 Prozent, die ein außerkörperliches Erlebnis hatten. Einige reisten durch spirituelle Welten, andere sprachen mit Engeln, wieder andere trafen Verwandte, die verstorben waren. Und das waren keine New-Age-Leute, sondern Menschen, die 75 oder 80 Jahre alt und im Begriff waren, an Krebs zu sterben. Und ich denke, das sind die Letzten, die einem etwas vorlügen, was ihre Erfahrungen anbetrifft. Sie erzählen davon, wie sie ihre Angehörigen treffen, wie sie in andere Bewusstseinsebenen aufsteigen, wie sie ihre Geistführer treffen, das heißt Wesen, die mit ihnen auf anderen Ebenen arbeiten. Und ich fand es großartig, dies von mehr als zwanzig Leuten, die vorher noch nie von derartigen Dingen gehört hatten, bestätigt zu bekommen."* (16, 287-303).

Brown, Rosemary

Englisches > Medium, das im Trancezustand Musikstücke erschafft, die sie großen Komponisten wie Bach oder Beethoven zuschreibt (> Automatismus). Als Kind hatte sie von einem Mann geträumt, der ihr versprach, er werde ihr in späteren Jahren die Kunst der > Musik vermitteln. Der Parapsychologe > Tenhaeff erkannte in diesem Mann den Komponisten Franz Liszt. Brown entdeckte ihre Begabung, als sie eines Tages auf einem unbenutzten Klavier herumklimpern wollte und sich ihre Hände plötzlich wie von selbst über die Tasten bewegten. Später glaubte sie, die Stimmen berühmter Komponisten in ihrem Kopf zu vernehmen, darunter auch Brahms, Chopin und Debussy. Sie sprach zunächst nur engen Freunden gegenüber von ihrer Begabung, weil sie nicht für verrückt gehalten werden wollte. Dennoch erfuhren schließlich einige Musikhistoriker von diesem Vorkommnis und machten sich daran, Brown zu untersuchen. Sie stellten verblüfft fest, dass diese im Wachzustand nicht einmal einfache Stücke spielen konnte, ihre in Trance niedergeschriebenen Kompositionen jedoch die Handschrift des jeweiligen Künstlers trugen (21, 198-200).

Buchtest

Hierbei weist ein Verstorbener einen Lebenden durch ein > Medium auf eine Stelle in einem seiner Bücher hin, die als Ratschlag in einer Situation hilfreich sein könnte. Weder das Medium noch sein Gast wissen also von diesem Buch, sondern werden erst durch eine genaue Beschreibung dorthin gelotst. So kann es etwa heißen: "*In meinem Wohnzimmerschrank, unterstes Regal, das dritte Buch, Seite 19, der zweite Absatz ist meine Botschaft an dich.*" Die Idee, auf diese Weise zu überprüfen, ob es ein Leben nach dem Tod gibt, soll (ähnlich wie die > Kreuzkorrespondenz) von einem Wesen aus dem > Jenseits stammen: von dem > Kontrollgeist Feda des Mediums Gladys Osborne > Leonard. Viele der so übermittelten Botschaften waren überraschend passend.

> Skeptiker wenden hier ein, dass die Beweiskraft solcher Tests zweifelhaft sei: Im Zweifel könne man sich *jede* Passage als irgendwie passend zurechtlegen. Deshalb wurden hier Kontrollversuche unternommen, bei denen die Seite zufällig ausgewählt wurde. Mit angeblichen Nachrichten von

Verstorbenen konnten 36 Prozent der Empfänger etwas anfangen, mit zufällig ausgewählten Textabschnitten nur fünf Prozent.

Dennoch stellten sich Buchtests als Belege für den Kontakt mit Verstorbenen etwas knifflig heraus - sie waren nämlich zu erfolgreich. Die Wesen, mit denen das Medium scheinbar in Kontakt stand, konnten sich auch zutreffend über den Inhalt von Büchern äußern, die für den Verstorbenen ohne Bedeutung gewesen waren und die in anderen Häusern standen. Insofern gehören Buchtests zu jenen Phänomenen, für die es bislang weder eine natürliche noch eine > paranormale Erklärung gibt (11, 75; 22, 47-50).

Noch erfolgreicher als Buchtests waren > Zeitungstests.

Butler-Fall

Geschehnisse um die verstorbene Frau Captain George Butlers, die nach ihrem Tod über mehrere Monate hinweg mehreren Personen erschien. Sie wurde im Inneren von Gebäuden ebenso wie im Freien von Gruppen mit bis zu 40 Leuten wahrgenommen, unterhielt sich mit ihnen und bewegte sich zwischen ihnen herum. Über mehrere der anwesenden Zeugen wusste sie sehr private Dinge, auch konnte sie Geburts- und Todesfälle zutreffend vorhersagen. Reverend Abraham Cummings, der den Fall 1826 untersuchte, erhielt von 30 Menschen Beeidigungen, dass sie den Geist unter verschiedenen Umständen und in Anwesenheit anderer wahrgenommen hatten. Mehrere Personen bezeugten, dass die Hand Captain Butlers durch die > Erscheinung hindurchgriff, als er sie berühren wollte (1, 100-101).

Cayce, Edgar

US-amerikanisches > Medium (1877-1945). Da er bei seinen Sitzungen die Augen schloss und in Trance zu geraten schien, wurde er als "der schlafende Prophet" bezeichnet. Man sagte ihm nach, dass er in diesem Zustand Zugang zur > Akasha-Chronik gewann, in der Lage war, zutreffende Vorhersagen zu machen und mit den Toten zu kommunizieren. Außerdem soll er zu Ferndiagnosen per > Astralprojektion und zur > Geistheilung in der Lage gewesen sein. Über 43 Jahre hinweg wurden 14.000 seiner Sitzungen von einem Assistenten aufgezeichnet: Inhaltlich rangierten sie von anfangs rein gesundheitlichen Ratschlägen hin zu allgemeinen Erkenntnissen über die Natur der Wirklichkeit in seiner späteren Laufbahn. > Skeptiker bemängeln, dass es bei seinen Weissagungen verschiedene schwere Fehlschläge gab und dass er ähnlich wie ihrer Ansicht nach Nostradamus (und viele Zeitungshoroskope) manche Äußerungen so vage hielt, dass jeder Zuhörer sich nur noch das jeweils Zutreffende herauszupicken brauchte. Was seine Aussagen über Wiedergeburten angeht, sind die Schauplätze früherer Leben bei ihm fast grundsätzlich Atlantis, das alte Ägypten oder die frühen USA und die Betreffenden werden gewöhnlich als bedeutende Persönlichkeiten wiedererkannt. Damit laufen Cayces Erkenntnisse den Erfahrungen professioneller Rückführungstherapeuten entgegen, die bei ihren Patienten Erinnerungen an ihre Leben als Durchschnittsmenschen in den unterschiedlichsten Kulturen entdecken.

1931 gründete Cayce die "Association for Research and Enlightenment" (Gesellschaft für Forschung und > Erleuchtung).

Literatur: Edgar Cayce: Bericht von Ursprung und Bestimmung des Menschen. Goldmann 1998. Harmon Hartzell Bro: Edgar Cayce. Ariston 1992. Jess Stearn: Der schlafende Prophet. Hugendubel 1999

Web: www.edgarcayce.org, www.straightdope.com/mailbag/mcayce.html

Chaffin-Testament

Mittelpunkt eines bekannten Falles um die > Erscheinung eines Verstorbenen. Als der US-amerikanische Farmer James Chaffin 1921 starb, fiel sein Vermögen seinem Testament zufolge an seinen dritten Sohn und dessen Familie. Vier Jahre später erschien seinem zweiten Sohn, der ebenfalls James hieß, der tote Vater im Traum und teilte ihm mit, dass ein zweites, neueres Testament in das Futter seines Mantels eingenäht sei. James brauchte einige Zeit, um herauszufinden, dass sich der fragliche Mantel inzwischen in den Händen seines Bruders John befand. Die beiden öffneten den Mantel und entdeckten dort den Hinweis, der letzte Wille stecke in einer alten Familienbibel - was sich als richtig herausstellte. Zehn Zeugen waren bereit zu beeiden, dass das Testament in der Handschrift des Verstorbenen verfasst war - allerdings waren darunter auch mehrere Familienmitglieder, die von dem zweiten Testament profitierten. Es ist nicht ausgeschlossen, dass der Traum von James lediglich auf > außersinnlicher Wahrnehmung beruhte oder dass er sogar vor dem Tod seines Vaters unbewusst entsprechende Hinweise in seinem Verhalten wahrgenommen hatte (35, 249; 78, 170).

Channeling

Form des Kontakts zu jenseitigen Bewusstseinsformen, bei dem das > Medium heutzutage aber weniger mit Verstorbenen denn mit höher entwickelten Wesen Kontakt herzustellen versucht. Es dient dann als Kanal *(channel)* für ihre Botschaften. Bemerkenswert ist, dass hierbei Menschen mit lediglich mäßiger Schulbildung häufig sehr ausführliche, wohl geformte und tief greifende Aussagen zutage fördern. Viele dieser Aussagen wurden in ebenso zahlreichen Büchern veröffentlicht (> Roberts, Jane).

Manche spirituell Interessierten geben zu bedenken, dass diese Botschaften dem Weltbild der esoterischen Lehre zufolge doch weit eher von > erdgebundenen Seelen stammen und ihr Gehalt insofern zweifelhaft sein dürfte. Allerdings decken sich die gechannelten Botschaften häufig mit neuen Ansätzen der Kosmologie und bestimmter > mystischer Erfahrungen: etwa darin, dass die Welt, die wir erfahren, nur ein Produkt unseres > Bewusstseins ist. > Skeptiker wiederum vertreten die Auffassung, dass beim Channeln lediglich Inhalte aus dem Unterbewussten des betreffenden Mediums ans Tageslicht geraten und sich die gechannelten Weisheiten inhaltlich doch sehr voneinander unterscheiden.

Der Professor für > transpersonale Psychologie Arthur Hastings weist in seinem Buch "With the Tongues of Men and Angels" auf die ungeheure Bandbreite von Themen hin, die Channeling aufweist. Sie zieht sich von medizinischen Diagnosen (> Cayce, Edgar) über Literatur (die Dichter William Blake und W. B. Yeats), Musik (Mozart) und Kunst bis zu politischen Bewegungen (die Jungfrau von Orleans) und natürlich zur Begründung von Religionen (Christentum, Judentum, Islam, Mormonentum). Hastings zufolge lässt sich keine übergreifende Erklärung finden (also etwa Kontakte mit Verstorbenen oder > Astralwesen, Anzapfen einer > Akasha-Chronik, Aufsteigen von Inhalten des Unbewussten), in die sich das Gesamtmaterial gleichermaßen einordnen ließe (37, 43-46, 42, 70, 70, 217).

Cheltenham-Geist

1882 erstmals von der 19-jährigen Medizinstudentin Rosina Despard an ihrem Familiensitz Cheltenham wahrgenommene > Erscheinung einer hoch gewachsenen, in Schwarz gekleideten Dame. Despard versuchte, diese Gestalt mit über die Treppe gespannten Schnüren aufzuhalten, aber die Dame glitt zweimal hindurch. Auch durch andere Versuche ließ sie sich nicht in die Enge treiben. Im Laufe der nächsten Jahre erschien die Lady mindestens sieben verschiedenen Personen. Einer jüngeren Untersuchung des Geisterforschers Andrew MacKenzie zufolge bezeugten 17 Personen bis ins Jahr 1961 hinein, die Dame unter den verschiedensten Umständen erblickt zu haben: auch im hellen Tageslicht bis zu einer halben Stunde, und auch im Garten oder in den Weinhängen des Landsitzes. Man hält die Gestalt für den > Geist der unglücklich verheirateten zweiten Frau des ersten Besitzers des Hauses, die 1878 starb (1, 109-112; 19, 66).

Clark, Kimberly

Mitwirkende in einem der berühmtesten Fälle einer > außerkörperlichen Erfahrung während einer > Nahtod-Erfahrung: Nicht Kimberly Clark selbst, aber eine mit ihr bekannte Sozialarbeiterin namens Maria erlitt einen Herzstillstand und sah sich daraufhin unter der Zimmerdecke schweben und auf ihren Körper herabblicken. Dann bemerkte sie, dass sie sich nur an einen Ort zu denken brauchte, um ihr > Bewusstsein und ihre Wahrnehmung dorthin zu lenken. Daraufhin erblickte sie auf dem Sims der zweiten Etage des Krankenhauses einen Tennisschuh und erkannte auch Details wie ein Loch an der Stelle des kleinen Zehs und den Schuhriemen unter dem Absatz. Kimberly Clark suchte nach dem Schuh, entdeckte ihn auch, konnte aber vom Fenster aus keine Einzelheiten erkennen. Erst als sie den Schuh hereingeholt hatte, stellte sie fest, dass die Angaben Marias zutrafen. > Skeptiker versuchten, die Glaubwürdigkeit dieser Geschichte zu erschüttern, allerdings wurde mehrfach von weiteren Vorfällen dieser Art berichtet. Clark nahm nach ihrem Erlebnis an Melvin > Morses breit angelegter Erforschung von Nahtod-Erfahrungen teil, dokumentierte über tausend davon, unterrichtete Ärzte und Schwestern, damit angemessen umzugehen und ist führendes Mitglied der > International Association of Near Death Studies (70, 186; 82, 248).

Literatur: Kimberly Clark Sharp: After the Light. William Morrow 1995

Cold Reading

Eine Sammlung von Techniken, um Informationen über andere Personen zu gewinnen, indem man auf kleinste Hinweise bei ihrem Äußeren, ihrem

Verhalten und ihren Worten achtet. Insbesondere Zauberkünstler, die im Rahmen ihrer Show behaupten, übersinnliche Fähigkeiten zu haben, greifen darauf zurück. Zu diesen Techniken gehört beispielsweise auch, Leitfragen zu stellen, um entweder durch die Antworten oder schon durch die Veränderung des Gesichtsausdrucks des Angesprochenen Hinweise zu erhalten. Manchmal hält das angebliche > Medium seine Auskünfte auch so allgemein, dass sich die betreffende Person darin mit hoher Wahrscheinlichkeit wiedererkennen wird. > Skeptiker behaupten, dass sämtliche zutreffenden Aussagen von Medien oder anderen Menschen mit angeblich > außersinnlicher Wahrnehmung auf bewusster oder zumindest unbewusster Anwendung dieser Tricks und Techniken beruhen. Parapsychologen (> Parapsychologie) kennen diese Möglichkeit aber natürlich auch und achten bei ihren Experimenten darauf, sie so weit wie möglich zu unterbinden - beispielsweise indem das Medium und die Versuchsperson einander überhaupt nicht erst zu Gesicht bekommen.

Literatur: Richard Wiseman: Guidelines for Testing Psychic Claimants. Prometheus Books 1995. Richard Wiseman: Deception & Self-Deception. Prometheus Books 1997

Committee for the Scientific Investigation of Claims of the Paranormal (CSICOP)

US-amerikanische, vermutlich international bedeutendste Organisation von > Skeptikern, gegründet 1976. Ihrer Eigendarstellung nach ist es ihr Ziel, Behauptungen paranormaler Vorgänge sowie der Grenzwissenschaften vorurteilsfrei und unter streng wissenschaftlichem Blickwinkel zu untersuchen. Die Ergebnisse dieser Untersuchungen sollen in Artikeln und Büchern der Allgemeinheit zugänglich gemacht werden, um sie so vor Irrtümern, Betrug und falschen Hoffnungen zu warnen und zu mündigem Denken anzuleiten. Auf diese Weise sollen die Menschen davor geschützt werden, unseriösen Autoren und Geschäftemachern auf den Leim zu gehen, die Wunschdenken und Leichtgläubigkeit ausnutzen, um damit Geld zu machen. Das behandelte Themenspektrum rangiert dabei von UFOs über > Nahtod-Erfahrungen bis zu vermeintlichen Kontakten mit > Geistern. Bekannte Mitglieder von CSICOP sind bzw. waren der Mathematiker Martin Gardner, der Bühnenmagier James Randi sowie die Wissenschaftsautoren Carl Sagan und Isaac Asimov.

Zwischen Anhängern der > Parapsychologie und den CSICOP-Skeptikern kommt es regelmäßig zu Konflikten. Während die Mehrzahl der Parapsychologen die Tatsache, dass es paranormale Kräfte gibt, für längst erwiesen hält und sich jetzt vor allem damit beschäftigen möchte, wie diese funktionieren, zeigen sich die Skeptiker nicht überzeugt und bemängeln, dass noch immer keine experimentell wiederholbaren Beweise vorlägen.

Kritiker von CSICOP und anderen Skeptikern bemängeln bei diesen Gruppierungen Folgendes:

- Sie seien bei weitem nicht so "unvoreingenommen", wie sie sich ständig gäben, sondern verteidigten stattdessen das Weltbild des > Materialismus. Daten und Ergebnisse, die dort nicht hineinpassten, würden automatisch angegriffen, bezweifelt und wegerklärt, statt das Weltbild nach den vorhandenen Daten auszurichten.
- Entgegen dem selbst gewählten Namen der Organisation nimmt diese selbst keinerlei wissenschaftliche Untersuchungen vor, sondern beschränkt sich auf Rhetorik und auf Aktionen, die vor allem bei Presse und Fernsehen Eindruck schinden sollen. (Dazu gehört beispielsweise James Randis Angebot, jemand, der ihn von der Existenz außersinnlicher Wahrnehmung überzeugen könne, erhalte eine Million Dollar. So etwas wird von ernsthaften parapsychologischen Wissenschaftlern in der Regel nicht einmal mehr ernst genommen.) Wenn CSICOP jedoch selbst wissenschaftlich tätig würde, wären die Durchführung und die Ergebnisse dieser Experimente genauso scharf angreifbar wie es jede Forschung im wissenschaftlichen Grenzbereich naturgemäß ist.
- Die Organisation wird sehr stark von Männern beherrscht. Beobachtern zufolge ist ihr Umgang mit Menschen anderer Auffassung deshalb vor allem durch eine machoartige Feindseligkeit geprägt. Viele Skeptiker wiesen demnach eine starke Unsicherheit auf, die sich darin entlade, dass ihre "Gegner" angegriffen und lächerlich gemacht werden, statt mit ihnen gemeinsam nach der Wahrheit zu suchen.
- Ein Kernproblem vieler führender Mitglieder scheint ihre dogmatische Einstellung in Bezug auf Religion zu sein. Von einigen Skeptikern wird Religion lediglich mit ihren schlimmsten Auswüchsen wie Völkermord, Inquisition, Unterdrückung, Ritualmorde und Weltfeindschaft in Verbindung gebracht. Hier liegt der Eindruck nahe, dass

Wissenschaft nach dem Verständnis der Skeptiker als Bollwerk gegen all dieses Unheil dienen soll und sämtliche übernatürlichen Erscheinungen bekämpft oder geleugnet werden müssen, da sie dazu dienen, die Menschen unmündig im Bann der Religion zu halten. Es gibt aber auch andere Skeptiker, die sehr religiös sind und die Erforschung des Übersinnlichen deshalb ablehnen, weil ihrer Auffassung nach Gott dadurch erforscht und auf den Prüfstand gestellt werde, was die Bibel verbiete. Martin Gardner etwa ist Verfasser einer Unzahl von rhetorisch häufig brillanten, manchmal hämischen Texten, in denen er sich über paranormale Theorien lustig macht. Tatsächlich glaubt er jedoch sehr wohl an ein Leben nach dem Tod oder die Macht des > Gebets, hält es jedoch für Gotteslästerung, die dahinter liegenden Kräfte erforschen zu wollen. In seinem Essay "Prayer: Why I Do Not Think It Foolish" („Beten: Warum ich es nicht für idiotisch halte"), enthalten in Gardners "The Whys of a Philosophical Scrivener", New York 1983, führt er beispielsweise aus: *"Es ist möglich, dass bisher unerklärte paranormale Kräfte es Gebeten erlauben, die materielle Welt zu beeinflussen, und ich sage ganz bestimmt nicht, dass man diese Möglichkeit von vornherein ausschließen sollte. (...) Was empirische Versuche angeht, die Gottes Macht, Gebete zu beantworten, auf die Probe stellen sollen, gehöre ich zu denjenigen Theisten, die im Geiste von Jesus' Bemerkung, dass nur diejenigen ohne Glauben nach Zeichen forschen, solche Experimente sowohl für vergeblich als auch für blasphemisch halten. (...) Lasst uns nicht Gott versuchen!"*

- Umfragen zufolge hatte über die Hälfte der US-amerikanischen Bevölkerung Erlebnisse, die die Betreffenden für übernatürlich halten. Sie glauben daran, dass entsprechende Erscheinungen echt sind. Wenn diese Erfahrungen als Einbildungen beiseite gewischt werden, weil sie der Wissenschaft angeblich zuwider laufen, dürfte bei den Betreffenden der Eindruck entstehen, Wissenschaft sei ein fest gefügtes Weltbild, das mit einem wesentlichen Teil ihres Lebens nichts zu tun habe oder ihm sogar zuwider laufe. Gerade dadurch könnte sich eine Wissenschaftsfeindlichkeit entwickeln.

Web: http://en.wikipedia.org/wiki/CSICOP,
http://www.tricksterbook.com/ArticlesOnline/CSICOPoverview.htm

Dariens-Felsenrand-Erscheinung

Erlebnis in Verbindung mit > Sterbebettvisionen oder > Nahtod-Erfahrungen, bei denen der Betreffende einen kürzlich verstorbenen Bekannten wahrnimmt, von dessen Tod er aber noch nichts wusste und womit er auch nicht rechnen musste. Entsprechende Fälle werden von verschiedenen Forschern berichtet, darunter Raymond > Moody, Kenneth > Ring und Michael > Sabom.

Elisabeth > Kübler-Ross befragte sterbende Kinder aller Nationen und Kulturen (etwa Weiße, Schwarze, Eskimos, Libyer und Australier) über ihre Erfahrungen. Dabei stellte sie fest, dass wenn ein Kind davon berichtete, jemand würde es im > Jenseits erwarten, es sich auch tatsächlich um einen Verstorbenen handelte - selbst wenn der Betreffende erst kurz zuvor gestorben war und man dem Kind noch nichts darüber mitgeteilt hatte (64, 93).

"Das fünfte Feld"

Populärwissenschaftliches Sachbuch des Philosophen und Evolutionsforschers Ervin Laszlo. Darin erörtert er ungeklärte Fragen aus verschiedenen Bereichen, so etwa der Quantenphysik und der > Parapsychologie, und gelangt daraufhin zu der Vermutung, dass Dinge und Ereignisse, die im > Universum nebeneinander existieren, in Wahrheit miteinander vernetzt sind. Er stellt eine neue wissenschaftliche Betrachtungsweise vor, der zufolge sich sowohl Materie als auch > Bewusstsein aus einer tieferen Ebene der Realität herausgebildet haben, die an sich weder geistig noch materiell ist. Unsterblichkeit wüchse unserer Seele demnach entweder zu, weil sie in diesem kosmischen Register ihre Spur hinterlässt oder weil sie als zusammenhängendes Ganzes darin erhalten bleibt. > Reinkarnation könnte dann dadurch erklärt werden, dass ein neugeborener Mensch auf diese Seele Zugriff nimmt.

Literatur: Ervin Laszlo: Das fünfte Feld. Materie, Geist und Leben - Vision der neuen Wissenschaften. Bastei 2000

Dee, John

Sterndeuter und Berater der englischen Königin Elisabeth (1527-1608). Er nahm seiner Darstellung nach > Erscheinungen von > Engeln wahr und erhielt von ihnen in einer bislang unbekannten Sprache, dem Henochischen, Botschaften übermittelt (6, 499).

Déjà-vu

Das Gefühl, eine neue Situation bereits erlebt zu haben oder an einem Ort, den man zum ersten Mal betritt, bereits gewesen zu sein. Es könnte als Beleg für die Annahme der > Reinkarnation gewertet werden, wenn man an solch einem Ort das Gefühl hat, nach Hause zurückzukehren. Allerdings gibt es mittlerweile auch gehirnpsychologische Erklärungen für das Gefühl des > Déjà-vu. Robert Efron etwa vermutet, dass eine Hälfte des Gehirns manchmal Informationen etwas schneller aufnimmt als die andere, sodass die zweite Gehirnhälfte sich vormacht, diese Informationen seien ihr zum Zeitpunkt der Wahrnehmung bereits bekannt gewesen. Eine andere Erklärung wäre, dass man diese Situation bereits im Traum vorhergesehen und dann wieder vergessen hat (78, 23). Insofern wäre es im Zusammenhang mit der Wiedergeburt nur interessant, wenn man gleichzeitig Dinge über diesen Ort weiß, die man noch gar nicht wissen kann. Das lässt sich allerdings manchmal auch durch unbewusste Kenntnisse und grundsätzlich auch mit > außersinnlicher Wahrnehmung erklären.

Devi, Kumari Shanti

1929 in Delhi (Indien) geborenes Mädchen und einer der bekanntesten Fälle von angeblicher > Reinkarnation. Berichten ihrer Eltern und ihres Arztes zufolge erzählte Devi von sich aus von "ihrem Mann und ihren Kindern" und konnte Details ihres früheren Lebens als Frau eines gewissen Kedar Nath schildern. Nach vier Jahren überprüfte der mit der Familie befreundete Professor Kishen Chand diese Schilderungen und stellte ein Treffen zwischen dem verwitweten Kedar Nath und Devi her. Devi schlüpfte dabei in die Rolle einer liebenden Ehefrau und Mutter. Der indische Zeitungsverband ließ Devi im Rahmen einer Untersuchung an den Wohnort Kedar Naths bringen, wo Devi aus eigenem Antrieb vieles wiedererkannte und Dinge schilderte, die sich als Tatsachen bestätigten (60, 151-152).

Dickens, Charles

Englischer Schriftsteller (1812-1870). Zwei Jahre nach Dickens' Tod glaubte der US-amerikanische Handwerker P.T. James von Dickens' Geist beeinflusst zu werden, indem dieser ihm einen bestimmten Text diktierte (> Automatismus). Nach der Niederschrift wurde James klar, dass er Dickens' unvollendet gebliebene Erzählung "Das Geheimnis des Edwin Drood" fertig gestellt hatte. Verschiedene Fachleute erkannten in dem Werk Stil und Struktur von Charles Dickens. Wurde James also tatsächlich von dem toten Schriftsteller beeinflusst? Diese Annahme geriet zumindest stark ins Wanken, als man in Dickens' Nachlass ein Manuskript fand, dem zufolge er für seine Erzählung ein völlig anderes Ende geplant hatte. Auch hatte James viele Stellen aus dem ersten Teil des Romans, die sich zur Anknüpfung und Weiterentwicklung anboten, nicht genutzt (21, 192; 67, 94).

direkte Schrift

Schrift, die z. B. während einer > Séance wie von selbst auf einem Gegenstand, etwa einer Schiefertafel oder einem Blatt Papier, erscheint. Mögliche Erklärungen sind (außer Betrug nach Art eines Zaubertricks) der Einfluss jenseitiger Kräfte sowie > Telekinese.

direkte Stimme

Stimme, die nicht aus dem Mund eines Menschen (beispielsweise eines > Mediums), sondern aus der Luft ertönt. Besonders beeindruckend ist dies, wenn man darin die Stimme eines Verstorbenen wiederzuerkennen glaubt.

Diskarnieren

Als Gegenstück zum Reinkarnieren (> Reinkarnation) der Vorgang, bei dem die > Seele ihren Körper allmählich verlässt.

Dissoziation

Seelischer Vorgang, bei dem Denk- oder Handlungsvorgänge von der Gesamtpersönlichkeit abgespalten werden, ohne dass der Betreffende es kontrollieren kann. Dies geschieht vor allem in traumatischen Stresssituationen als Selbstschutz. Typischerweise werden dabei Mehrfachpersönlichkeiten ausgebildet und es kommt zu einem Gefühl der Unwirklichkeit. > Skeptiker haben versucht, > Nahtod-Erfahrungen als Form der Dissoziation zu erklären. Damit greifen sie allerdings zu kurz, weil solche Erfahrungen auch auftreten, wenn der Betreffende nichts von der Gefahr weiß, in der er sich befindet, weil eine Nahtod-Erfahrung als sehr wirklich und die Persönlichkeit dabei als intakt erlebt wird und weil man mit > Dissoziation nicht die bei solchen Erlebnissen auftretenden > außersinnlichen Wahrnehmungen erklären kann.

Dopamin

Botenstoff im > Gehirn, dessen Überschuss oder Mangel vermutlich bei seelischen Erkrankungen wie Schizophrenie eine Rolle spielt. In einem Experiment des Universitätskrankenhauses Zürich zeigte sich, dass die Versuchspersonen eher bereit waren, in chaotischen Mustern und Buchstabensalat Gesichter und Botschaften zu erkennen, wenn man den Gehalt von Dopamin in ihrem Gehirn erhöhte. Ein Überschuss von Dopamin könnte den Forschern zufolge demnach dazu führen, dass jemand glaubt, Übernatürliches wahrzunehmen, wo in Wirklichkeit nichts dergleichen vorhanden ist.

Doppelgänger

> Bilokation

“Dr. Fritz”

Angeblicher deutscher Arzt und > Kontrollgeist des brasilianischen > Mediums Zé Arigó, einem Landarbeiter, der in Trance und unter “Dr. Fritz” Anleitung Tausende von abenteuerlichen Operationen durchführte. Nach Arigós Tod ging “Dr. Fritz” dem Anschein nach auf den Arzt Edson Queiroz über. Dieser schnitt beispielsweise einer Patientin bei vollem > Bewusstsein ein Geschwür aus der Brust, was in einer ZDF-Dokumentation festgehalten wurde. Schulmediziner können noch keine Erklärung für diese Vorgänge anbieten (16, 248).

Drop-Ins

> Geister, die ohne Aufforderung oder Absicht der Anwesenden in eine > Séance hineinplatzen. Sie sprechen in der Regel durch das > Medium und sollen den Personen, die sie vorgeblich zu Lebzeiten waren, im Verhalten und Charakter ähneln. > Skeptiker halten sie eher für eine unbewusste Leistung des > Mediums, das vor einiger Zeit vielleicht einmal eine Todesanzeige las und sich durch > Kryptomnesie an den Inhalt erinnerte. Allerdings teilen manche Drop-Ins weit gehende Informationen mit, die

nicht so einfach erklärt werden können und sich erst nach der Überprüfung mehrerer Quellen als wahr herausstellen. Insofern gelten sie mit ihrem offenkundig eigenen Antrieb, der gar nichts mit der gerade stattfindenden Séance zu tun hat, als ein Hinweis gegen die Vermutung, es handele sich bei den vermeintlichen Kontakten eines Mediums mit Toten lediglich um > Super-Psi (11, 36; 1, 204; 78, 168). Ein berühmter Fall im Zusammenhang mit einem Drop-In dreht sich um den Seemann Runolfur > Runolfsson.

Dualismus

Die Annahme, dass das menschliche > Gehirn und die > Seele zwei verschiedene Dinge sind, die lediglich miteinander in Verbindung stehen. Demnach würde die Seele das Gehirn steuern. Diese Auffassung wurde etwa von John > Eccles und dem Philosophen Karl Popper vertreten. Die meisten Wissenschaftler halten allerdings den > Materialismus für glaubwürdiger, da der Dualismus eine ganze Reihe unbeantworteter Fragen aufwirft. Die wesentlichste davon lautet, auf welche Weise etwas Nicht-Materielles wie die Seele etwas Materielles wie das Gehirn steuern können sollte.

Andere Probleme, so argumentiert etwa der Philosoph David Ray Griffin, gelten für Dualismus und Materialismus in nur geringfügig unterschiedlicher Weise.

- Wie sollen sich im Prozess der Evolution aus Geschöpfen ohne Seele/Bewusstsein Geschöpfe mit Seele/Bewusstsein gebildet haben?
- Wo kann man zwischen Geschöpfen mit Seele/Bewusstsein und solchen ohne Seele/Bewusstsein die Grenze ziehen? Haben Tiere eine Seele, ein Bewusstsein? Auch Pflanzen? Also alle Lebewesen? Auch Bakterien? Auch Viren?
- Wenn so gut wie alles im Universum über keine Seele, kein Bewusstsein verfügt, warum stellen dann ausgerechnet wir Menschen angeblich die große Ausnahme dar? Wie ist die Seele, das Bewusstsein entstanden?

Da Dualismus und Materialismus gleichermaßen unbefriedigend seien, hält Griffin den > Panpsychismus für die wahrscheinlichere Alternative (27, 96-150).

Literatur: John Beloff und John Smythies: The Case for Dualism. University of Virginia 1989. John Eccles und Karl Popper: Das Ich und sein Gehirn. Piper 2000

Duncan, Helen

Englisches Medium (1897-1956). Schon als Kind behauptete Duncan, vor Jahren verstorbene Menschen sehen und hören zu können, wurde damit aber nicht ernst genommen. Ihr späterer Ehemann Henry entdeckte ihre Fähigkeiten und ermunterte seine Frau, sie weiterzuentwickeln. In Trance meldete sich durch Duncan ein Wesen, das sich Dr. Williams nannte und zu regelmäßigen > Séancen anregte. Bei diesen Séancen sei es wichtig, vermeintlichen Botschaften aus der Geisterwelt nicht blind zu glauben, sondern handfeste Belege zu ermitteln.

Von diesen Séancen geben als glaubwürdig eingeschätzte Beobachter übereinstimmend dieselben Berichte ab: Aus wirbelnden Massen formlosen > Ektoplasmas bildeten sich Wesen, die die Besucher der Séancen als lebende Menschen gekannt hatten. Man konnte sich mit ihnen manchmal unterhalten, aber letztlich versickerten sie durch den Fußboden. Auch von > Lichtern und einander gelegentlich überlappenden Stimmen aus dem Nichts wird berichtet. Um Betrug von Helen Duncan auszuschließen, wurde sie unter anderem nackt in einen Sack eingenäht, der mit Bändern und Kordeln an einem Stuhl befestigt wurde. Zum Ende einer Séance wurde Duncan oft außerhalb dieses Sackes gefunden, wobei die Siegel und Stricke unbeschädigt blieben.

Duncan wurde in den folgenden Jahren immer heftiger von > Skeptikern angegangen. Einen Höhepunkt erreichte dieser Konflikt, als sie während des Zweiten Weltkriegs bei einer Séance in Birmingham anscheinend Kontakt mit einem verstorbenen Seemann aufnahm. Dieser behauptete, mit seiner gesamten Mannschaft ertrunken zu sein, nachdem sein Schiff, die H.M.S. Barham, von Deutschen versenkt worden sei. Er wollte mit seiner Mutter sprechen, die sich unter den Zuhörern befand. Als der britische Geheimdienst von dieser Botschaft erfuhr, ließ er Duncan festnehmen: Was sie über das versenkte Schiff berichtet hatte, war zutreffend, unterlag aber strengster Geheimhaltung, um die Moral der englischen Heimatbevölkerung nicht zu untergraben. Duncan wurde wegen der Ausübung der Hexerei verurteilt: Damit gefährde sie die britische Regierung. Der britische Premierminister Winston Churchill, der dem > Spiritismus gegenüber aufgeschlossen war, versuchte erfolglos, das Urteil rückgängig zu machen. Duncan blieb im Gefängnis. Churchill war darüber so erbost, dass er das aus dem Jahr 1735 stammende Gesetz gegen Hexerei ändern ließ. Damit unterstützte er die künftige freie Ausübung solcher Praktiken. Einer Reuters-Meldung aus dem Jahr 1998 zufolge ist über vierzig Jahre nach Duncans Tod ihre späte Begnadigung zu erwarten (38, 87-88).

Web: http://www.noahsarksoc.fsnet.co.uk/mediums/helen_duncan_physical_medium.htm

Ebene

Ähnlich wie "Dimension" ein sehr vager Begriff, der einen bestimmten Seinszustand der Wirklichkeit ausdrücken soll. Der Ausdruck "Ebene" verleitet leider fast automatisch zu einer irreführenden räumlichen Vorstellung: Eine Ebene liegt über der anderen. Das ist aber nur eine bildhafte Vorstellung. Robert > Monroe etwa vertrat die Auffassung, dass man bei > Astralreisen nicht wirklich reist; dieser Eindruck sei noch unserer Verhaftung im Raum-Zeit-Gefüge zuzuordnen. Tatsächlich verändere man den Zustand seines > Bewusstseins (3, 131).

Eccles, John

> Gehirn

Edison, Thomas Alpha

US-amerikanischer Erfinder unter anderem der Glühbirne, des Wandprojektors und des Plattenspielers. Für viele gilt er als erfolgreichster Erfinder aller Zeiten. Edison interessierte sich aber auch für > Reinkarnation, unternahm Versuche mit > Telekinese und arbeitete an einer Maschine, durch die man mit > Geistern in Verbindung treten sollte. Dabei blieb er unbeeindruckt davon, dass solche Dinge seinen Ruf in der wissenschaftlichen Gemeinschaft untergraben konnten. Seine letzten Worte sollen gewesen sein: "Es ist sehr schön dort drüben." (2, 6; 70, 12)

Ego-Tod

Das Sterben des persönlichen Ichs während einer > mystischen Erfahrung. Dabei gelangt der Betreffende in eine > transzendentale Welt, in der er erfährt, dass das > Bewusstsein von seinem Körper unabhängig ist und auch über seinen Tod hinaus existieren wird. Dieses Erlebnis wird unter anderem von Stanislav > Grof untersucht (17, 131).

Ektoplasma

Flüchtige, halbstoffliche Substanz, die Berichten zufolge von den Körpern mancher > Medien ausströmte. Manchmal soll es dabei zu > Materialisationen von Gliedmaßen, Gesichtern oder ganzen Körpern gekommen sein. Ektoplasma ist in der Regel weißlich, warm oder kalt, es hat ein gewisses Gewicht, fühlt sich gummi- oder teigartig an und kann zwischen Nebel, Klumpen und einer netzartigen Membran die unterschiedlichsten Zustände annehmen. Wenn es > Licht ausgesetzt wird, löst es sich wieder auf, was > Skeptikern natürlich extrem verdächtig vorkommt. Das Medium Reverend Robert Chaney beschrieb Ektoplasma als eine Art Protoplasma, das in einem halb körperlichen, halb spirituellen Zustand im Körper eines Menschen steckt und bei einer > Séance unbewusst ausgestoßen wird. Das Medium Marthe Beraud, das sich vor jeder Sitzung aufs Gründlichste untersuchen ließ, produzierte vor dem Arzt Baron Albert von Schrenck-Notzing größere Mengen grauweißen, klebrigen, gelatineartigen Ektoplasmas aus ihren Gesichtsöffnungen, die sich bei Lichteinfall oder Berührungen in ihren Körper zurückzogen.

Leider benutzten in späteren Jahren betrügerische "Medien" zwischen gekautem Papier, Seife und Eiweiß alle möglichen Tricks, um unechtes Ektoplasma zu erzeugen. Damit rückte dieser gesamte Forschungsbereich ins Zwielicht (42, 117-119).

(Elfter) 11. September

> globaler Geist

Endorphine

Glückshormone, die der menschliche Körper bildet, wenn er zum Beispiel beim Sport in eine Belastungssituation gerät. Sie beruhigen, befreien von Angst, hemmen den Schmerz und sorgen für ein allgemeines Wohlgefühl. Deshalb vermuten manche, dass sie bei > Nahtod-Erfahrungen hineinspielen. Das bleibt allerdings eine unbestätigte Vermutung: Bei sterbenden Tieren konnten nur winzige Spuren dieser Hormone nachgewiesen werden. Zudem führen Endorphine zu Schläfrigkeit statt zu der berichteten außergewöhnlichen Wachheit, und ihre schmerzstillende Wirkung hält länger an als das bei vielen Nahtodes-Erfahrungen der Fall ist, bei denen mit der "Rückkehr in den Körper" auch der Schmerz wiederkehrt (21, 211-212; 27, 243).

Engel

Insbesondere im religiösen Weltbild höhere übersinnliche Wesen, Boten Gottes mit überirdischer Macht und Intelligenz. Die naive Vorstellung, wenn jemand gestorben ist, "wird er ein Engel", entspricht also nicht dieser Definition. Manche Anhänger der > Esoterik glauben, dass jeder Mensch einen eigenen Schutzengel hat, der auf ihn achtet. Es gibt auch aus heutiger Zeit zahllose Berichte über Menschen, die von Engeln zum Beispiel im Koma oder bei Unfällen Beistand, Heilung, Führung oder Trost erhielten, wenn sie nur darum baten. So bekundete im Jahr 2000 bei einer Umfrage des Instituts für Demoskopie in Allensbach fast jeder dritte Befragte, an Engel zu glauben. Aus dieser Gruppe wiederum berichtet jeder Fünfte, einem solchen Geschöpf bereits begegnet zu sein. Einige der von manchen Autoren gesammelten Erlebnisse bewegen sich klar im Bereich des Wunderbaren, das über irdische Erklärungen hinausgeht (40, 48-49). 70 Prozent der von Melvin > Morse über ihre > Nahtod-Erfahrungen befragten Kinder berichteten von Begegnungen mit Engeln. Margaret Atwater zufolge sehen jüngere Kinder sie noch als Wesen mit Flügeln, ältere Kinder jedoch als Gestalten aus reinem > Licht. Manchmal wird der Engel als Begleiter ins Leben mitgenommen (2, 65).

Literatur: Matthew Fox und Rupert Sheldrake: Engel, die kosmische Intelligenz. Kösel 1999; Thomas Keller und Deborah Taylor: Angels: The Lifting of the Veil. Hampton Roads 1994; Joan Wester Anderson: Wo Engel wirken. Econ 1996; Sophy Burnham: Engel. Bassermann 2004.

erdgebundene Seele

In der spirituellen Vorstellung die > Seele eines Verstorbenen, die an der körperlichen Welt festhält, weil sie die Tatsache ihres Todes nicht wahrgenommen hat oder damit nicht zurechtkommt. Sie könnte demnach von Lebenden zum Beispiel als Gespenst wahrgenommen werden.

Literatur: Edith Fiore: Besessenheit und Heilung. Silberschnur 2002

Erklärungsjoker

Scheinbare Erklärung, die in der Diskussion über unbegreifliche Fälle gerne vorgebracht wird, aber auf einem Modell beruht, das auch niemand wirklich versteht. Insofern dient sie häufig als ein Totschlagargument, um das Gespräch zu beenden, ohne dass der Betreffende sein Gesicht verliert. Gerne verwendete Erklärungsjoker sind zum Beispiel "Quantenphysik", "Massenhalluzinationen" und "Placebo-Effekt".

Erleuchtung

Durchbruch in der spirituellen Entwicklung, bei dem der Mensch das Wesen allen Seins begreift und sich mit dem Weltgeist (Gott, dem Universum) vereinigt. Der Betreffende überwindet dabei die Grenzen seines persönlichen Ichs ebenso wie die von Raum und Zeit und durchlebt einen erhabenen Moment absoluter Wahrheit und Klarheit. Insbesondere im Buddhismus soll auf diesen Moment durch Meditation und andere Bestandteile spiritueller Lebensführung hingearbeitet werden.

Erleuchtungserlebnisse können aber auch sehr plötzlich und unbeabsichtigt eintreten, wie dieser Bericht über eine > mystische Erfahrung des im 19. Jahrhundert lebenden Arztes Maurice Bucke belegt: "*Es war im frühen Frühling zu Beginn seines sechsunddreißigsten Lebensjahres. Er und zwei Freunde hatten den Abend damit verbracht, Wordsworth, Shelley, Keats, Byron und insbesondere Whitman zu lesen. Sie gingen um Mitternacht auseinander, und er hatte eine lange Fahrt in einer Kutsche. Sein Gemüt stand noch tief unter dem Einfluss der Ideen, Vorstellungen und Gefühle, die durch das Lesen und die Unterhaltung des Abends aufgekommen waren, und war ruhig und friedlich. Er befand sich in einem Zustand stillen, fast passiven Genusses. Ganz plötzlich, ohne jede Warnung, fand er sich selbst wie von einer flammenfarbigen Wolke umhüllt. Einen Augenblick lang dachte er an Feuer, ein plötzliches Auflodern in der großen Stadt, aber als Nächstes wusste er, dass sich das Licht in ihm selbst befand. Direkt danach überkam ihn eine Empfindung von Jubel, von immenser Freude, begleitet oder sofort gefolgt von einer intellektuellen Erleuchtung, die fast unmöglich zu beschreiben war. In sein Gehirn strömte ein momentaner Lichtblitz brahamischer Pracht, der seitdem immer sein Leben erleuchtet hatte; auf sein Herz fiel ein Tropfen brahamischer Glückseligkeit, um dort für immer einen Nachgeschmack des Himmels zurückzulassen. Neben anderen Dingen ... sah und wusste er, dass der Kosmos keine tote Materie, sondern eine lebende Gegenwart war, dass die Seele des Menschen unsterblich ist, dass das Universum so gebaut und geordnet ist, dass ohne jeden Zweifel alle Dinge zum Nutzen aller zusammenarbeiten, dass das Grundprinzip der Welt Liebe ist und das Glück eines jeden auf lange Sicht absolut sicher ist. Er behauptete, dass er in den wenigen Sekunden seiner Erleuchtung mehr gelernt hatte, als in den vergangenen Monaten oder sogar Jahren des Studiums, und dass er so viel lernte, wie keine Studien je lehren hätten können. (...) Es war unmöglich für ihn, je zu vergessen, was er zu diesem Zeitpunkt sah und wusste, noch konnte er je die Wahrheit dessen bezweifeln, was seinem Geist damals gezeigt wurde ..."* (87)

Bei diesem Erleuchtungserlebnis zeigt sich eine starke Nähe zu dem, was Menschen bei > Nahtod-Erfahrungen gewahr werden.

Berichten zufolge kann der Zustand mystischer Erleuchtung von einigen Heiligen und Yogis auch auf andere übertragen werden: etwa durch einen Blick, eine Berührung, ein Wort, eine Geste oder durch eine von all dem unabhängige Form der Kommunikation. Es gibt auch Schilderungen, denen zufolge Liebende, Freunde und Meditierende gemeinsam in einen entsprechenden Zustand gerieten (53, 112-113).

Manche Schulmediziner wie der Neurologe Vilayanur Ramachandran sehen in Erleuchtungen hingegen eine Form der geistigen Störung: Die Selbstzensur im Gehirn werde dabei überwunden und der Betreffende nehme seine Lieblingsfantasie als Wirklichkeit wahr. Ramachandran zufolge erleben auch manche Epileptiker bei ihren Anfällen Eindrücke göttlichen > Lichts und glauben, das wahre Wesen des Universums zu erkennen. Dies gilt insbesondere, wenn der > Schläfenlappen von den Anfällen betroffen ist: Die Patienten sind dann weggetreten, berichten von Panik, Verwirrung und > Halluzinationen, werden aber auch besonders religiös (45, 250).

Erscheinung

Eine körperlose Gestalt, die aber dennoch von Menschen wahrgenommen wird. Erscheinungen gibt es sowohl von Lebenden als auch von Toten. Bei Letzteren spricht man in der Alltagssprache von > Geistern. Der Parapsychologe Hornell Hart kam zu dem Schluss, dass die Erscheinungen Toter wie Lebender praktisch ununterscheidbar waren, sodass man von demselben zugrunde liegenden Mechanismus ausgehen sollte.

Erscheinungen sind häufiger, als man vielleicht denkt: Untersuchungen aus England und den USA belegen, dass 10 bis 17 Prozent der Bevölkerung bereits eine entsprechende Erfahrung gemacht haben. In Kanada berichtete bis zu einem knappen Drittel aller Befragten davon, in Island nahmen 31 Prozent der Befragten eine tote und 11 Prozent eine lebende Person auf diese Weise wahr. Als die Schriftstellerin Diane Norman für ein Buch über Geister die Besitzer der 30 ältesten englischen Herrenhäuser befragte, ob es dort spuken würde, erhielt sie 28 ernsthafte Bejahungen. Erlebnisse mit Geistern sind auch von bekannten Personen überliefert. So unterhielt sich der Theologe J. B. Philips mehrfach mit Erscheinungen des verstorbenen C. S. Lewis, und der US-amerikanische Schriftsteller Nathaniel Hawthorne erblickte bei mehreren Bibliotheksbesuchen einen kürzlich verschiedenen Geistlichen.

Erscheinungen werden nicht nur gesehen, sondern auch gehört, gefühlt oder gerochen. Die tatsächlichen Sammlungen geschilderter Fälle lassen ein anderes Bild erkennen, als es dem in Gespensterromanen und -filmen vertretenen Klischee entspricht. Im wahren Leben wirken Erscheinungen häufig sehr echt und solide. Oft kann man sie nur insofern von den wahren Personen unterscheiden, als sich diese in diesem Moment an einem ganz anderen Ort befinden oder bereits verstorben sind. Man kann sich um Erscheinungen herumbewegen, sie verdecken Gegenstände, vor denen sie auftauchen, scheinen sich ihrer Umgebung meistens bewusst, gehen um Möbelstücke herum, verlassen einen Raum häufig durch die Tür statt durch die Wand und werden auch nicht von Heulen und Kettenklirren begleitet. In einigen Fällen kann man sich kurz mit ihnen unterhalten, gelegentlich per > Telepathie. Allerdings geht von ihnen manchmal eine spürbare Kälte aus (> kalte Stelle), man kann sie nicht berühren, sie verschwinden oder verblassen manchmal plötzlich und lassen dabei in der Regel keine Spuren zurück. Es gibt allerdings auch Berichte, denen zufolge Erscheinungen auch Verstorbener körperlich aktiv werden, also zum Beispiel einen Vorhang zurückziehen.

Meistens treten sie in vertrauter Umgebung und bei günstigen Lichtverhältnissen auf. Eine aktuelle Untersuchung verzeichnet 40 Prozent der Erscheinungen bei Tageslicht und 10 bis 20 Prozent bei guter künstlicher Beleuchtung. Manchmal sind sie auch in Spiegeln zu erkennen, die ihr Bild zurückwerfen. In der Regel sind sie kaum eine Minute zu sehen, obwohl sie in manchen Fällen auch über fünf Minuten zutage treten. Tiere scheinen häufig auf sie zu reagieren, bevor sie von Menschen wahrgenommen werden.

Eine weitere Studie ergab, dass der Grund für eine Erscheinung in neunzig Prozent der Fälle von ihrer Ursache, also etwa vom Verstorbenen, ausgeht und nur in zehn Prozent durch die Wünsche desjenigen bestimmt wird, der sie wahrnimmt. Typische Gründe sind das Mitteilen eines Todes oder anderer wichtiger Informationen, Versöhnung, Reue, eine Warnung oder Trost für Trauernde (> Nachtod-Kontakte).

Häufig werden sie von mehreren Personen wahrgenommen, wobei nicht jedes Mitglied einer Gruppe dazu in der Lage sein muss. Manchmal sehen derjenige, von dem die Erscheinung ausgeht, und derjenige, der sie wahrnimmt, einander gegenseitig (> außerkörperliche Erfahrungen): Ein bekannter Fall handelt von S. H. Beard, dem es 1882 gelungen sein soll, seinen "Geist" in Trance zu der Wohnung seiner Verlobten auszusenden, um dort von ihrer Schwester erblickt zu werden.

Für viele ist es verwirrend, dass Erscheinungen in der Regel bekleidet auftreten und für die jeweilige Person typische Gegenstände wie einen Stock, ein Buch oder eine Uhr mit sich führen, ja manchmal so große Dinge wie eine komplette Kutsche umfassen. > Skeptiker nutzen das als Beleg dafür, dass es sich lediglich um Einbildungen handelt: Ein Mensch mag über einen Astralkörper verfügen, aber wohl kaum seine Kleidung. Hier fällt allerdings auf, dass Erscheinungen Verstorbener häufig die Kleidungsstücke tragen, die sie zur Todesstunde tatsächlich anhatten, aber nicht jene, die vom Wahrnehmenden erwartet wurden (etwa weil er das neue Kleidungsstück noch gar nicht kannte).

Nach psychologischer Auffassung sind Geistererscheinungen lediglich > Halluzinationen, die von unbewussten Ängsten, Wünschen und Schuldgefühlen geprägt werden. Diese Erklärung versagt bei Erscheinungen, die von mehreren Personen unabhängig voneinander völlig klar wahrgenommen werden und Informationen mitteilen, welche sich später als zutreffend herausstellen. Eine > parapsychologische Deutung besteht darin, dass über > außersinnliche Wahrnehmung bestimmte Gedanken aufgenommen werden, die im > Bewusstsein anderer vorhanden sind, oder dass ein Hellsehen über die Grenzen der Zeit hinweg stattfindet (> Super-Psi). Der Philosoph H. H. Price und die Anthropologin Margaret Murray hingegen vertraten die Annahme, dass sich persönliche Energie einem bestimmten Ort aufprägen kann. Das würde erklären, warum manche Geister einen bestimmten Ort nicht verlassen und

Handlungen aus der Vergangenheit zu wiederholen scheinen. Unklar bliebe, warum Orte dann nicht ebenfalls die Geschehnisse noch lebender Personen speichern und warum andere Geister mit Trost und Warnungen sehr aktiv zu sein scheinen. Eine weitere These weist darauf hin, dass es entgegen unserem Alltagsverständnis in der Physik unterschiedliche Vorstellungen von Zeit gibt und für Verstorbene Zeit in einer anderen Weise ablaufen könnte als für uns Lebende (8, 45-52; 60, 167-181; 27, 212; 35, 243-260).

In letzter Zeit hat man versucht, die Wahrnehmung von zumindest einigen Geistern durch irdische Ursachen zu erklären, beispielsweise die Auswirkung von > Infraschall.

"Eine schöne naturalistische Erklärung für ein paranormales Phänomen", schreiben dazu Stephan Matthiesen und Inge Hüsgen in der Zeitschrift "Skeptiker" 3/2003. *"Nun wissen wir endlich, was an Geistern dran ist - nichts als tiefe Töne! (...) Gibt es nicht andere Erklärungsmöglichkeiten, die je nach Einzelfall eine Rolle spielen? Und hieß es nicht noch vor kurzem, dass Spuk nichts anderes als der Effekt eines kalten Luftzuges sei, während letztes Jahr Dopamin im Gehirn als die Erklärung für anomalistische Erfahrungen gehandelt wurde?"*

Verschiedene Fallschilderungen weisen darauf hin, dass es sich bei Erscheinungen tatsächlich um die Geister Verstorbener handeln könnte. Dazu gehört etwa das Erlebnis Mary Clerkes, die auf der Veranda saß und las, während sich eine Amme daneben um ihre Tochter kümmerte. Als Clerke ins Haus zurückgehen wollte, fragte sie die Amme, wer denn der fremde Herr gewesen sei, der ständig versucht habe, sie anzusprechen, dem sie aber unhöflicherweise nicht geantwortet habe. Clerke verwirrte und verärgerte diese Frage, denn sie hatte keinen Herrn wahrgenommen. Ein paar Tage später erfuhr sie, dass ihr Bruder zu eben jenem Zeitpunkt gestorben war, als sich diese Begebenheit zugetragen hatte. Auf der Grundlage solcher und ähnlicher Fälle liegt der Gedanke nahe, dass "Geister" von manchen Menschen wahrgenommen werden können und von anderen nicht (19, 144, 147).

Manche Parapsychologen haben versucht, Erscheinungen gezielt auftreten zu lassen, etwa durch die Verwendung eines > Psychomantheums. Während Raymond > Moody dabei angab, dass 70 Prozent seiner Versuchspersonen auf diese Weise in der Lage waren, Verstorbene zu sehen, hatten andere Forscher (wie etwa Dean Radin) damit weniger Glück: Ihre Versuchspersonen glaubten lediglich, die Anwesenheit von jemand anderem zu spüren. Das kann natürlich auch reine Einbildung gewesen sein (35, 245).

Eindrucksvolle Berichte über Erscheinungen drehen sich um den > Butler-Fall, das > Chaffin-Testament, den > Cheltenham-Geist, den > Flug 401, die > graue Dame und Lieutenant David > McConnel.

Literatur: Rosemary Ellen Guiley: The Encyclopedia of Ghosts and Spirits. Facts on File 2000; Tom Odgen: The Complete Idiot's Guide to Ghosts and Hauntings (Second Edition). Alpha Books 2004; Annekatrin Puhle: Das Lexikon der Geister. Atmosphären 2004.

Web: http://www.aspr.com/osis.html

Esalen Center for Theory and Research / Esalen Institute

1962 von Michael Murphy und Richard Price gegründete Bildungsstätte im kalifornischen Big Sur. Ihr Ziel ist es, mit der Hilfe von führenden Philosophen, Psychologen und Religionswissenschaftlern neue Erkenntnisse zu erschließen, die das Bild über die Welt und den Menschen verändern könnten. Zu diesem Themenbereich gehört auch die Erforschung des menschlichen > Bewusstseins und seinen womöglich bislang von der Schulwissenschaft kaum zur Kenntnis genommenen Fähigkeiten - einschließlich der Frage, ob es den Tod des Körpers überleben kann.

Web: http://www.esalenctr.org

Esoterik

(wörtlich: Geheimlehre) Oberbegriff für den Bereich der Grenzwissenschaften, deren Erkenntnisse über bisherige naturwissenschaftliche Erklärungen hinausgehen. Viele dieser "Erkenntnisse" werden dementsprechend auch nicht durch wissenschaftliche Methoden und Verfahren gewonnen, sondern beispielsweise durch Intuition, eigene spirituelle Erfahrungen usw. Solche "Erkenntnisse" sind demnach für Dritte in der Regel nicht nachprüfbar und daher oft von begrenztem Wert, was abgesicherten Informationsgewinn angeht. Dazu kommt ein starker sozialer Druck, der "seriöse" Wissenschaftler davon abhält, sich "ernsthaft" (also nicht allein mit dem Ziel der Widerlegung) mit esoterischen Inhalten auseinander zu setzen. Andererseits lassen sich Dinge, die von mehreren Menschen übereinstimmend berichtet werden, auch nicht ohne weiteres vom Tisch wischen, vielmehr scheint eine nähere Auseinandersetzung damit sinnvoll. Dazu kommt, dass aktuellste wissenschaftliche Erkenntnisse (etwa aus dem Bereich der Quantenphysik) für unser Weltbild ebenfalls sehr umwälzend sind und dem "gesunden Menschenverstand" anscheinend zuwider laufen. Da allerdings das Erkennen der Wirklichkeit immer auch von persönlichen Deutungen abhängig ist, ist hierbei der Übergang von Wissenschaft zu Philosophie häufig fließend.

Kakuska weist in seinem "Esoterik-Leitfaden" (Heyne 1991) darauf hin, dass auf dem heutigen Buchmarkt unter dem Begriff "Esoterik" zwar die unterschiedlichsten Themen zusammengeführt werden (etwa > Parapsychologie, Lebenshilfe, Magie, religiöse Texte, alternatives Heilen und Erfahrungsberichte). Dennoch gebe es aber Grundüberzeugungen, die als Ergebnis spiritueller Praxis zu allen Zeiten und Kulturen entstanden sind:

a) Die Welt ist sinnvoll geordnet, auch wenn sie uns Sterblichen oft chaotisch und willkürlich erscheint. Über manche Zusammenhänge kann man zum Beispiel durch > außersinnliche Wahrnehmung Erkenntnisse gewinnen und sie etwa durch Magie nutzen.
b) Der Mensch gehört, solange er lebt, gleichermaßen einer körperlichen und einer geistigen Welt an und geht nach seinem Tode in die geistige Welt über (zumindest bis zu seiner > Reinkarnation).
c) Die menschliche Seele muss sich weiterentwickeln, und zwar auch durch unangenehme Erfahrungen, bis sie einen Moment der Erkenntnis erlangt, bei dem alle Gegensätze zu einer übergeordneten Einheit verschmelzen.
d) Das Universum ist wohlwollend gegenüber jedem, der seine Gesetze befolgt.

Evolution

> Wallace, Alfred Russell

Fantasierauschen

Von Marcus Gossler geprägter Begriff für die Entstellung einer Botschaft, die beispielsweise ein > Medium empfängt, indem es Inhalte aus seinem eigenen Unterbewusstsein hinzufügt. Als Folge davon kann sich also eine Gesamtbotschaft ergeben, von der viele Informationen richtig sind und einige falsch. Bei einer von einem Medium erhaltenen Information, deren

Wahrheitsgehalt man nicht nachprüfen kann (etwa über das angebliche Leben im > Jenseits), kann man daher nicht sicher sagen, was von beidem der Fall ist. Dieses Problem taucht auch beim Erforschen der > Reinkarnation auf, wenn sich angeblich Wiedergeborene an Dinge aus einem anderen Leben "erinnern", von denen sich dann manche als zutreffend und manche als nachweislich falsch herausstellen (24).

Farczady, Iris

Ungarin, die 1935 eines Morgens mit den Erinnerungen und Gewohnheiten einer verstorbenen spanischen Reinemachefrau erwachte und plötzlich fließend Spanisch sprechen konnte. Alles, was ihre eigene Familie, Umgebung und Sprache betraf, hatte sie vergessen. Dies wird als ein Fall von > Besessenheit betrachtet (8, 13).

feinstofflich

In der esoterischen Literatur verwendeter Ausdruck für nicht-stofflich: Der feinstoffliche Astralleib eines Menschen kann demnach nicht berührt werden und Wände durchdringen.

Feld

Einflussbereich, der Materie und Energie miteinander verknüpft bzw. Energie zu Materie bindet. In der klassischen Physik sind beispielsweise Schwerkraft- und elektromagnetische Felder bekannt. Aktuell wird darüber diskutiert, ob man sich auch die > Seele als ein Feld im naturwissenschaftlichen Sinne vorstellen kann (> morphogenetische Felder) und ob es ein die gesamte Menschheit umfassendes Feld des gemeinschaftlichen > Bewusstseins gibt.

Literatur: Lynne McTaggart: The Field. The Quest for the Secret Force of the Universe. Quill 2003

Fenwick, Peter

Londoner Neurochirurg und Psychiater. Er veröffentlichte zahllose Studien über Gehirnfunktionen sowie über veränderte Zustände des > Bewusstseins, ist Vize-Präsident des > Scientific and Medical Network sowie Präsident des britischen Zweiges der > International Association for Near-Death Studies (IANDS). Nach jahrelanger Forschung hält er das Weltbild für am wahrscheinlichsten, das etwa auch von dem Physiker Amit Goswami vertreten wird: Demnach bildet die Grundlage unseres Universums ein ungeteiltes > Bewusstsein, das von einzelnen Gehirnen "gekapert" wird und dabei die objektive wie die subjektive Welt erschafft (44, 34, 44-45).

Flug 401

Am 28. Dezember 1972 in den Everglades des US-Bundesstaates Florida verunglückter Flug, bei dem Passagiere und Besatzung ums Leben kamen. Zwei Monate später erschienen der Kapitän des Fluges, Robert Loft, und sein zweiter Offizier, Don Repo, sehr häufig in anderen Flugzeugen, die Teile der verunglückten Maschine transportierten oder benutzten. Loft wurde beispielsweise von dem Personal eines Flugzeugs auf dem Weg von Newark nach Florida als Passagier entdeckt, erkannt und angesprochen; er antwortete jedoch nicht, sondern schien sich in einer Art Dämmerzustand zu befinden. Im nächsten Moment verschwand er den Berichten zufolge vor der versammelten Mannschaft. Er wurde später an Bord derselben Maschine noch einmal gesehen, woraufhin dieser Flug gecancelt wurde. Damit kam es zu keinen weiteren Sichtungen Lofts mehr, während Repo selbst zwei Jahre nach dem Absturz von mehreren Personen und Personengruppen noch an unterschiedlichen Orten gesehen wurde. Er wirkte freundlich und hilfsbereit, plauderte mit den Stewardessen, warnte vor mechanischen Problemen und führte kleine Reparaturen durch (1, 102-105).

Fontana, David

Walisischer Professor der > transpersonalen Psychologie, Vizepräsident der > Society for Psychical Research und Autor viel gelesener Bücher zum Thema > Spiritualität. 2005 erschien seine umfassende Analyse "Is There An Afterlife?", in der er die verschiedensten Hinweise auf die Existenz eines Jenseits zusammenstellt und kritisch sichtet. Der Neurologe und Psychiater Peter > Fenwick lobte dieses Buch: "*Nachdem man es gelesen und die Belege darin gewichtet hat, kann es keinen Zweifel mehr daran geben, dass ein Leben nach dem Tod existiert. Fontanas Buch sollte Pflichtlektüre für alle sein, die Sterbende betreuen - und natürlich auch für uns anderen, die wir wissen, dass wir diesem Erlebnis eines Tages begegnen müssen!*"

Fox, Kate, Margaretta und Leah

Farmerstöchter im US-amerikanischen Hydesville, die 1848 hauptverantwortlich für die Ausbreitung des > Spiritismus waren. In ihrer Anwesenheit waren Klopfgeräusche zu hören, die schließlich als codierte Botschaft gelesen wurden. Mit ihrer Hilfe glaubte man, mit dem > Geist eines Jahrzehnte zuvor ermordeten und im Keller des Hauses verscharrten Kaufmanns Kontakt aufnehmen zu können. Tatsächlich stieß man dort bei weiteren Ermittlungen auf Skelettteile. Die drei Fox-Töchter zogen daraufhin als > Medien durch das Land, um auch für andere Menschen mit dem > Jenseits in Verbindung zu treten. Auch > Skeptiker untersuchten die Schwestern, konnten aber ebenfalls keine glaubhafte natürliche Erklärung für die Klopfgeräusche finden. Die drei Frauen hielten dem Wettbewerb mit anderen professionellen Medien jedoch nicht stand: Kate und Margaretta entwickelten sich zu verarmten Alkoholikerinnen. Schließlich behaupteten die beiden, die Klopfzeichen durch das Knackenlassen ihrer Zehen selbst erzeugt zu haben. Diese Behauptung war jedoch wenig überzeugend, da dieses Geräusch den vernommenen Klopfgeräuschen nicht ähnelte und damit auch nicht die zutreffenden Antworten auf viele Fragen erklärt werden konnten. Etwas später widerrief Margaretta ihr Geständnis und gab an, dazu mit einer hohen Summe bestochen worden zu sein. Ein weiterer Grund mochte sein, dass die jüngeren Töchter auf ihre immer noch erfolgreiche Schwester Leah neidisch waren (12, 58-61; 60, 186-187; 24, 57).

Gasparetto, Luis

Brasilianischer Psychologe, der im Trancezustand Bilder im Stil von berühmten Malern wie Renoir, Picasso, Degas und Monet anfertigte. In einer Fernsehsendung der britischen BBC zeigte er, dass er innerhalb von 75 Minuten 21 solcher Gemälde herstellen konnte, wobei er manchmal mit seinen beiden Händen an zwei Bildern gleichzeitig arbeitete und einige Bilder auf dem Kopf standen. Gasparetto behauptete, im gedanklichen Kontakt mit den toten Künstlern zu stehen (21, 195-196).

Gebet

In der religiösen Vorstellung ein Kontakt mit Gott. Dass Gebete tatsächlich einen Einfluss auf die Entwicklung unserer Welt ausüben können, wurde jüngst in verschiedenen Experimenten belegt. Beispielsweise teilte Randolph Byrd Patienten einer Herzstation in San Francisco in zwei Gruppen auf: Für die eine wurde gebetet, für die andere nicht. Keiner der Patienten noch der Ärzte (einschließlich Byrd) wusste, welchen Patienten die Gebete zuteil kamen. Die Betenden erfuhren lediglich Vorname, Diagnose und die allgemeine Verfassung ihrer Schützlinge. Die Menschen, für die gebetet wurde, litten seltener unter Herzversagen, Herz- und Atemstillstand und Lungenentzündung, waren weniger auf Antibiotika und eine atemunterstützende Therapie angewiesen und ihre Krankheit verlief insgesamt besser (53, 296). Einige Jahre später wurde die Studie an einer Herzklinik mit der Hilfe von 990 Patienten wiederholt. Den Patienten, für die gebetet wurde, ging es um 11 Prozent besser (52, 117).

Einen ähnlichen Versuch unternahm Rogerio Lobo, Chefarzt für Gynäkologie an der US-amerikanischen Universität Columbia. Er ließ 199 Frauen, die gerne ein Kind bekommen wollten, künstlich befruchten und gab fremden Menschen ein Bild, damit diese für die Hälfte von ihnen beteten. Von den Frauen, für die gebetet wurde, wurden 50 Prozent schwanger, von den anderen nur 26 Prozent. Lobo zeigte sich verblüfft. Er war etwas verlegen über dieses für ihn als Schulmediziner offenbar unerwartete Ergebnis und erklärte: "*Wir hätten diese Erkenntnisse ignorieren können, aber das hätte diesem Gebiet nicht weitergeholfen. Jetzt veröffentlichen wir dieses Ergebnis in der Hoffnung, zu einer Diskussion anzustoßen und zu sehen, ob man daraus etwas lernen kann.*" (39)

Aufschlussreich sind hierzu auch die Erkenntnisse der US-amerikanischen Forschungsgruppe Spindrift. Ihre Mitarbeiter fanden zunächst einmal heraus, dass ein Pflanzensamen, für den gebetet wurde, schneller Triebe schlug. Als Nächstes stellten sie fest, dass sie den meisten Erfolg mit Gebeten hatten, die nicht auf ein gewünschtes Ergebnis gerichtet waren, sondern darauf, dass Gottes Wille geschehen möge. Ein Sprecher von Spindrift bekundete: "*Wissenschaftlich betrachtet ist es schockierend, sich eine Kraft als intelligent, liebevoll, freundlich, gut und bewusst vorzustellen. Aber jedes Testgebet, das sich irgendwie an eine liebevolle Intelligenz richtete, bewegte den Samen in die entsprechende Richtung.*" (52, 118).

Im Jahr 2004 ließ das Zentrum für Gesundheitsforschung der Universität Texas für einige Patienten beten, für andere nicht. Die Patienten, für die gebetet wurde, berichteten über weit weniger Schmerzen als die Kontrollgruppe, und bei Patienten, die am stärksten an die Macht des Gebetes glaubten, verbesserte sich der Gesundheitszustand am meisten. Diese Erkenntnis war vor allem deshalb aufschlussreich, weil keiner der Patienten wusste, ob für ihn gebetet wurde oder ob er zur vernachlässigten Kontrollgruppe gehörte. Ein Placebo-Effekt scheidet damit als Erklärung aus.

Insgesamt stellte sich bei einer Untersuchung von 131 streng kontrollierten Experimenten über die heilende Wirkung von Gebeten heraus, dass mehr als die Hälfte von ihnen statistisch auffällige Auswirkungen zeigten (89, 184).

Von Margaret > Atwater befragte Kinder, die > Nahtod-Erfahrungen durchgemacht hatten, berichteten, sie hätten dabei auf sie gerichtete Gebete in Gestalt eines strahlend goldenen oder regenbogenfarbenen > Lichts auf sie eintreffen sehen und daraufhin > Liebe und Wärme gespürt (2, 64).

Gehirn

Denkorgan des Menschen. Die Frage, ob unser Gehirn das > Bewusstsein erzeugt oder lediglich dessen Träger und Vermittler ist (oder ob gar das Bewusstsein das Gehirn erzeugt), wird in der Philosophie unterschiedlich beantwortet. Für den Hauptstrom der Schulmedizin, wie er derzeit auch die öffentliche Wahrnehmung beherrscht, ist jegliches Denken und Fühlen lediglich eine Begleiterscheinung elektrochemischer Vorgänge im Gehirn. So erklärte etwa der Nobelpreisträger Francis Crick in seinem Buch "Was die Seele wirklich ist" sämtliche inneren Vorgänge, die eine Persönlichkeit ausmachen, als nicht mehr denn das Verhalten einer Ansammlung von Nervenzellen. Alles, was wir als unsere ethischen Vorstellungen, seelischen Konflikte und unsere Willensfreiheit wahrnehmen, sind komplizierte Selbsttäuschungen, wobei der höhere Sinn dieses Aufwandes unklar bleibt. Crick gab zwar zu, dass seine Ansicht in gewisser Weise eine Glaubenssache und wissenschaftliche Erkenntnis ohnehin nur vorläufig sei, hielt seine Ansicht aber für stichhaltig und gut belegt. Viele andere Hirnforscher folgen ihm darin und betrachten seine Überzeugung für so gut wie bewiesen. Die noch offenen Fragen würden vermutlich noch in den kommenden Jahrzehnten geklärt werden. Dieser Auffassung zufolge kann das > Bewusstsein den Hirntod nicht überstehen. Auch > außersinnliche Wahrnehmung lässt sich nach diesem Modell nicht erklären.

Es gab allerdings immer auch berühmte Hirnforscher mit gegenteiliger Auffassung. Am berühmtesten von ihnen ist John > Eccles, ebenfalls Nobelpreisträger. Er vertritt in seinen Büchern (etwa "Gehirn und Seele") die Auffassung, dass das Bewusstsein unabhängig ist und mit dem Gehirn lediglich in Verbindung steht. Das begründet er unter anderem mit besonders klaren Bewusstseinszuständen selbst bei völligem Stillstand der Körperfunktionen. Eccles glaubt daran, dass man irgendwann die Existenz einer > Seele werde nachweisen können.

Wenn Eccles Recht hatte, dann muss Bewusstsein irgendwie in der Lage sein, Vorgänge im Gehirn zu steuern. Seit einigen Jahren weisen erste Experimente darauf hin, dass diese Möglichkeit besteht. So scheinen Menschen durch > Telekinese die Nervenzellen einer Meeresschnecke ebenso beeinflussen zu können wie die Aktivität eines Enzyms, das als Botenstoff im Nervensystem dient. Eine solche Fernwirkung des Geistes auf das Nervensystem wurde sowohl von russischen Wissenschaftlern bei Tierversuchen als auch von US-amerikanischen Forschern zwischen Personen festgestellt. Elmar Gruber und William Braud stellten fest, dass Beobachter die Bewegungen von Ratten und Hamstern beeinflussen konnten, wenn sie beabsichtigten, die Tiere in eine bestimmte Richtung zu lenken. In anderen Experimenten zeigten sich manche Versuchspersonen in der Lage, auf diese Weise bei anderen Menschen Veränderungen im Blutdruck oder bei kleinsten, unbewussten Muskelbewegungen herbeizuführen. Dem russischen Physiologen Leonid Wassiliew schließlich gelang es, Patientinnen über > Telepathie hypnotische Signale wie "Einschlafen" und "Aufwachen" zu übermitteln (16, 164, 231; 78, 148; 83, 206, 209).

Einerseits ist es schwierig, sich vorzustellen, dass Bewusstsein ausschließlich durch die Tätigkeit von Nervenzellen entsteht. Woher käme dann die einheitliche Wahrnehmung von sich selbst als Person? Wie erklärt sich der freie Wille? Wie können materielle Vorgänge etwas Immaterielles schaffen? Worin läge der evolutionäre Zweck eines solchen Bewusstseins? Würde eine mechanistische Erklärung von Bewusstsein letztlich nicht bedeuten, dass auch ein Computer oder ein Fernseher über Bewusstsein verfügen? (46, 233-234)

Es ist aber auch schwierig, sich das Bewusstsein vom Gehirn unabhängig vorzustellen, weil Eingriffe im Gehirn und seine Erkrankungen häufig zu einer starken Veränderung der menschlichen Persönlichkeit führen.

Andererseits gibt es beeindruckende Berichte von gehirngeschädigten Patienten, deren geistige Fähigkeiten Stunden oder Augenblicke vor ihrem Tod zurückkehrten (29, 42). Auch haben manchmal sehr schwerwiegende Zerstörungen von Gehirnteilen keinerlei nennenswerten Einfluss auf die geistige Verfassung der betreffenden Person. Am bekanntesten wurde hier der Fall des Arbeiters Phineas Gage, dem durch eine Explosion eine 13 Pfund schwere Eisenstange durchs Gehirn getrieben wurde, ohne dass das seine geistigen Fähigkeiten beeinträchtigte. Wilder > Penfield stellte fest, dass er seinen Patienten bei örtlicher Betäubung den gesamten vorderen Hirnlappen herausoperieren konnte, während sie sich mit ihm bei vollem Bewusstsein über alltägliche Dinge unterhalten konnten (48, 37).

Noch bemerkenswerter sind die Ergebnisse mancher Tierversuche: Als der Neuropsychologe Karl Lashley herausfinden wollte, wo sich das Gedächtnis befände, brachte er Ratten bei, einen Irrgarten zu durchqueren, und entfernte dann jenen Teil des Gehirns, von dem er annahm, dass er die Erinnerungen speichere. Die Ratten ließen sich davon nicht beeindrucken und erbrachten dieselbe Leistung. Lashley entfernte mehr und mehr von dem Gehrin, bis nur noch ein winziges Stück übrig blieb, und erst dann scheiterten die Ratten an ihrer Aufgabe. Karl > Pribram regte das zu seinem > holographischen Weltbild an; aber es kann auch als Hinweis darauf gelten, dass sich das Gedächtnis überhaupt nicht im Gehirn befindet (11, 291-292).

Die komplizierte Debatte darüber, ob das Gehirn das Bewusstsein oder das Bewusstsein das Gehirn beeinflusst, kann in diesem Lexikon nicht sinnvoll ausgebreitet werden. Man findet sie aber in den Literaturtipps unter diesem Eintrag. Grundsätzlich lässt sich die Vermutung einer vom Gehirn unabhängigen Seele jedoch auf mindestens drei verschiedene Erklärungsversuche zurückführen:

- Das Gehirn könnte (wie Eccles, Penfield und Rupert > Sheldrake glauben) lediglich einen Überträger für Bewusstsein darstellen, so wie ein Fernsehgerät ausgestrahlte Sendungen überträgt. Wenn ein Fernsehgerät kaputt ist, empfängt man manchmal nur noch weißes Rauschen, aber den Sender und sein Programm gibt es immer noch.
- Das Bewusstsein könnte zu weiten Teilen durch die Tätigkeit des Gehirns ins Leben gerufen werden, es gibt aber einen Wesenskern, der davon unabhängig ist und so auch den Tod übersteht. Zu diesem

Wesenskern könnten "höhere" Eigenschaften gehören, die durch die reine Tätigkeit von Nervenzellen noch immer nicht zu erklären sind, beispielsweise künstlerische Kreativität, Spiritualität und > Moral (46, 300).
- Die Persönlichkeit eines Menschen besteht in Wahrheit nicht aus einem Gesamtbewusstsein, auch wenn er diesen Eindruck hat, sondern aus mehreren "Unterbewusstseinen", die zusammenarbeiten. Darüber, was mit diesen "Unterbewusstseinen" nach dem Tod passiert, gibt es die abenteuerlichsten Theorien (46, 327; 78, 160).

Valerie Hunt entdeckte bei ihren Forschungen über die menschlichen Energiefelder (> Aura, > Feld), dass dieses Energiefeld schon vor dem Gehirn auf Geräusche oder Lichtsignale reagiert. Ihre Schlussfolgerung: "*Ich glaube, wir haben das Gehirn als aktive Komponente in der Beziehung des Menschen zur Welt ein wenig überschätzt. Es ist bloß ein guter Computer. Aspekte des Geistes, die mit Kreativität, Phantasie, Spiritualität und dergleichen zu tun haben, finde ich im Gehirn überhaupt nicht wieder. Der Geist steckt nicht im Gehirn. Er steckt in diesem verflixten Feld.*"

Manche Mediziner, die an ein vom Gehirn unabhängiges Bewusstsein glauben, haben ihre Auffassung vor allem durch ihre Erforschung von > Nahtod-Erlebnissen gebildet oder gefestigt. Dazu gehören etwa Michael > Sabom, Sam > Parnia und Pim van > Lommel. Und der Neurologe Wilder > Penfield wendet ein: "*Der Geist ist der Mensch, den man kennt. Er muss während Perioden des Schlafes oder des Komas stets Kontinuität haben. Dann mutmaße ich auch, dass dieser Geist nach dem Tod eines Menschen irgendwo weiterleben muss.*"

Der Psychologe William James wiederum hält es für möglich, dass es eine kosmische Bewusstseinsdimension gibt, zu der das Gehirn ein Verbindungsorgan herstellt und von der die einzelne Seele Bestandteil sein kann, ohne ihre persönliche Einheit zu verlieren (82, 206; 91, 180-190).

Web: http://www.esalenctr.org/display/confpage.cfm?confid=9&pageid=87&pgtype=1

Geist

Persönlichkeit, die über den körperlichen Tod eines Menschen fortbesteht. Manchmal wird sie von anderen wahrgenommen. Vgl. > Erscheinungen.

Geisterfotografie

Das Ablichten eines scheinbar körperlosen Wesens mit dem Fotoapparat. Bekannte Fälle drehen sich um die > braune Dame, den > Palast von Linares, das > Queen's House und die > Schlacht von Bull Run. Manchmal erscheinen Geister, die nicht fotografiert werden können; manchmal sind auf den Abzügen geisterhafte Gestalten zu sehen, die von niemandem wahrgenommen wurden, als die Aufnahme getätigt wurde.

Den US-amerikanischen Geisterforschern und professionellen Fotografen Dave Oester und Sharon Gill gelang es 1995, ein solches Bild anzufertigen, nachdem sie der Besitzer eines kleinen Ladens um ihre Hilfe gebeten hatte. Gegenstände tauchten dort an Orten auf, wo sie niemand hingelegt hatte, die Katze des Besitzers benahm sich ungewöhnlich, er fühlte einen kalten Lufthauch an seiner Wange (> kalte Stelle) und eine Verkäuferin nahm eine weiße nebelartige > Erscheinung wahr. Oester und Gill entdeckten mit der Hilfe eines Gaussmeters zunächst ein starkes magnetisches > Feld von der Größe und Form eines Fußballs, das nach zwanzig Minuten vollständig verschwand. Später fotografierten sie auf einer Treppe eine Art wirbelnden Tornado, der auch einen Schatten auf die gegenüberliegende Wand warf, obwohl er für das bloße Auge unsichtbar wahr. Oester und Gill konnten später bei Beerdigungen, auf Friedhöfen und angeblichen Spukstätten weitere solcher Bilder anfertigen (19, 74).

Geisterjagd

Die Vor-Ort-Erforschung von Phänomenen, bei denen es sich möglicherweise um > Geister, > Poltergeister oder andere > Erscheinungen handelt. Oft stellt sich dabei heraus, dass es für solche Wahrnehmungen durchaus irdische Ursachen gibt (> Dopamin, > Infraschall). Erst wenn natürliche Einflüsse als Erklärung ausgeschaltet werden können, lässt sich von paranormalen Hintergründen ausgehen. Dann kann man sich mit den unterschiedlichsten Methoden daran machen herauszufinden und aufzuzeichnen, wo die Ursache liegt: etwa durch Zeugenbefragungen, die Mitarbeit eines > Mediums oder den Einsatz von Mitteln der elektronischen Überwachung wie etwa ferngesteuerten Kameras (42, 156).

Literatur: Loyd Auerbach: Ghost Hunting. Ronin Publishing 2003

Geistführer

In der esoterischen Vorstellung ein spirituell höher entwickeltes Wesen aus einer anderen Welt, das einem Menschen, der sich ihm anvertraut, hilfreich beiseite steht. Dies kann geschehen, indem es ihm (auch unbewusst) tiefere Einsichten vermittelt, Ratschläge erteilt, vor Gefahren warnt und die Möglichkeit zum Lernen vermittelt. Der Kontakt zu Geistführern kann dieser Vorstellung nach durch spirituelle Praktiken hergestellt werden. Sie können aber auch in Krisenzeiten von sich aus erscheinen (28, 208-209).

Geistheilung

Methode, andere Menschen und sich selbst allein durch seelische Kräfte von Krankheiten und ähnlichen Beeinträchtigungen zu befreien. Während dieser Vorgang in unserem Weltbild des > Materialismus noch immer auf Unglauben stößt, gibt es in den letzten Jahrzehnten dafür zunehmend Belege, weshalb er immer ernsthafter auch von Schulmedizinern erforscht wird.

1963 führte Charles > Tart einen Versuch durch, bei dem er als "Sender" sich in zufälligen Abständen elektrische Schocks geben ließ, während bei dem "Empfänger" Hautleitfähigkeit, Blutdruck und Herzschlag überprüft wurden. Es zeigten sich jeweils erkennbare Reaktionen auf dieser körperlichen Ebene des Empfängers, während ihm nichts davon klar ins > Bewusstsein trat. Andere Forscher stellten in Experimenten fest, dass bemerkenswerte Veränderungen beim Blutdruck in einem Finger gemessen werden konnten, wann immer ein manchmal Tausende Kilometer entfernter Sender emotional aufgeladene Gedanken an den Empfänger richtete (57, 152-153).

Überraschend viele weitere Experimente führen zu dem Ergebnis, dass irgendeine Form von Geistheilung möglich zu sein scheint. Beispielsweise ließ sich auf diese Weise das Wachstum von Wucherungen in Mäusen rückgängig machen und Wunden bei diesen Tieren schlossen sich schneller. Mäuse erholten sich unter dieser Wirkung auch schneller von den Auswirkungen von Betäubungsmitteln, Salamander regenerierten verlorene Gliedmaßen schneller und bei Ratten konnte Malaria geheilt werden. Pflanzen wuchsen schneller, wenn ihre Samen oder das Wasser, mit dem sie gegossen wurden, zuvor durch die Hände von Heilern gingen. Aber selbst Durchschnittsbürger waren in Versuchen fähig, das Wachstum von Pilz- und Bakterienkulturen zu beeinflussen, ebenso die elektrische Aktivität und den

Fruchtertrag von Pflanzen, die Gehirnwellen von Menschen und vieles andere mehr. Selbst wenn man einige dieser zahlreichen Studien mit dem Hinweis auf mögliche Fehler bei der Durchführung kritisieren möchte, bliebt ein beeindruckendes Gesamtbild bestehen. Allerdings sind schulmedizinische Behandlungsmaßnahmen in den meisten Fällen doch deutlich wirkungsvoller und zuverlässiger (16, 165, 167; 78, 57).

In einem noch eindrucksvolleren Doppelblindversuch als den geschilderten ließ Daniel Wirth 44 Versuchspersonen Einstichwunden beibringen. Ein Geistheiler behandelte die Hälfte der Gruppe von einem anderen Raum aus und die andere nicht. Die Betreffenden selbst wussten nicht, in welcher Gruppe sie steckten, kamen nicht mit dem Heiler in Kontakt und wurden ebenso wie ein unabhängiger Leiter dieses Versuches über das angewandte Verfahren im Unklaren gelassen. Sechzehn Tage nach Beginn der Behandlung hatten sich die Wunden von 13 der 23 Personen vollständig geschlossen, auf die sich der Heiler konzentrierte. Bei keiner der Wunden aus der Kontrollgruppe war das der Fall (53, 295).

1998 schließlich nahmen 40 Geistheiler verschiedener Glaubensrichtungen (christlich, jüdisch, buddhistisch, schamanisch) an einer wissenschaftlichen Studie teil, bei der sie nur mit der Kraft ihrer Gedanken den Gesundheitszustand einer Gruppe von Männern in San Francisco verbessern sollten, die an fortgeschrittenem AIDS litten. Die Heiler waren diesen Patienten nie zuvor begegnet. Sie setzten ihre Kräfte aus einer Entfernung von manchmal Hunderten von Kilometern ein. Die Patienten wussten selbst nicht, wer von ihnen behandelt wurde und wer nicht. In der unbehandelten Kontrollgruppe starben vier von zehn Patienten, in der von den Fernheilern behandelten Gruppe kein einziger. Eine zweite Studie dieser Art führte zu noch besser belegten Ergebnissen: weniger Arztbesuche, weniger Krankenhauseinweisungen, ein weniger schwerer Krankheitsverlauf und weniger emotionaler Stress. Die Ergebnisse der Studie wurden von Fachleuten in den Bereichen Medizin und Statistik überprüft (70, 151).

Im Jahr 2004 lieferten zwei neue Studien Belege für die Wirksamkeit von Geistheilung. In der ersten Studie, durchgeführt von Katherine Creath und Gary > Schwartz, wurden Pflanzensamen in zwei verschiedene Gruppen von Petrischalen eingesetzt, von denen eine zweimal am Tag mit "heilender Energie" nach einem altindischen Verfahren versorgt wurde. Dabei richtete die

Versuchsperson ihre Willenskraft auf die entsprechenden Samen, während sie zugleich um Hilfe durch das göttliche Bewusstsein bat. Die solchermaßen behandelten Samen zeigten ein 20 Prozent stärkeres Wachstum als die unbehandelte Kontrollgruppe. Andere Einflussfaktoren wurden ausgeschlossen. Die zweite Studie führten Wissenschaftler des California Pacific Medical Center sowie des > Institute of Noetic Sciences durch (zu ihnen gehörte Dean > Radin). Hierbei "bestrahlten" die Versuchspersonen in einer gegen elektromagnetische Strahlung und Schall isolierten Kammer Gehirnzellen mit Heilenergie, während sie von den Wissenschaftlern per Videokamera überwacht wurden. Auch hier zeigten die behandelten Gehirnzellen ein weit stärker ansteigendes Wachstum als die der Kontrollgruppe. Gleichzeitig wiesen hinter einem Vorhang versteckte > Zufallszahlengeneratoren eine bemerkenswerte Abweichung von der erwartbaren statistischen Häufigkeitsverteilung auf. Die Forscher, die den Versuch durchführten, werteten dies, da andere Untersuchungen in dieselbe Richtung wiesen, als starken Beleg dafür, dass das > Bewusstsein die äußere Welt beeinflussen kann.

In der Geschichte der Christenheit gibt es seit Jahrhunderten so genannte Heilungswunder. So berichtet etwa Michaela Schwengler in ihrem "Kleinen Lexikon der Vorzeichen und Wunder" (Beck 2004) von einer unheilbar an Krebs erkrankten Nonne, der auf ihre Gebete hin der verstorbene Papst Johannes XXIII. erschien und ihr ihre Leiden nahm. Dieser Vorfall führte nach seiner Überprüfung durch die katholische Kirche zur Seligsprechung des Papstes im Jahr 2000.

Vgl. auch > Johanson, Tom, > Liebe sowie > National Federation of Spiritual Healers.

Literatur: Harald Wiesendanger: Geistiges Heilen für eine neue Zeit. Kösel 1999. William Braud: Distant Mental Influence. Its Contributions to Science, Healing and Human Interactions. Hampton Roads 2003

Web: www.spiritheal.com/wissen.htm

Gesellschaft für Anomalistik

1999 gegründete Gruppierung, in die unter anderem enttäuschte Aussteiger aus der "Skeptiker"-Organisation GWUP einwanderten, nachdem sie ihre bisherige Organisation als zu starr und einseitig empfanden (vgl. > Skeptiker). Ziel der Gesellschaft ist es, ungeklärte Phänomene ernsthaft und unvoreingenommen zu erforschen und darüber fair zu diskutieren und zu berichten, statt im alten Lagerdenken zu verharren. Abweichende Meinungen sollen dabei ermuntert statt ausgegrenzt werden, weil nur so wahre Wissenschaft gedeihen könne. Insofern vertritt die Gesellschaft für Anomalistik auch keine eigene Gruppenmeinung bis auf ihr Ziel, dogmatisches Denken aufzudecken und zu kritisieren.

Web: www.anomalistik.de

Gesichter von Belmez

Bis heute unerklärte Bilder, die auf dem Küchenboden der im spanischen Belmez lebenden Maria Gomez auftauchten. Die menschlichen Porträts drückten in ihrem Mienenspiel Trauer und Betrübnis aus und ließen sich nicht zum Verschwinden bringen - weder durch einfaches Wegwischen, noch indem man den Fliesenboden herausriss und ihn durch einen Zementboden ersetzte. Stattdessen tauchten immer neue Gesichter auf, die zwischen einigen Stunden und mehreren Monaten zu sehen blieben, bevor sie verschwanden. Als der Küchenboden aufgerissen wurde, entdeckten Maria Gomez und ihre Familie menschliche Skelette, die sie christlich bestatten ließen. Entgegen ihren Hoffnungen kehrten die > Erscheinungen jedoch zurück. Mehrere Parapsychologen, darunter der deutsche Professor > Bender wurden hinzugebeten, um den Fall zu untersuchen. Auch ein vierter, diesmal mit Folie versiegelter Boden brachte die Phänomene nicht zum Verschwinden. Stattdessen formten sich die Gesichter nun vor den Augen mehrerer Zeugen. Auch konnten sie fotografiert werden. Sämtliche Versuche der wissenschaftlichen Ergründung bis hin zu chemischen Bodenanalysen erbrachten keine Erklärung (45, 54-57).

Gespenst

> Erdgebundene Seele, > Erscheinung.

Gipfelerfahrung

Von dem US-amerikanischen Psychologen Abraham > Maslow eingeführter Begriff für plötzliche Erfahrungen tiefer Ehrfurcht, intensiven Glücks, der Verbundenheit mit allem Sein, der Überschreitung von Raum und Zeit sowie der Grenzen des Ichs, Verzückung, Ekstase und Seligkeit. Maslow zufolge kommen solche Erlebnisse häufiger vor, als man gemeinhin denkt. Sie müssen nicht unbedingt in religiösen Zusammenhängen auftreten. Vgl. > mystische Erfahrungen.

Literatur: Abraham Maslow: Die Psychologie des Seins. München 1973

Glaube

Wie > Liebe und > Hoffnung eine der christlichen Tugenden. Der Parapsychologe William Braud wies darauf hin, dass diese drei Tugenden scheinbar übersinnliche (> paranormale) Vorgänge offenkundig erleichtern. Je mehr Zuversicht und Vertrauen die Teilnehmer an einem parapsychologischen Experiment aufweisen, desto besser fällt sein Ergebnis aus. Der Glaube scheint also Berge zu versetzen (84, 144).

globaler Geist (globales Bewusstsein)

Der Theorie nach ein übergeordnetes Bewusstsein, das die "Bewusstseine" aller Menschen vereinigt und die gesamte Welt umfasst. Viele, die eine > Nahtod-Erfahrung oder eine andere Form der transzendenten Erfahrung (> Erleuchtung, > Transzendenz) gemacht haben, berichten, eine solche Weltseele wahrgenommen zu haben. Am bekanntesten wurde diese Auffassung durch die Schriften des Philosophen Teilhard de Chardin.

Parapsychologen wie Dean > Radin und Roger Nelson, Direktor des Global Consciousness Project, versuchen, ein solches Massenbewusstsein nachzuweisen. Dazu untersuchen sie die Veränderung der Ergebnisse von > Zufallszahlengeneratoren bei emotional aufwühlenden Gruppenerlebnissen wie religiösen Festlichkeiten, Konzerten, Meisterschaften oder der Oscar-Verleihung. Aber auch Ereignisse wie die Beerdigung Prinzessin Dianas oder der Jugoslawienkrieg gehören dazu. Über 100 durchgeführte Experimente weisen darauf hin, dass es bei solchen Gelegenheiten zu deutlich messbaren Veränderungen bei den Ergebnissen der Generatoren kommt. Das geschieht anders als bei vielen Experimenten mit Einzelpersonen, ohne dass jemand gezielt *beabsichtigt*, diese Geräte zu beeinflussen. Eine gründliche Auswertung der Ergebnisse im Jahr 2001 durch Radin ergab, dass an Tagen, an denen sich bedeutende Dinge ereigneten, besonders starke Ausschläge auf der Kurve der Zufallszahlen entstanden. Einen Spitzenwert bildet die Jahreskurve am > 11. September 2001 um 8:46 Uhr New Yorker

Zeit - also zu jenem Augenblick, in dem der erste von Terroristen entführte Jet in das World Trade Center raste. Tatsächlich gab es schon in den Stunden zuvor auffällige Abweichungen von den normalen Werten. Das ist unter anderem deshalb bemerkenswert, weil dieses Ergebnis auf weltweit verteilten Generatoren beruht und nicht nur auf solchen in Nordamerika und Europa. Radin und Nelson ziehen daraus den Schluss, eine weltweite Form von > Telekinese entdeckt zu haben. (58; 45, 150-153, 190-191)

Gott

Wovon man sich kein Bildnis machen soll.

graue Lady

1956 an einem Londoner Hospital von verschiedenen Sterbenden unabhängig voneinander zu verschiedenen Zeitpunkten wahrgenommene > Erscheinung. Sie wurde als sanft und von mittlerem Alter beschrieben und spendete den Kranken Trost. Dr. Paul Turner, der den Fall untersuchte, erhielt bei sechs verschiedenen Gelegenheiten von anwesenden Schwestern eine unterschriebene Bestätigung. Die Beschreibungen der Patienten von der grauen Lady stimmten miteinander überein, es gab keine Wahrnehmungen dieser Art in anderen Abteilungen des Krankenhauses, und die Dame wurde nur von Menschen gesehen, die wenig später starben (1, 106-109).

Grey, Margot

Britische Psychologin und nach einer eigenen > Nahtod-Erfahrung Gründerin des britischen Zweiges der > International Association for Near-Death Studies. Sie entdeckte ein gemeinsames Grundmuster bei Himmels- und > Höllenerfahrungen, das in beiden Fällen zu einer spirituellen > Transformation der Betroffenen führte (2, 173-174).

Greyson, Bruce

US-amerikanischer Professor für Psychiatrie. Er arbeitete mit Ian > Stevenson zusammen und untersucht seit den sechziger Jahren > Nahtod-Erfahrungen. Seine gründliche Auseinandersetzung mit diesem Thema macht ihn zum international führenden Experten auf diesem Gebiet. Seine hohe wissenschaftliche Stellung zeigt sich in seinen zahlreichen Beiträgen für medizinische Journale und Fachbücher bis hin zur Encyclopedia Britannica. Greyson zufolge weisen die inzwischen vorliegenden Erkenntnisse darauf hin, dass die menschliche > Seele den Tod des Körpers überstehen könnte.

Web: http://hsc.virginia.edu/personality-studies

Grof, Stanislav

Einer der Begründer der > transpersonalen Psychologie. Er erforscht seit mehreren Jahrzehnten außergewöhnliche Zustände des > Bewusstseins. Einige Zeit beschäftigte er sich auch mit der therapeutischen Wirkung der > Halluzinationen hervorrufenden Droge LSD. Seine Patienten berichteten unter der Wirkung dieser Droge, sich an ihre Zeit im Mutterleib zu erinnern (> vorgeburtliche Erinnerungen) und beschrieben sowohl medizinische Einzelheiten in Verbindung mit der Gebärmutter und ihrer Umgebung als auch wesentliche Gedanken und Gefühle ihrer Mutter während der Schwangerschaft. Grof konnte in mehreren Fällen nachprüfen, dass diese Angaben den Tatsachen entsprachen. Manche Patienten berichteten auch über weiter zurückliegende Vorgänge aus dem Bewusstsein ihrer Verwandten und Vorfahren, was sich ebenfalls überprüfen ließ. Wieder andere "erinnerten" sich auch in Kleinigkeiten an nachweisbare Verhältnisse in früheren Jahrhunderten bis zurück ins alte Ägypten. Schließlich kam es zu einer Einfühlung in Nicht-Menschliches: Tiere, Pflanzen, Blutzellen, Atome, thermonukleare Vorgänge in der Sonne und schließlich das kosmische Bewusstsein (> Panpsychismus). Dabei stießen sie auch auf körperlose Wesen von höheren > Ebenen der Wirklichkeit.

Mit einem Patienten nahm Grof zufolge ein körperloses Wesen Kontakt auf, um ihn darum zu bitten, einem mährischen Ehepaar mitzuteilen, dass es ihrem Sohn Ladislav gut gehe. Grof zeigte sich befremdet, rief dieses Ehepaar nach einigem Zögern aber dennoch an. Er erfuhr, dass deren Sohn Ladislav drei Wochen zuvor gestorben war. > Skeptiker halten es allerdings für möglich, dass Grofs Patient vielleicht nur die Todesanzeigen einer Zeitung unbewusst überflogen, den Inhalt über > Kryptomnesie abgespeichert und unter der Wirkung von LSD wiedergegeben hatte. Auch eine Erklärung im Zusammenhang mit > außersinnlicher Wahrnehmung ist vorstellbar.

Grof berichtet von einem weiteren Fall, bei dem er die Frau eines Kollegen einer Behandlung mit LSD unterzogen habe, nachdem ihr Mann tödlich verunglückt war. Daraufhin sei der Tote ihr in einer > Vision erschienen und habe ein längeres, beruhigendes Gespräch mit ihr geführt. Um ihr zu beweisen, dass diese Unterhaltung nicht nur ein Wunschtraum von ihr war, habe er sie gebeten, einem Freund ein Buch zurückzubringen, das er sich von diesem geliehen hatte. Er nannte den Namen des Freundes, den Titel des Buches und den Ort, wo es sich befand. Alles stellte sich als zutreffend heraus. Auch hier ist es grundsätzlich möglich, dass das LSD nur eine unbewusste Erinnerung oder aber außersinnliche Wahrnehmung freisetzte (14, 23-24; 78, 172; 82, 77-78).

Literatur: Stanislav Grof: Geburt, Tod und Transzendenz. Kösel 1985; Stanislav Grof: Die Welt der Psyche. Rowohlt 1997; Stanislav Grof: Kosmos und Psyche. Fischer 2000; Stanislav Grof: Die Psychologie der Zukunft. Edition Astrodata 2002; Stanislav Grof: Topographie des Unbewussten. Klett Cotta 2002

Gruppenkarma

Das gemeinsame > Karma von Menschen, die in größeren Gruppen (also etwa Nationen) zusammen wiedergeboren werden. Auf diese Weise können im Weltbild der > Reinkarnation Katastrophen erklärt werden, die sehr viele Menschen betreffen.

Gruppen-Nahtod-Erfahrung

Gemeinschaftliche > Nahtod-Erfahrung von Menschen, die gemeinsam sterben. Der US-amerikanische Forscher Arvin Gibson etwa berichtet in seinem Buch "The Fingerprints of God" (soviel wie "Die Fingerabdrücke Gottes") über eine Gruppe von Feuerwehrleuten, die bei einem Waldbrand aufgrund Sauerstoffmangels kurzzeitig starben, um sich dann als Geistwesen über ihren Körpern wiederzufinden und sich miteinander verständigen zu können. Sie begegneten verstorbenen Familienmitgliedern und wurden vor die Wahl gestellt, ob sie wieder in ihren Körper zurückkehren wollten oder nicht (2, 165-166).

Gruppen-Reinkarnation

Die gemeinsame Wiedergeburt mehrerer Menschen (Familien, enge Freunde etc.). So entdeckte Arthur Guidham im Südwesten Englands eine Gruppe von Menschen, die sich an überprüfbare Details ihres gemeinsamen

Vorlebens als die Religionsgemeinschaft der Katharer erinnerten. In manchen Fällen erinnerten sich Eheleute bei getrennt voneinander verlaufenden Rückführungen an gemeinsam verbrachte frühere Leben (24, 84; 92, 80). Vgl. > Wambach, Helen.

Guggenheim, Bill und Judy

> "Trost aus dem Jenseits"

Halluzination

Wahrnehmung von Dingen, die in der äußeren Wirklichkeit nicht vorhanden sind. Im medizinischen und im allgemeinen Sprachgebrauch stehen Halluzinationen schlicht für Sinnestäuschungen, wie sie beispielsweise durch Drogen ausgelöst werden. Im parapsychologischen Zusammenhang hingegen können Halluzinationen auch auf die Wahrnehmung einer anderen Wirklichkeitsebene hinweisen (> Parapsychologie).

Haraldsson, Erlendur

Isländischer Professor für Psychologie und Parapsychologe (geboren 1931). Er war unter anderem an dem Institut J. B. > Rhines tätig und arbeitete mit Karlis > Osis zusammen, um > Sterbebettvisionen zu untersuchen. Später beschäftigte er sich mit dem Thema > Reinkarnation.

Literatur: Erlendur Haraldsson und Karlis Osis: Der Tod, ein neuer Anfang. Bauer 1994

Web: http://www.hi.is/~erlendur/english/

Hellsehen

> Außersinnliche Wahrnehmung von Dingen der äußeren Welt. Manche Parapsychologen, so etwa Keith Chandler, bezweifeln, dass es Hellsehen überhaupt gibt (> Parapsychologie). Chandlers Auffassung nach kann die Grundlage außersinnlicher Wahrnehmung nur darin bestehen, dass das > Bewusstsein aller Menschen über Raum und Zeit miteinander verbunden ist. Wenn jemand also auf diesem Wege eine Information erhält, die sich im Nachhinein als richtig herausstellt, kann es sein, dass dies geschah, indem er mit einem zukünftigen Bewusstsein Kontakt aufnahm, das diese Information kannte. (Gäbe es kein solches Bewusstsein, könnte sich die

Information nicht als richtig herausstellen.) Chandler schlägt in seinem Buch "PSI. What it is and how it works" (Author's Choice Press 2001) eine ausgefeilte Versuchsanordnung vor, um seine These zu testen. Eine andere Möglichkeit wäre Hellsehen als Folge einer > außerkörperlichen Erfahrung.

Hellsehen, das sich auf die Vergangenheit richtet, bezeichnet man als > Retrokognition. Auf die Zukunft gerichtetes Hellsehen heißt > Präkognition.

Literatur: Russell Targ: Limitless Mind: A Guide to Remote Viewing and Transformation of Consciousness. New World Library 2004

Hexerei

> Duncan, Helen

höheres Selbst

Für manche Esoteriker ein unbewusst vorhandener Persönlichkeitsanteil mit überlegener Einsicht, für manche ein jenseitiges > Astralwesen, das sie zum Beispiel bei > Rückführungen als Lichtgestalt wahrnehmen. Es gibt Techniken, um mit diesem höheren Selbst in Kontakt zu treten und zum Beispiel in Krisensituationen Ratschläge zu erhalten (92, 53-54).

Höllenerfahrung

> Nahtod-Erfahrung, die vom Betreffenden als höchst unangenehm empfunden wird. Schätzungen, wie oft das vorkommt, gehen weit auseinander: Sie umfassen eine Bandbreite zwischen einem und dreißig Prozent. Michael > Sabom und Raymond > Moody erhielten bei ihren Befragungen überhaupt keine entsprechenden Berichte, andere Forscher durchaus.

Bruce > Greyson und seine Kollegen von der > International Association for Near-Death Studies erkennen drei verschiedene Gruppen von Höllenerfahrungen:

- Erlebnisse, die im Wesentlichen ablaufen wie die beglückenden Erfahrungen, aber als furchteinflößend erlebt werden. Oft findet hier eine Wendung zum Positiven statt, sobald die beteiligte Person sich nicht mehr gegen das sträubt, was ihr widerfährt, sondern es hinnimmt.
- Erlebnisse, bei denen der Sterbende in das Nichts und in ewige Leere hineingestoßen wird. Er wird von dem Eindruck gequält, dass er

und sein ganzes Leben nur ein Trugbild waren und nie existiert haben. Daraufhin fühlt er sich verlassen und verzweifelt. Dies scheinen insbesondere Menschen zu erleben, denen eine religiöse Bilderwelt fehlt und die ohnehin schon sehr ängstlich sind.
- Erlebnisse, die den klassischen Höllenvorstellungen ähneln: Kälte, Finsternis, monströse oder leblose Gestalten, eine düstere und bedrohliche Umgebung, Weinen und Klagelaute.

Barbara Rommer, ebenfalls Mitglied der International Association for Near-Death Studies, hat diese drei Gruppen um eine vierte erweitert: den aburteilenden > Lebensrückblick. Rommer kommt in ihrem Buch "Blessing in Disguise" jedoch zu dem Ergebnis, dass auch diese Höllenerfahrungen eine spirituelle Botschaft darstellen und dem Menschen bei seiner Weiterentwicklung dienen sollen. Ihrer Einschätzung nach hängt der Eindruck der Wirklichkeit, die wir nach unserem Tod betreten, auch stark von der Verfassung ab, die wir vor dem Sterben hatten (> imaginale Welt). Dies lässt sich in Übereinkunft mit spirituellen Lehren aus dem Fernen Osten bringen. Dort heißt es, dass die Gedanken, die wir vor dem Tod erfahren, bestimmen, was danach geschieht. Auch Schamanen, die in andere Zustände des > Bewusstseins eintauchen wollen, wissen, dass die Art ihrer vorhergehenden Gedanken darüber entscheidet, ob diese Reise himmlisch oder höllisch wird. Deshalb versuchen sie, sich durch Fasten oder Schwitzen vorher geistig zu läutern.

In diesem Zusammenhang ist es interessant zu wissen, dass der Psychoanalyse zufolge die Todesangst von einem Mangel an Urvertrauen geprägt wird. Vor allem Menschen, die in ihrem Leben keine liebenden, zuverlässigen und angstfreien Beziehungen erfahren durften, halten den Tod für ihre totale Vernichtung.

Es gibt unterschiedliche Einschätzungen der Frage, ob Selbstmörder eher eine Höllenerfahrung durchmachen als andere. Raymond > Moody hält das für glaubhaft. Kenneth > Ring hat allerdings auch von den meisten Menschen, die sich das Leben nehmen wollten, vor allem positive Nahtod-Erfahrungen gesammelt (14, 144-145; 20, 229-240; 36, 100-104).

Christopher Bache, ein US-amerikanischer Professor für Religionswissenschaft, weist darauf hin, dass auch verschiedene Heilige, etwa Teresa von Avila, Höllenerfahrungen durchgemacht haben. Unter anderem aus diesem

Grund glaubt er, dass es sich dabei um einen Vorgang spiritueller Läuterung und nicht um ewige Verdammnis handelt (3, 117-118).

Literatur: Barbara Rommer: Blessing in Disguise. Llewellyn 2000

Hoffnung

Wie > Glaube und > Liebe eine der christlichen Tugenden. Der Parapsychologe William Braud wies darauf hin, dass diese drei Tugenden scheinbar übersinnliche (> paranormale) Vorgänge offenkundig erleichtern. Je motivierter und engagierter sich die Teilnehmer an einem parapsychologischen Experiment zeigen, desto besser fällt sein Ergebnis aus. Starke Hoffnung führt zu starken Auswirkungen (84, 145).

holographisches Weltbild

Von David > Bohm und Karl > Pribram geprägte und von den Autoren Michael Talbot und Ken > Wilber aufgegriffene Vorstellung der Welt als Hologramm. Kennzeichnend für ein Hologramm ist, dass, auch wenn man es in immer kleinere Teile zertrennt, jeder Teil das ursprüngliche Gesamtbild in sich trägt. Der Neurologe Pribram entwickelte die Theorie, das menschliche > Gehirn könnte auf ähnliche Weise aufgebaut sein. Das würde verschiedene bislang unergründete Sachverhalte erklären, beispielsweise wie das Gehirn eine solche ungeheure Menge von Informationen speichern kann. Der von fernöstlicher Philosophie geprägte Physiker Bohm kam unabhängig von Pribram anhand ebenfalls unergründeter Sachverhalte der Quantenphysik zu dem Schluss, bei dem gesamten Universum müsse es sich ebenfalls um ein Hologramm handeln. Das bedeutet, sehr vereinfacht dargestellt, dass ihm ein komplexes Muster zugrunde liegt, aus dem erst die Wahrnehmung unseres > Bewusstseins die Realiät entwickelt, wie wir sie alltäglich wahrnehmen: vielleicht sogar Raum und Zeit selbst. Mit einem veränderten Bewusstseinszustand ändert sich unsere Welt, und wir könnten uns durch Raum und Zeit bewegen. Die Unterteilung des Universums in Belebtes und Unbelebtes sei unsinnig, da beides miteinander verwoben sei.

Für dieses neuartige Weltbild sprechen zwei Dinge: Es lässt sich in Übereinklang mit uralten spirituellen, religiösen und esoterischen Weisheiten bringen, die häufig nicht wissenschaftlich, sondern durch innere Erfahrung ermittelt wurden. Und es würde die Unzahl anscheinend übernatürlicher

Phänomene (etwa > außersinnliche Wahrnehmung) erklären, die durch die > Parapsychologie erforscht werden, sich aber in unser bisheriges Weltbild nicht sinnvoll einfügen lassen. Ebenso erklärt es > mystische Erfahrungen, bei denen der Mensch jenseits von Raum und Zeit Zugang zu allem Wissen gewinnt und die Getrenntheit der Dinge als Trugbild durchschaut: Da sich in einem Hologramm das Ganze in jedem seiner Teile befindet, befindet sich auch das Universum im menschlichen > Geist.

Kenneth > Ring vertritt die Auffassung, dass der Tod eines Menschen den Übergang seines > Bewusstseins von einer Stufe des Hologramms zur nächsten darstelle. Der Quantenphysiker und Nobelpreisträger Brian Josephson glaubt, dass durch dieses Modell auch für Gott oder die > Seele Platz in den Naturwissenschaften sein könne (50, 281-293; 82, 12, 61, 65).

Vgl. > "Das fünfte Feld".

Literatur: David Bohm: Die implizite Ordnung. Goldmann 1985. Michael Talbot: Das holographische Universum. Knaur 1994. Ken Wilber: Das holographische Weltbild. Heyne 1990.

Home, Daniel Dunglas

Vermutlich zugleich angesehenstes und umstrittenstes > Medium aller Zeiten (1833-1886). Berichten zufolge entwickelte sich sein Leben folgendermaßen: Home wurde bei Edinburgh geboren. Seine Mutter stammte von den Highlands und galt als Seherin. Home nahm schon als Kind > Visionen wahr, und eines Nachts erschien ihm sein soeben gestorbener Freund Edwin, mit dem er einen > Totenpakt geschlossen hatte. Vier Jahre darauf hatte er eine Vorahnung des Todes seiner Mutter. Wenig später stellten sich die ersten unerklärlichen Phänomene ein: donnernde Klopfgeräusche auf dem Esstisch und im Raum herumwirbelnde Gegenstände. Als Folge dieser Unruhen musste Home seine Familie verlassen. Für seine Verwandten waren diese Ereignisse Zeichen dämonischer Kräfte, in Homes bestärkten sie seine religiösen Überzeugungen. Mit neunzehn schwebte er zum ersten Mal.

Homes begann, > Séancen abzuhalten, in denen es zu ähnlich unerklärlichen Vorfällen kam: Bei guten Lichtverhältnissen bewegten sich Tische, schwebten, obwohl Leute auf ihnen saßen, ebenso Pianos; Gegenstände wurden von selbst schwerer oder leichter; > Lichter erschienen, geisterhafte Hände materialisierten sich (> Materialisationen). Diese Hände verschiedener

Größe und Hautfarbe endeten jeweils am Gelenk, waren fest und warm und bewegten sich. Sie konnten berührt werden, schmolzen dann aber rasch oder lösten sich auf. In einigen Fällen wurden sie anhand bestimmter Merkmale als die Hände bestimmter Verstorbener erkannt. > Musik, Geräusche und Stimmen erklangen aus dem Nichts, während Homes selbst sprach, um nicht des Bauchredens verdächtigt zu werden. Das ganze Zimmer bebte hin und her, als würde sich gerade ein Erdbeben ereignen. Manche Musikinstrumente, etwa ein Akkordeon, spielten von selbst Melodien auf Wunsch, während sie durchs Zimmer schwebten.

Da all diese Phänomene sämtlichen bekannten Naturgesetzen zu widersprechen schienen, dauerte es erwartungsgemäß nicht lange, bis Home von verschiedenen Menschen des Betruges bezichtigt wurde. Viele von ihnen waren bei keiner der Séancen selbst dabei gewesen, und in sämtlichen Fällen fielen die Vorwürfe letztlich auf denjenigen zurück, der sie erhob. Magier wie Harry Houdini prahlten, Homes Leistungen nachahmen zu können, taten das jedoch nie. Teilnehmer von Homes Séancen bürgten mit ihrem Namen dafür, sicher zu wissen, dass sie keinem Betrug aufgesessen seien. Beweise oder auch nur Indizien für Täuschungen gab es niemals – und das obwohl Home im Laufe von 25 Jahren geschätzte 1500 Séancen unter den verschiedensten Bedingungen abhielt: Tageslicht, Gaslicht, draußen, drinnen, bei den verschiedensten Gastgebern. Homes trat auch vor verschiedenen Monarchen und Königen auf, darunter Napoleon III. und Kaiserin Eugenie. Während Ersterer in einem per > direkter Schrift erzeugten Text die Handschrift des verstorbenen Napoleon Bonaparte erkannte, bestätigte Letztere, dass sich vor ihren Augen die Hand ihres toten Vaters materialisiert habe. Ein > Geist unterhielt sich mit einer polnischen Prinzessin in ihrer eigenen Sprache. Der britische Lord Adare berichtet, Materialisationen verschiedener Geister gesehen zu haben, darunter die der US-amerikanischen Schauspielerin Ada Mencken.

Home sah es immer als seine Aufgabe an, von der Tatsache eines Lebens nach dem Tod zu künden und diese zu beweisen. So sprachen durch ihn anscheinend auch Verstorbene und teilten den Anwesenden sehr private Dinge im Zusammenhang mit lange zurückliegenden Vorfällen mit, die diese Personen selbst in manchen Fällen bereits so gut wie vergessen hatten. Ein toter Junge, Dannie Cox, soll sich im November 1868 soweit materialisiert haben, dass man sein Gewicht spüren konnte. (Das stimmt nicht mit den Klischeevorstellungen von > Geistern überein, wird aber bis in unsere Gegenwart von so manchen > Erscheinungen berichtet.) Homes hielt auch einige Lehren darüber ab, was Menschen im > Jenseits erwartet. Seine Kräfte führte er immer auf die Gnade von jenseitigen Geistwesen zurück, die ihm diese Kräfte auch für ein Jahr wegen ungebührlichen Verhaltens nahmen (10, 63-68; 93, 100-110). Verschiedene Besucher in Homes Haus nahmen dort eine > Erscheinung seiner verstorbenen Frau Sacha wahr (29, 212).

Web: http://www.noahsarksoc.fsnet.co.uk/mediums/d_d_.htm

Hot Reading

Ähnlich wie das > Cold Reading ist auch das eine Möglichkeit, unbemerkt Informationen über eine bestimmte Person zu erlangen, um diese Informationen sodann als Ergebnis > übersinnlicher Wahrnehmung darzustellen. Die Technik des "Hot Reading" besteht schlicht darin, dass das > Medium sich vor dem Kontakt mit der entsprechenden Person heimlich über ihren Hintergrund informiert. Damit ein entsprechendes Experiment als wasserdicht gilt, muss diese Möglichkeit natürlich unterbunden werden.

Huddar, Uttara

Indische Universitätsdozentin, geboren 1941. Als sie 1973 eine neue Yogatechnik kennen lernte, begann sich in ihr eine neue Persönlichkeit zu entfalten, die für mehrere Zeiträume (zwischen einem und 43 Tagen) Besitz von ihr ergriff (> Besessenheit). Keine der beiden Persönlichkeiten konnte sich an die andere erinnern. Die neue Persönlichkeit nannte sich Sharada. Bei ihr handelte es sich offenbar um eine Frau, die im frühen neunzehnten Jahrhundert in einem anderen Teil Indiens gelebt hatte. Während Uttara häufig nieste, traf das auf Shadara nicht zu. Shadara trug ihr Haar anders, verehrte einen anderen Gott mit den richtigen Ritualen, sprach im Gegensatz zu Uttara fließend Bengali und hatte ein unerklärlich genaues Wissen über bengalische Geographie, Gebäude, Pflanzen und Speisen. Sie trug unter ihrem Sari im Gegensatz zu heutigen Inderinnen keine Unterkleidung sowie keine Schuhe, setzte sich statt auf einen Stuhl auf den Boden, fragte nach Platanenblättern zur Monatshygiene und kannte weder Gasherde noch elektrische Einrichtungen, Füllfederhalter oder Glasflaschen.

Im Gegensatz zu Wiedergeborenen (> Reinkarnation) erinnerte sie sich nicht daran, gestorben zu sein, sondern glaubte, nach einem Schlangenbiss zu fremden Leuten gebracht worden zu sein, und erwartete, wieder mit ihrem Ehemann zusammenzukommen. Die Namen der Familienangehörigen, die sie nannte, ließen sich teilweise mittels eines alten Stammbaumes überprüfen (27, 174-178).

Illuminatio Praecox

Scherzhafte Bezeichnung des chilenischen Biologen Francisco Varela für den Zustand vorzeitiger > Erleuchtung. Rainer Kakuska schildert diesen Zustand in seinem Esoterik-Leitfaden wie folgt: "*Der unter Illuminatio Praecox Leidende vermeint, die Erleuchtung bereits erlangt zu haben, befindet sich damit aber im Irrtum. Man erkennt ihn daran, dass er ständig Antworten gibt, ohne gefragt worden zu sein. Er hat alle Rätsel der Existenz entschlüsselt, der Sinn des Lebens eröffnet sich ihm mühelos; wirft man einen genaueren Blick auf seine Bücherregale, so weiß man auch, warum.*" (37, 97)

Imaginale Welt

Eine Welt, die aus der Vorstellungskraft hervorgeht, aber nicht weniger wirklich als die körperliche Welt ist. Dieser Begriff wurde von Henry Corbin, einem Professor für islamische Religion, geprägt. Kenneth > Ring hat diesen Begriff für die Wirklichkeit aufgegriffen, die Menschen bei > Nahtod-Erfahrungen zugleich besuchen und mitgestalten (14, 191-194).

Der Philosoph H. H. Price glaubte ebenfalls an ein traumartiges > Jenseits, das teils von den Wünschen und Glaubensvorstellungen einer Person, teils von den telepathischen Einflüssen anderer Bewusstseinsträger gestaltet wird (Stokes, S. 128). Eine ähnliche Auffassung findet man in den Lehren > Swedenborgs sowie im ägyptischen und im tibetischen > Totenbuch (2, 234-235). Dass die jenseitige Welt nicht allein durch das Bewusstsein eines einzelnen Verstorbenen gebildet wird (etwa nach dem Motto: jedem ein Jenseits nach seinem Geschmack und seinen Erwartungen), wird insbesondere bei > Gruppen-Nahtod-Erfahrungen deutlich, bei denen mehrere Sterbende in eine mehr oder weniger identische Welt übergehen. Auch haben überzeugte Atheisten ebenso himmlische Nahtod-Visionen wie sehr fromme Menschen > Höllenerfahrungen durchmachen (8, 167).

In der esoterischen Vorstellung ist allerdings das gesamte > Universum imaginal. Erstaunlicherweise deckt sich das mit Erkenntnissen aus der Quantenphysik, denen zufolge > Bewusstsein Wirklichkeit erschafft (vgl. > holographisches Weltbild).

Imagination

Vorstellungskraft. Nach esoterischer Lehre ist Imagination in der Lage, auf die Wirklichkeit Einfluss zu nehmen und sie zu verändern. Das Prinzip hinter dieser Vorstellung wurde von der Psychologie aufgegriffen und findet sich heute in zahlreichen Büchern der Lebenshilfe beispielsweise über die "Wunscherfüllung durch das Universum". Problematisch daran ist, wenn man Menschen, denen es immer noch schlecht geht, vorwirft, sie seien selbst daran schuld, weil sie nicht genügend Energie in ihre Imagination gesteckt hätten. Imagination spielt auch in bestimmten parapsychologisch erforschten Bereichen eine Rolle, etwa bei der > Geistheilung.

Indridason, Indridi

Isländisches > Medium (1883-1912). Indridason war seinen Aussagen zufolge in der Lage, Wesen aus einer anderen Welt zu sehen und seinen Körper zu verlassen (> Erscheinungen, > außerkörperliche Erfahrungen). Er wurde von wissenschaftlichen Forschern entdeckt, die später den isländischen Zweig der > Society for Psychic Research gründeten. Während ihrer Arbeit mit Indridason war dieser Berichten zufolge in der Lage, verschiedenfarbige > Lichter, Geräusche und Gerüche aus dem Nichts zu erzeugen, zu schweben und Teile seines Körpers zu entmaterialisieren. Gelegentlich beschwerten sich die Nachbarn über den Lärm, wenn Indridason nach einem Schwebeakt von der Zimmerdecke plumpste. Seine Auftritte wurden unter anderem von dem Theologieprofessor Haraldur Nielsson, dem Bischof von Island, einem britischen Konsul und dem > Skeptiker und angesehenen Wissenschaftler Dr. Hannesson überwacht und auf Möglichkeiten eines Betruges untersucht. Trotz verschiedenster Vorkehrungen konnte nichts dergleichen entdeckt werden. Hannesson schließlich fand sich schlussendlich damit ab, trotz seiner anhaltenden Probleme, die von Indridason erzeugten Phänomene als eine unzweifelhafte Realität anzusehen. Zu ihnen gesellten sich voneinander unterscheidbare Stimmen aus dem Nichts, schwebende Trompeten, > Apporte und > Materialisationen von Wesen, die Zeugenaussagen nach berührt, umarmt und geküsst werden konnten. Allem Anschein nach erlangte Indridason auch die Fähigkeit des > Hellsehens sowie der Verständigung mit Toten in verschiedenen Sprachen (etwa Schwedisch, Dänisch und Französisch). Auch von Poltergeist-Phänomenen wird berichtet.

Web: http://www.noahsarksoc.fsnet.co.uk/mediums/i__indridason_physical_medium.htm

Infraschall

Nicht hörbare Tonwellen im niederen Frequenzbereich. Jüngsten Forschungen der Universität Coventry zufolge können sie zumindest für einige > Erscheinungen von > Geistern verantwortlich gemacht werden, da sie Angst, Atemlosigkeit und Zittern auslösen und den menschlichen Augapfel so mitschwingen lassen, dass der Betreffende verschwommene > Visionen zu sehen glaubt. Infraschall entsteht unter anderem durch Erdbeben, die Meeresbrandung, Fahrzeuge und Wind. Gestalten, die in langen windigen Fluren auftauchen, können so erklärt werden. Allerdings ist Tony Lawrence, einem der Entdecker dieser Wirkungsweise, auch völlig klar, wie begrenzt sie ist: "*Wenn jemand sagt, dass er eine vollständige Erscheinung eines Mannes in einer Tweedjacke gesehen hat, begleitet von einem schwarzen Labrador, der bellt, wenn der Mann 'Platz!' ruft, dann kommt die Infraschall-Theorie nicht einmal in die Nähe einer Erklärung.*" (19, 139-141)

Inkarnation

Verkörperung einer > Seele in einem Menschen.

Institute of Noetic Sciences (IONS)

Internationale Organisation zur Erforschung aller Phänomene, die nicht in das gewohnte wissenschaftliche Weltbild passen. Dabei geht es insbesondere um das menschliche > Bewusstsein sowie Möglichkeiten zur eigenen oder gesellschaftlichen > Transformation. Das Institut wurde 1973 von dem Apollo-14-Astronauten Edgar Mitchell gegründet und hat seinen Sitz bei San Francisco. Inzwischen umfasst es über 50.000 Mitglieder.

Web: www.noetic.org

Institut für Grenzgebiete der Psychologie und Psychohygiene

Fachbereich an der Universität Freiburg, der sich der Erforschung anscheinend übersinnlicher Phänomene widmet (> Parapsychologie). Seine etwa 40 Mitarbeiter finden für viele solcher Vorfälle oft überraschende irdische Erklärungen. Allerdings werden dort auch Theorien diskutiert, die kein Teil der bisherigen Schulwissenschaften sind, und entsprechende Versuche durchgeführt. Es gibt auch eine Informations- und Beratungsstelle für Menschen mit außergewöhnlichen Erfahrungen sowie eine umfangreiche Bibliothek zu diesem Thema.

Intelligent Design

> anthropisches Prinzip

International Association for Near-Death Studies (IANDS)

1981 gegründete internationale Gesellschaft, die sich der Erforschung von > Nahtod-Erfahrungen widmet. Sie entwickelte sich aufgrund der Veröffentlichungen von Elisabeth > Kübler-Ross und Raymond > Moody zu diesem Thema. Die meisten Vertreter dieser Gruppe (mit Susan > Blackmore als prominenter Ausnahme) sind überzeugt davon, dass es sich bei solchen Erlebnissen um spirituelle Erfahrungen handelt. Diese Auffassung wurde in den letzten beiden Jahrzehnten durch Erkenntnisse Kenneth > Rings, Michael > Saboms und Bruce > Greysons gestützt.

Web: www.iands.org

Irwin, Carmichael

Kommandant des am 5. Oktober 1930 in Frankreich verunglückten Luftschiffs R 101. Zwei Tage später meldete sich augenscheinlich sein > Geist in einer in London abgehaltenen > Séance. Die mitstenographierten Äußerungen zeigen einen erschütterten Sprecher, der über sehr genaue technische Kenntnisse und Wissen über die Katastrophe verfügt. Aus diesem Grund erregte eine an das zuständige Luftfahrt-Ministerium zugesandte Abschrift dort großes Aufsehen (88, 216-217).

Jakoby, Bernard

Deutscher Sterbeforscher, Veranstalter von Seminaren und Autor verschiedener Bücher zu diesem Thema ("Auch du lebst ewig", "Das

Leben danach", "Die Brücke zum Licht" und "Keine Seele geht verloren").

Web: http://sterbeforschung.de

Jakoby, Jensen

> Xenoglossie

James, William

(1842-1910) US-amerikanischer Philosoph und Psychologe. Er studierte in Deutschland Medizin. Ähnlich wie andere Forscher seiner Zeit, etwa Alfred Russel > Wallace, konnte er mit > Spiritismus zunächst wenig anfangen. Auch Gefühle hielt er für rein körperlich bedingt. Erst als er 1882 nach England kam und dort neben F. W. H. > Myers auch andere Mitglieder der > Society for Psychical Research (SPR) sowie das Medium Leonora > Piper kennen lernte, zeigte er sich von deren Integrität und einigen für ihn unumstößlichen Beweisen überzeugt. James wurde später selbst Mitglied der SPR.

Wegen seines Interesses für religiöse Erfahrungen sowie seiner Vorstellung eines übergreifenden kosmischen > Bewusstseins gilt James als einer der Wegbereiter der > transpersonalen Psychologie.

William James' Kollege J. Hyslop erhielt nach James' Tod von einem irischen > Medium eine Botschaft im Zusammenhang mit einem privaten Vorfall übermittelt, von dem nur James und Hyslop wussten und den Hyslop im Lauf der Jahre zunächst vergessen hatte. Für ihn war das ein Anlass, die Annahme von > Super-Psi zugunsten des > Spiritismus aufzugeben (93, 136, 160-163).

Jenseits

Welt außerhalb unserer körperlichen, irdischen Wirklichkeit. Auffälligerweise wird das Jenseits sowohl von Menschen mit > Nahtod-Erfahrungen als auch von Menschen mit > außerkörperlichen Erfahrungen wie auch von > Medien (etwa in der > Kreuzkorrespondenz) in seinen Grundzügen sehr ähnlich beschrieben. Demnach besteht es aus verschiedenen Ebenen, deren unterste der irdischen Wirklichkeit sehr nahe ist und in enger Verbindung mit ihr zu stehen scheint (> erdgebundene Seelen), während die höchsten Bereiche von Licht und > Liebe durchflutet sind. Andere Zeugnisse berichten, dass die jenseitige Welt durch das > Bewusstsein formbar sei – was nicht überrascht, da das im begrenzten Ausmaß auch auf die irdische Welt zuzutreffen scheint (> Materialisation, > Telekinese).

Ein neuerer, vor allem von William James geprägter Gedanke betrachtet das Jenseits als Bewusstseinsfeld, in dem sich diejenigen Anteile des menschlichen > Bewusstseins vereinen, die den Körpertod überstehen. Ungeklärt bliebe dann, wie aus dieser "Bewusstseinssuppe" einzelne Persönlichkeiten heraustreten können, um durch > Medien zu uns zu sprechen oder wiedergeboren zu werden (> Reinkarnation).

Der Parapsychologe Robert Crookall untersuchte für sein Buch "The Supreme Adventure" Hunderte aus allen Teilen der Welt gesammelte Texte, die angeblich Botschaften aus dem Jenseits darstellten: von gechannelten Texten bis zu Berichten von > außerkörperlichen oder > Nahtod-Erfahrungen. Dabei bemerkte er verblüffende Übereinstimmungen, selbst wenn diese Texte aus Kulturen stammten, die lange vom Rest der Menschheit abgeschnitten waren. Diese Übereinstimmungen lassen sich zwar auch durch ein > kollektives Unbewusstes erklären oder daraus, dass die menschliche Psyche auch in verschiedensten Kulturen grundsätzlich ähnlich angelegt ist. Aber selbst dann handelt es sich um eine aufschlussreiche Entdeckung und eine gute Diskussionsgrundlage. Zu der Unmenge der von Crookall zusammengestellten Angaben zählten unter anderem die folgenden:

- Die Seele eines jeden Menschen überlebt seinen körperlichen Tod, unabhängig von seinem Glauben.
- Zu dieser überlebenden Seele gehören die Erfahrungen, der Charakter und der > Astralkörper eines Menschen.
- Die geistige Verfassung eines Menschen vor seinem Tod ist bedeutend für das, was ihm danach widerfährt. Manche gelangen bei vollem Bewusstsein über die Schwelle, andere erlangen es erst im Jenseits wieder.
- Menschen, die nicht an Gott oder Spiritualität geglaubt haben, können dennoch in die höheren Sphären vorstoßen. Alles, was zählt, ist, was sie in ihrem Leben getan haben und aus welchen Gründen.
- Bedingungslose > Liebe ist die mächtigste Kraft im Universum – und eine Verbindung mit unseren Geliebten im Jenseits.
- Auch im Jenseits kann man noch spirituelle Lektionen lernen und so zu höheren Sphären aufsteigen.

- Das eigene > Bewusstsein ist im Jenseits sehr mächtig: Beispielsweise kann es Dinge erschaffen und den eigenen > Geist blitzschnell von einem Ort zum nächsten bewegen.
- Gleiches gesellt sich zu Gleichem: Edle Seelen treffen auf andere edle Seelen, schwarze Seelen auf schwarze.
- Gute wie böse Taten werden auf den Täter selbst zurückfallen. Was jemand anderen antut, muss er selbst erfahren, um daraus spirituell zu lernen.
- Einige Seelen bleiben zwischen den beiden Ebenen orientierungslos stecken – manchmal über Jahrzehnte.
- Eine ewige Hölle gibt es nicht. Jeder hat die Möglichkeit zum Aufstieg. Bei manchen dauert es nur ein paar Jahrtausende länger.
- Niemand anderes verurteilt eine Seele: nur sie sich selbst durch ihre im Laufe des ganzen Lebens angesammelte negative Spiritualität. Hurtige Bekehrungen und Reue auf dem Sterbebett funktionieren nicht.
- Niemand kann einen anderen spirituell verletzen.
- Nicht jeder muss wiedergeboren werden.
- Sinn des Erdenlebens ist nicht, frei von Leiden und Problemen zu sein. Je unterschiedlicher die Erfahrungen sind, desto mehr wird daraus gelernt und desto wertvoller ist das Leben.
- Wer sich das Leben nimmt, nur um Problemen und Verantwortung auszuweichen, erfährt diese im Jenseits nur umso intensiver.
- Bei Konflikten zwischen > Glaube und Wissenschaft wird sich letztlich die Wissenschaft durchsetzen.
- Mit Wesen aus dem Jenseits in Verbindung zu treten ist nicht ohne Gefahren.
- Wesen aus dem Jenseits, gute wie böse, können Gedanken und Vorstellungen in das Bewusstsein der Lebenden pflanzen.
- Wir können Schutzengel aus dem Jenseits um Hilfe rufen, aber sie werden uns nicht unsere Entscheidungen abnehmen. Jeder ist für sein Handeln selbst verantwortlich.

Literatur mit Jenseitsdarstellungen auf der Grundlage gesammelter Berichte: Beard, Paul: Living On. Pilgrim Books 1987; Miller, Sukie: After Death: How People Around the World Map the Journey After We Die. Simon & Schuster 1998.

Web: www.victorzammit.com/book/chapter27.html

Aus der großen Zahl von Jenseitsschilderungen in deutscher Sprache seien hier in Auswahl genannt: Anthony Borgia: Begegnungen in der unsichtbaren Welt. Silberschnur 1994; Anthony Borgia: Leben in der unsichtbaren Welt. Silberschnur 2002; Robert James Lees: Reise in die Unsterblichkeit. Drei Eichen Verlag 2002

Johanson, Tom

Bekannter englischer Geistheiler (vgl. > Geistheilung). Er war zunächst unter anderem als Werbetexter tätig, bis ihm ein Mönch begegnete, der in Johanson heilerische Fähigkeiten wahrnahm. Johanson war anfangs alles andere als überzeugt davon, begann aber probeweise, Patienten zu behandeln. Dabei kam es zu überraschenden Erfolgen, etwa der sofortigen Beseitigung einer Lähmung bei einem zwölfjährigen Jungen (16, 252-253).

Jürgenson-Effekt

> Tonbandstimmenforschung

Jung, Carl Gustav

(1875-1961) Schweizer Psychiater, Freund und Kollege von Sigmund Freud, dem Begründer der Psychoanalyse. Ihre Freundschaft ging vor allem deshalb auseinander, weil sich ihre Ansichten über die menschliche > Seele auseinander entwickelten: Jung war aus Freuds Sicht zu sehr dem Okkulten, Übernatürlichen zugewandt, gegen das Freud mit seiner Lehre von den Sexualtrieben ein Bollwerk errichten wollte. Aus Jungs Perspektive wiederum war Freud zu sehr auf das Sexuelle fixiert und vernachlässigte das Religiöse und Spirituelle. Als Sohn eines Pfarrers hatte Jung hier wenig Berührungsängste und erlebte bis hin zu einer > Nahtod-Erfahrung, > Visionen und > Erscheinungen von > Geistern in seinem Haus verschiedene Dinge, die er als übernatürlich einstufte. Während er nie offen bekundete, dass er an ein Leben nach dem Tod glaube, erklärte er, dass Mythen und Träume auf einen solchen Sachverhalt hinwiesen. Die Vorstellung eines zeitlosen > Bewusstseins stehe mit den Erfahrungen der überwältigenden Mehrheit der Menschheit in Harmonie, und wer außerhalb dieser Richtung denke, stehe außerhalb der menschlichen Ordnung und leide an einer seelischen Störung.

Wenn man an ein ewiges Leben glaube, werde der Tod weniger als Katastrophe denn als Erlebnis der Freude betrachtet. Irdisches Leben sei dennoch sehr wichtig, da der darin erreichte Zustand des Bewusstseins auch das Bewusstsein nach dem Tod präge. Jung formulierte auch die Idee eines > kollektiven Unbewussten (42, 214-216; 92, 27).

kalte Stellen

Orte, an denen ein > Geist wahrgenommen wird und die in Verbindung damit eine unnatürliche Kälte auszustrahlen scheinen. Tatsächlich lässt sich dort ein Temperaturabfall von zwanzig bis fünfundzwanzig Grad Celsius feststellen. Geigerzähler weisen dort auch auf Radioaktivität hin, andere Messinstrumente auf elektromagnetische > Felder (19, 13).

Kardec, Allan

(1804-1869) Französischer Autor zahlreicher Bücher zum > Spiritismus. Sein eigentlicher Name lautet Hippolyte Léon Denizard Rivail. Durch die Lehrmethode des Schweizer Pädagogen Johann Heinrich Pestalozzi entwickelte sich Kardec zu einem Freidenker, der auch ungewöhnlichen Dingen aufgeschlossen gegenüber stand. Er wurde zu einem von Pestalozzis Lieblingsschülern, unterrichtete im Alter von 16 Jahren seine Klassenkameraden und machte schließlich seinen Doktor in Medizin. Mit 21 eröffnete Kardec seine erste eigene Schule, lehrte Chemie, Physik, Mathematik, Astronomie und Anatomie und sprach neun Sprachen. Wie viele andere Geister seiner Zeit, stand er > Séancen und Tischerücken zunächst sehr skeptisch gegenüber – zumindest bis er sie bei einer Gelegenheit persönlich erlebte. Daraufhin beschloss er, sie näher zu erforschen.

Es stellte sich heraus, dass in Kardecs Anwesenheit die sonst eher banalen Botschaften tiefgründige Züge annahmen. Kardec reagierte darauf mit ebenso tiefschürfenden Fragen und bekam auf diese Weise ein seiner Auffassung nach zugleich vernünftiges, zusammenhängendes und tröstendes Weltbild vermittelt. Er stellte die besten dieser Antworten, insbesondere wenn sie mit von anderen > Medien erhaltenen Aussagen übereinstimmten, zu einem ersten Buch zusammen, dem später weitere folgen sollten. Diese Bücher wurden ein enormer Erfolg und machten Kardecs Namen in ganz Europa flächendeckend bekannt. Viele Leser zeigten sich besonders dadurch beeindruckt, dass sie es mit einem nüchternen und anerkannten Forscher zu tun hatten und dass die von ihm zusammengetragenen Informationen Fragen über die unterschiedlichsten Themen behandelten und so ein Gesamtbild des Universums vermittelten. Zu den so dargestellten Gebieten gehörten Religion und Moral ebenso wie manche wissenschaftlichen Erkenntnisse, die ihrer Zeit weit voraus waren. Dasselbe galt für gesellschaftspolitische Themen: Die von Kardec befragten > Geister sprachen sich gegen Sexismus, Rassismus, Sklaverei, Todesstrafe und soziale Ungerechtigkeit aus und befürworteten Gedanken- und Gewissensfreiheit, Gleichheit, Toleranz und gesellschaftliche Reformen.

Während Kardec so zu einer anerkannten Berühmtheit wurde und auch Kaiser Napoleon III. ihn befragte, stieß er insbesondere bei der katholischen Kirche auf starke Ablehnung. Papst Pius IX hatte > Spiritismus kurz zuvor als Ketzerei gebrandmarkt, und der Bischof von Barcelona veranlasste entsprechende Bücherverbrennungen. (Nach seinem Tod soll der Geist des Bischofs um Vergebung gebeten haben.) Es gab aber auch Attacken von Spiritisten selbst, die sich mit Kardecs Einfluss und Teilen des von ihm vermittelten Weltbildes (etwa der > Reinkarnation) nicht anfreunden konnten.

Heute ist Kardecs Grab auf dem Pariser Montmartre-Friedhof Pilgerstätte für viele Spiritisten unserer Tage. Am meisten Anerkennung genießt er allerdings in Brasilien, wo Spiritismus inzwischen ein Teil des Alltagslebens geworden ist. In Europa wird Kardec von manchen vor allem als maßgeblicher Einfluss auf die Gründer der modernen Psychologie und Psychiatrie gewürdigt (93, 90-93).

Web: http://www.noahsarksoc.fsnet.co.uk/afterlife/allen_kardec.htm

Karma

In asiatischen Religionen wie dem Hinduismus und dem Buddhismus ein moralisches Gesetz, das dafür sorgt, dass gute Absichten zu guten Erfahrungen und schlechte Absichten zu schlechten Erfahrungen führen. Diese Abfolge muss nicht unmittelbar geschehen (offensichtlich führen manchmal selbst beste Absichten zu üblen Ausgängen), sondern vielleicht auch erst in einiger Zukunft oder dem nächsten Leben (> Reinkarnation). Edle Handlungen können demnach zu einer Wiedergeburt als höheres Wesen führen, bösartige Handlungen zu einer Wiedergeburt unter weniger beneidenswerten Umständen. Was immer man anderen Menschen antut, fällt demnach auf einen selbst zurück. Ian > Stevenson konnte bei seinen Erfahrungen mit vermeintlich wiedergeborenen Kindern allerdings keine Auswirkungen von Karma feststellen (82, 232).

Literatur: Albert Bodde: Karma und Reinkarnation. Silberschnur 2000

Keen, Montague

einer der führenden Köpfe der > Society for Psychical Research. Er studierte fünf Jahrzehnte lang paranormale Phänomene. So nahm er etwa auch an dem so genannten > Scole-Experiment teil. Anfang 2004 starb er im Alter von 78 Jahren bei einer hitzigen Diskussion an der Londoner Royal Society of Arts an einem Herzinfarkt. Wie allerdings Danny Penman in der "Daily Mail" vom 22. Juni 2004 berichtete, hatte Keen zuvor mit seiner Frau Veronica einen > Totenpakt geschlossen, dem zufolge er sich aus dem > Jenseits zurückmelden würde, um so den letzten Beweis für ein Leben nach dem Tod zu erbringen. Tatsächlich berichtete der amerikanische Professor Gary > Schwartz, dass nach Keens Tod mehrere Medien angaben, mit ihm in Kontakt zu stehen. Dabei teilten sie Botschaften mit, die ihnen allem Anschein nach auf andere Weise nicht bekannt sein konnten, etwa dass Keen seine Asche in einen Diamanten umgeformt haben wollte. Keens Witwe Veronica bestätigte, dass sie sich darüber in der Nacht vor seinem Tod im Bett unterhalten hätten. Keens > "Geist" bat auch das britische Medium Christine Holohan (vgl. > Poole, Jacqueline), seiner Witwe Veronica abends um elf etwas mitzuteilen: Es sei nicht zu spät für einen Anruf, Veronica würde noch im Bett sitzen und lesen. Auch das stellte sich als zutreffend heraus. Dies erweckte Schwartz' Aufmerksamkeit genug, um mit mehreren Medien einen Doppel-Blind-Versuch durchzuführen: Ohne dass sie wussten, mit wem sie in Kontakt treten sollten - nur Veronicas Vorname und die Tatsache, dass der Verstorbene ihr Mann war, wurde ihnen mitgeteilt - sollten sie nach Keens > Seele Ausschau halten. Danach sollten sie Botschaften von anderen Stimmen aus dem Jenseits einsammeln. Schwartz stellte sämtliche so erhaltenen Äußerungen zusammen und ließ sie von einer dritten Person Veronica Keen vorlegen, damit diese beurteilen sollte, welche von ihrem Mann stammten. 80 Prozent der von den Medien über Keen gesammelten Informationen stellten sich als zutreffend heraus:

von den Umständen im Zusammenhang mit dem Tod seines Vaters über von Veronica neu aufgehängte Vorhänge bis zu dem Artikel Penmans in der "Daily Mail". Professor Schwartz erstellt inzwischen eine wissenschaftliche Arbeit über diesen Fall und möchte in Zukunft mit Keens Hilfe ein genaues Bild des Jenseits erschaffen.

Wenige Wochen später gab es neue Berichte über Montague Keen: Er soll mit Hilfe des > Mediums David Thompson, das er als Lebender gründlich untersucht hatte, als > Materialisation erschienen sein. Veronica erkannte demnach nicht nur die Stimme ihres verstorbenen Mannes, sondern auch seinen Charakter und den Inhalt seiner Worte.

Web: http://www.montague-keen.com

Ketamin

Narkosemittel, das zuerst US-Soldaten während des Vietnamkriegs verabreicht wurde, inzwischen aber zurückhaltender eingesetzt wird, weil es zu > außerkörperlichen Erfahrungen und > Halluzinationen führt. Diese Halluzinationen können nur im Dunkeln oder mit geschlossenen Augen gesehen werden und dauern höchstens bis zu einer Stunde an. Die betreffende Person verliert die Verbindung zu ihrem Selbst und zu der äußeren Wirklichkeit, sie glaubt manchmal, durch einen > Tunnel zu reisen, ins > Licht einzugehen, mit geisterhaften Wesen oder Gott zu sprechen und auf ihr Leben zurückzublicken. Sobald sie das volle Bewusstsein zurückerlangt, kann sie sich oft nicht an das Erlebte erinnern. Manche Sterbeforscher wie Susan > Blackmore weisen auf die Ähnlichkeit solcher Erfahrungen mit > Nahtod-Erlebnissen hin und vermuten, dass das menschliche Gehirn beim Sterben eine ähnliche Droge erzeugt. Für diese Annahme gibt es jedoch bis heute keine Belege. Sie würde auch nicht die > außersinnlichen Wahrnehmungen bei solchen Erlebnissen erklären, ihre zum Teil verblüffenden Nachwirkungen und dass sie manchmal auch ohne jede Hirnschädigung stattfinden. Schließlich werden durch Ketamin ausgelöste Halluzinationen vor allem als furchtauslösend beschrieben. Auch beschreibt nur jeder Dritte nach einer Erfahrung mit Ketamin dieses Erlebnis als "echt", aber fast jeder, der über eine Nahtod-Erfahrung berichtet (2, 203; 26, 336).

Der Neuropsychiater Karl Jansen vertrat lange Jahre ähnlich wie > Blackmore die Ansicht, Nahtod-Erfahrungen seien lediglich eine Selbsttäuschung, die auf Ketamin oder ähnlichen Stoffen beruhte. Nach zwölf Jahren der Forschung änderte er seine Auffassung. Es gebe mit Gewissheit eine > Seele, die unabhängig von Erfahrungen ist und möglicherweise den Tod des Körpers überstehe: "*Ketamin ist eine Tür zu einem Ort, an den wir normalerweise nicht gelangen können. Es ist ganz sicher kein Hinweis darauf, dass es einen solchen Ort nicht gibt.*" (66, 123-124)

Kinder

> Atwater, Margaret, > Reinkarnation

Kirlian-Fotografie

Von dem sowjetischen Ingenieur Semjon Kirlian entwickelte spezielle fotografische Methode, die auf den Abzügen um die aufgenommenen Objekte herum einen Umriss in den Farben des Regenbogens erkennen lässt: möglicherweise die menschliche > Aura. Bei manchen Experimenten mit der Kirlian-Fotografie wurde auch ein Blatt durchgeschnitten und die eine Hälfte entfernt - dennoch zeigten die Fotos den Umriss des vollständigen Blattes. Kritische Wissenschaftler stellten allerdings fest, dass letzterer Effekt nicht mehr feststellbar war, sobald das Blatt auf eine andere Unterlage gelegt wurde, sodass sie eher von einem für das normale Auge nicht wahrnehmbaren Nachbild auf der Unterlage (etwa durch Feuchtigkeit) als Erklärung ausgehen. Viele Forscher glauben heute, dass es sich bei der nach der Kirlian-Methode ermittelten Aura in Wahrheit um ein Phänomen handelt, das durch die natürliche Elektrizität des menschlichen Körpers entsteht: die Ladungsverteilung auf der Hautoberfläche. Die bei Laubblättern fotografierte Aura zeigte sich auch bei Gegenständen wie zum Beispiel Münzen (16, 262; 78, 198-199).

Kluski, Franek

Warschauer > Medium (1873-1943) mit dem bürgerlichen Namen Teofil Modrzejewski und dem Beruf eines Bankangestellten. Seinen Berichten zufolge soll Kluski schon als Kind > außerkörperliche Erfahrungen erlebt und Verstorbene wahrgenommen haben. Andere Kinder hätten in seiner Anwesenheit diese > Erscheinungen ebenfalls erblicken können. Nach 1918 hielt Kluski viele aufsehenerregende > Séancen ab, die unter anderem von Professoren, Parapsychologen und Bühnenmagiern besucht wurden. Viele von ihnen bezeugen Phänomene, die augenscheinlich nicht durch einfache Zaubertricks hervorgerufen werden können. Auch in beleuchteten Räumen materialisierten sich über 800 Wesen, die von Teilnehmern der Séance als verstorbene Bekannte identifiziert wurden. Zu den Zeugen gehörten Professoren verschiedener Fachbereiche. Berichten Professor F. W. Pawlowskis zufolge erschienen diese Wesen einige Meter von Kluski entfernt. Einige von ihnen gingen so umher, wie Menschen es im Allgemeinen tun, andere schwebten durch den Raum. Manche sprachen in der Sprache ihres Landes und schienen die Gedanken der Anwesenden lesen zu können. Pawlowski beschreibt diese Wesen ebenso wie Dr. Gustave Geley, Direktor des Internationalen Metaphysischen Instituts in Paris, als so normal in der Erscheinung wie lebende Menschen. Auch Tiere materialisierten sich: ein Hund, ein Falke (der fotografiert werden konnte), ein löwenartiges und ein affenartiges Geschöpf. Kluski wurde auch an Orten gesehen, wo er sich körperlich nicht befand (> Bilokation), und wurde auch außerhalb von Séancen bei hellem Tageslicht von > Erscheinungen begleitet. Manche dieser Wesen erzeugten ihr eigenes > Licht, das stark genug war, dass man ihre Hautporen erkennen konnte und ein Teil des Raumes erhellt wurde. An den Orten, wo eine Séance stattfand, ließ sich ein Absinken der Raumtemperatur (> kalte Stelle) ebenso messen wie Kompassnadeln in Kluskis Gegenwart wild hin- und herschwangen (29, 212-213).

Web: http://www.noahsarksoc.fsnet.co.uk/mediums/f__kluski_physical_medium.htm

Knoblauch, Hubert

Soziologe, der bei einer Befragung von 4000 Bundesbürgern herausfand, dass 4,3 Prozent von ihnen bereits einmal eine > Nahtod-Erfahrung durchlebt hatten. Dabei kam er zu dem Schluss, dass diese Erlebnisse auch durch kulturelle Einflüsse geprägt werden. So berichten Westdeutsche eher von wunderbaren, ehemalige DDR-Bürger eher von schrecklichen Gefühlen. Vor zu weit gehenden Folgerungen aus dieser Erhebung (etwa dass Nahtod-Erfahrungen nur Fantasien darstellten) warnt der Neurologe Michael > Schröter-Kunhardt: Der Kern solcher Erlebnisse sei nicht an soziologische oder weltanschauliche Voraussetzungen gebunden.

Allenfalls könnten Träume vor oder nach solchen Erfahrungen in das Gesamtbild eingeflossen sein.

Literatur: Hubert Knoblauch und Hans-Georg Soeffner: Todesnähe. Uvk 1999. Hubert Knoblauch: Berichte aus dem Jenseits. Herder 2002.

kollektives Unbewusstes

Nach der Auffassung Carl Gustav > Jungs im Gegensatz zum persönlichen Unbewussten jene Form des Unbewussten, das die gesamte Menschheit umfasst. Jung kam auf diesen Gedanken, als er feststellte, dass es in den verschiedensten Kulturen der Welt dieselben grundlegenden Symbole gab. Er bezeichnete diese Symbole als Archetypen. Insbesondere wenn wir träumen, nehmen wir damit Kontakt auf. Auch die gleich bleibenden Erlebnisse bei > Nahtod-Erfahrungen können als Bestandteil des kollektiven Unbewussten gedeutet werden.

Kontrollgeist

In der spiritistischen Vorstellung jener Geist, mit dem ein > Medium hauptsächlich zusammenarbeitet und der entscheidet, welche anderen jenseitigen Wesen mit ihm in Kontakt treten dürfen. In manchen Fällen zeigt sich eine große Ähnlichkeit zwischen Medium und Kontrollgeist. Oft behaupten Kontrollgeister auch, Indianer, Schwarze, Araber oder Chinesen zu sein und verhalten sich eher dem Klischee dieser Volksgruppen entsprechend statt wie eine echte Person. Gelegentlich kommt es dabei zu Verwirrungen, etwa wenn ein schwarzafrikanisches Kind nach dem Schlüssel für seinen Wigwam fragt. Man vermutet daher, dass es sich eher um einen unbewussten Persönlichkeitsanteil des Mediums handeln dürfte (11, 33; 42, 84).

Kreuzkorrespondenz

Miteinander in Verbindung stehende Botschaften, die von mehreren > Medien empfangen werden und erst zusammengefügt einen tieferen Sinn ergeben. Verschiedene verstorbene Parapsychologen scheinen sich auf diese Weise noch einmal mitteilen zu wollen. Allerdings sind, wenn man von "der Kreuzkorrespondenz" spricht, vor allem die Texte im Zusammenhang mit F. W. H. > Myers gemeint, die für viele Parapsychologen einen starken Beleg für ein Weiterleben im Jenseits darstellen. Wenige Wochen nach Myers Tod

1901 bekamen ein Dutzend verschiedene Medien in England, Indien und den USA durch automatisches Schreiben mit dem Namen "Myers" unterzeichnete Botschaften übermittelt, die für sich allein betrachtet sinnlos wirkten - oder aber absichtlich verschlüsselt. Das Einzige, was klar verständlich übermittelt wurde, war die Aufforderung, die Texte an die > Society for Psychical Research zu schicken, deren Gründungsmitglied Myers war. Dort fügte man die Botschaften ineinander wie die Teile eines Puzzles. Das war nicht ganz einfach, da sie voller schwer durchsichtiger griechischer und lateinischer Bezüge steckten, die man zunächst einmal aufwendig entschlüsseln musste. Myers hatte das nötige Wissen für diese Anspielungen gehabt, die einzelnen Medien nicht. Die Untersuchung zog sich über Jahrzehnte hinweg. Einige der beteiligten Forscher verstarben und meldeten sich allem Anschein nach selbst aus dem > Jenseits. Schließlich war das gesammelte Material auf 24 Bände zu je 500 Seiten angewachsen und die Society for Psychical Research 1918 gelangte zu dem Schluss, dass es sich in der Tat um einen zusammenhängenden Text handele. Typischerweise erhielten zum Beispiel mehrere der weltweit verstreuten Medien gleichzeitig bestimmte rätselhafte Formulierungen übermittelt, die alle zu derselben "Lösung" führten. Wenn man also nicht an ein Jenseits glauben möchte, bleibt einem auf dieser Grundlage nur die Annahme übrig, die verschiedenen Medien hätten unbewusst durch > Telepathie miteinander in Verbindung gestanden. Ein Medium hätte dann zum Beispiel unbewusst in die Rolle von Myers Geist schlüpfen und seine Botschaften an die anderen Medien weitergeben müssen. Selbst ein > Skeptiker wie Professor Gardner Murphy, der behauptete, dass ihn nichts von einem Weiterleben der > Seele nach dem Körpertod überzeugen könne, kam nicht umhin zu erkennen, dass sich in der Kreuzkorrespondenz eine individuelle, zielgerichtete Person zusammenhängend äußerte, was für ihn ein logisch nicht lösbares Problem darstellte (4, 97-98; 60, 196; 42, 88-89; 67, 90).

Web: www.trans4mind.com/spiritual/myers1.html

Kryptomnesie

Das Erinnern an Informationen, die man nur unterbewusst aufgenommen hatte. Nach Ansicht vieler > Skeptiker kann Kryptomnesie am besten erklären, dass sich viele Menschen an ein vergangenes Leben zu erinnern glauben und dabei auch zahlreiche zutreffende Angaben über den Verstorbenen machen. Tatsächlich gibt es ja auch manche beeindruckenden Fälle, bei denen man später (etwa indem man den Betreffenden hypnotisierte) herausfand, dass eine unbewusste Höchstleistung des Gedächtnisses vorgelegen hatte. Beispielsweise gab ein US-Amerikaner in Trance Sätze in formvollendetem Oskisch, einer vor 2000 Jahren in Westitalien verbreiteten Sprache, wieder. Es stellte sich aber heraus, dass er lediglich einmal per Zufall einen Blick in ein Buch mit dieser Sprache geworfen hatte und den Inhalt nur dieser Seite Wort für Wort wiedergab. Andere Zurückgeführte basteln unbewusste Erinnerungen an Bücher und Filme zu einem vermeintlich früheren Leben zusammen, können aber in erneuter Trance benennen, woher ihre Informationen stammten.

Nachdem sich der Parapsychologe Ian > Stevenson jedoch gründlich mit Kryptomnesie auseinander setzte, kam er zu dem Schluss, dass sie unzählige Fälle *nicht* erklären konnte: etwa wenn sich ein Kind von drei Jahren an Einzelheiten aus dem Leben eines Menschen "erinnert", der in einem abgelegenen Dorf wohnte, zu dem überhaupt kein Kontakt bestand. Sie erklärt auch nicht, dass das betreffende Kind Verhaltensmerkmale des Verstorbenen übernimmt und seine Freunde von sich aus sofort wiedererkennt, wenn es ihnen begegnet. Und schließlich lassen sich auch in der Mehrzahl der Rückführungen Erwachsener *keine* Quellen erschließen, aus denen diese ihr Wissen bezogen haben konnten (76, 343-350; 92, 110, 134-135).

Kübler-Ross, Elisabeth

(8.7.1926 - 24.8.2004) in der Schweiz geborene Ärztin und international wohl berühmteste Expertin, was das Thema Sterben angeht. Das erste Mal kam sie nach dem Zweiten Weltkrieg in Konzentrationslagern mit Sterbenden in Kontakt. Sie wanderte in die USA aus und arbeitete dort mit todkranken Patienten, die ihr immer wieder von > außerkörperlichen Erfahrungen berichteten. In ihren Büchern schildert Kübler-Ross ihre Erfahrungen und vertritt ihre Überzeugung, dass der Tod, wie die Geburt, einen wesentlichen Entwicklungsschritt darstelle und als solcher zwar mit Schmerzen und Unannehmlichkeiten, aber auch mit Freude und einem neuen Anfang verbunden sei.

Kübler-Ross teilte das Sterben in fünf Phasen ein, die bei unterschiedlichen Menschen unterschiedlich stark ausgeprägt seien:

a) **Ableugnen:** Der Betreffende weigert sich, seinen bevorstehenden Tod zu akzeptieren.
b) **Wut**
c) **Verhandeln:** Hier äußern sich Schmerz verbunden mit dem Erkennen nicht erreichter Lebensziele, Angst vor dem Tod sowie die Bitte um Hilfe.
d) **Depression, Hilflosigkeit und das Nachlassen des Kampfwillens.** Hier kommt es zu einer Anpassung an die Situation, die es dem Betreffenden möglich macht, mit anderen Menschen wieder Kontakt herzustellen.
e) **Annahme, eine psychologische/spirituelle Wiedergeburt,** verstärktes Selbstbewusstsein und ein sehr tief greifendes Gefühl inneren Friedens (42, 220).

Nachdem sie Hunderte von Sterbeberichten gesammelt hatte, kam Kübler-Ross zu dem Schluss, dass niemand alleine stirbt, sondern sich jedesmal Lichtwesen, > Engel oder früher Verstorbene um den Neuankömmling im > Jenseits kümmern (2, 6).

Als besonders umstritten gilt eine Anekdote von Kübler-Ross, die diese in ihrem Buch "Über den Tod und das Leben danach" schilderte. Zu einem Zeitpunkt, da Kübler-Ross sehr am Sinn ihrer Tätigkeit zweifelte, sei ihr der > Geist einer zehn Monate zuvor verstorbenen Patientin, Frau Schwarz, erschienen und habe sie nachdrücklich dazu ermuntert durchzuhalten. Dieser Geist habe ihr sogar eine handschriftliche Notiz hinterlassen. Insbesondere der letzte Punkt stößt selbst bei Menschen mit einer grundsätzlich offenen Einstellung auf großen Unglauben, da Geister, selbst wenn es sie geben sollte, noch immer als körperlose Wesen gedacht werden, die insofern nicht schreiben können dürften. Für manche > Skeptiker war dieser Bericht Grund genug, Kübler-Ross' Arbeit, ihr Weltbild, wenn nicht gar ihre mentale Verfassung insgesamt in Zweifel zu ziehen. Tatsächlich jedoch werden auch in anderen Zeugenaussagen Geister derart geschildert, dass sie teilweise körperlich werden und entsprechende Handlungen vollziehen können (vgl. auch > Materialisationen).

Am 24. August 2004 starb Elisabeth Kübler-Ross im Alter von 78 Jahren umgeben von ihrer Familie und engen Freunden.

Literatur: Elisabeth Kübler-Ross: Verstehen, was Sterbende sagen wollen. Droemer Knaur 2000; Elisabeth Kübler-Ross: Interviews mit Sterbenden. Droemer Knaur 2001; Elisabeth Kübler-Ross: Über den Tod und das Leben danach. Silberschnur 2002.

Web: http://www.elisabethkublerross.com.

Kundalini

In der Yogalehre das Reservoir seelischer Energie am unteren Ende der Wirbelsäule, das wie eine Schlange eingerollt sein soll. Durch spirituelle Praktiken wie etwa Meditation soll es möglich sein, diese Energie zu erwecken und aufsteigen zu lassen - je höher, desto weiter gilt die betreffende Person als spirituell entwickelt. Während dieses Verlaufs werden unbearbeitete Lebensthemen, verborgene Störungen und möglicherweise Altlasten aus früheren Existenzen (> Reinkarnation) angegangen; es kommt auch zu veränderten Zuständen des > Bewusstseins.

Laszlo, Ervin

> "Das fünfte Feld"

Lathan, Gertje

Psychologin, die bei ihrer Arbeit mit verhaltensgestörten Menschen feststellte, dass sie Energie auf ihre Patienten übertragen konnte. Zudem berichteten diese, dass sie in Lathans Anwesenheit zwei hilfsbereite > Astralwesen wahrnahmen. Lathan lernte, diese Wesen um Rat und Beistand zu bitten. Zudem erlebte sie während einer Meditation eine > mystische Erfahrung, bei der ihr ein "wissendes Licht" eine spirituelle Technik vermittelte, die Lathan als Nathal-Methode bezeichnete und jetzt in Seminaren unterrichtet. Lathans Mann soll mit Hilfe dieser Technik gelernt haben, Pflanzen und Bakterien aus der Ferne zu beeinflussen (16, 134).

Lebensrückblick

Bestandteil von > Nahtod-Erfahrungen. An dem Betreffenden zieht sein eigenes Leben noch einmal vorbei. Dies geschieht häufig in Wahrnehmung eines jenseitigen Wesens, das den Sterbenden für bestimmte Handlungen oder seine gesamte Lebensführung allerdings nicht verurteilt, sondern es ihm überlässt, zu eigener Weisheit zu gelangen. Dabei hilft es, wenn der Betreffende das, was er anderen Menschen zugefügt hat, auch aus deren Blickwinkel wahrnimmt - mit allen damit verbundenen, mitunter sehr schmerzhaften Empfindungen.

Ähnlich wie der > Tunnel ist der Lebensrückblick eines der bekanntesten Merkmale von Sterbeerfahrungen, das aber in Wahrheit nicht sehr häufig vorkommt. Raymond > Moody fand es bei sechs von 150 Fällen, > Osis bei 7 bis 9 Prozent der von ihm Untersuchten. Häufiger scheint der Lebensrückblick bei unerwartetem Tod. Viele Betroffene sehen ihr Leben aus einer Außenperspektive, als ob sie einen Film betrachten würden, was auf ein zwiegespaltenes Bewusstsein hindeuten könnte: ein körperliches und ein transzendentes. Manche Menschen erleben nur einzelne bedeutungsvolle Szenen, andere jede Einzelheit. Einige berichten auch über Erinnerungen aus früheren Leben (> Reinkarnation).

Experimente von Neurologen wie Wilder > Penfield haben gezeigt, dass durch sanfte elektrische Reizungen des > Schläfenlappens zumindest einzelne Erinnerungen wieder sehr lebhaft ins > Bewusstsein zurückgerufen werden können. Reizte man genau dieselbe Stelle ein weiteres Mal, traten andere Erinnerungen zutage (8, 79-80; 29, 171).

Leonard, Gladys Osborne

Englisches Medium (1882-1968). Nachdem die berühmte und augenscheinlich sehr begabte Leonora > Piper nicht mehr als Medium tätig war, traten andere an ihre Stelle. Leonard war die vermutlich beeindruckendste unter ihnen. Schon als Kind hatte sie > Visionen und scheinbar übernatürliche Erlebnisse. Später begann sie mit Tischerücken und erlangte einen weiblichen > Kontrollgeist namens Feda. Sir Oliver Lodge entdeckte sie für die > Society for Psychic Research, nachdem er sich selbst von Leonards Fähigkeiten überzeugt hatte. So unterhielt sie sich mit seinem kurz zuvor im Krieg gefallenen Sohn, machte dabei zutreffende Angaben und beschrieb ein Foto, das von ihm und seiner Einheit aufgenommen wurde und kurze Zeit später per Post eintraf. Für die Schriftstellerin Ann Radclyffe-Hall nahm Leonard Kontakt mit deren verstorbener bester Freundin auf und teilte dabei ebenso gemeinsame Urlaubserinnerungen mit wie zwei von den beiden Frauen als privater Scherz erfundene Worte ("poon" und "Sporkish"). Um sicherzustellen, dass sie keine Betrügerin war, wurde Mrs. Leonard wie zuvor Mrs. Piper strengstens überprüft und ebenfalls eine Zeit lang von Detektiven überwacht.

Manche > Skeptiker, die nicht an ein > Jenseits glauben wollten, vermuteten, Leonards Leistung hätte auf bloßem Gedankenlesen (> Telepathie) beruhen können. Daraufhin entwickelte der Kirchenmann Drayton' > Thomas – vermutlich auf einen Vorschlag Fedas hin – den so genannten > Buchtest: Dabei sollte Thomas' toter Vater ihm Informationen zugänglich machen, indem er auf den Inhalt bestimmter Bücher verwies, die Thomas selbst nicht gelesen hatte. Beispielsweise hörte Thomas in seiner Wohnung seit einiger Zeit unerklärliche Klopfgeräusche. In einer Sitzung mit Leonard erfuhr er von ihrem Kontrollgeist Feda, dass sie diese Geräusche verursacht habe. Dann ließ Thomas' toter Vater durch Leonard auf ein bestimmtes Buch in dessen Arbeitszimmer sowie auf eine genaue Stelle darin verweisen. Thomas fand das Buch in seinem Regal, entdeckte, dass es sich um Shakespeares "King Henry IV" handelte und fand an der bezeichneten Stelle den Satz: "Ich werde dir nicht mit Worten antworten, sondern mit Schlägen." Es gab zahlreiche weitere Erfolge dieser Art. Thomas weitete diese Versuche daraufhin aus, indem er seinen Vater bat, Sätze aus der Zeitung des nächsten Tages vorherzusagen. Wieder waren die Experimente höchst erfolgreich.

D. Scott Rogo gibt in seiner Schilderung dieser Vorgänge zu bedenken, dass auch die > Buch- und > Zeitungstests durch > Super-Psi zu erklären seien, also schlichtes Hellsehen und Vorhersagen der Zukunft. Dies erkläre aber nicht, warum die Buchtests gerade dann besonders erfolgreich waren, wenn es sich um die Lieblingswerke von Thomas' Vater handelte.

In späteren Jahren von Leonards Karriere konnten die bei ihren > Séancen Anwesenden schließlich eine dritte körperlose Stimme hören, deren Worte sich auch mittels des gerade erfundenen Tonbands aufzeichnen ließen und beim Abspielen deutlich erkennbar blieben (22, 12; 63, 38-44).

Licht

Häufiger Bestandteil von > mystischen Erfahrungen und anderen spirituellen Erlebnissen. Aber auch Menschen mit > Nahtod-Erfahrungen berichten von einer Reise in ein nicht-blendendes Licht und Lichtwesen, die ihnen dort begegnen. Für Kenneth > Ring ist das ein Hinweis darauf, dass sich das menschliche > Bewusstsein beim Tod in eine Welt höherer Schwingungen oder Frequenzen bewegt (> holographisches Weltbild). Allerdings gibt es auch Berichte darüber, dass darin geschulte lebende Mystiker übersinnliche Lichterscheinungen wahrnehmen können - beispielsweise christliche Heilige, taoistische Weise, hinduistische Yogis, Buddhisten und Sufis. Der Religionsgelehrte Henri Corbin befand, dass die Fähigkeit dazu vom Grad der spirituellen Erfahrung eines Menschen abhänge: Anfangs seien es flüchtige Blitze, diese würden größer und gewännen an Dauer, bis sie die Gestalt himmlischer Wesen annähmen. Einige Lichter dieser Art wurden jedoch auch von Menschen ohne eine solche Begabung beschrieben. Verschiedene christliche Heilige sollen, insbesondere wenn sie predigten oder die Messe lasen, in einem Glanz erstrahlt sein, der ihre ganze Umgebung erleuchtete. Manche Menschen nehmen auch im Alltag plötzlich ein warmes und liebendes Licht deutlich wahr (51, 77; 53, 90, 530-531; 82, 260). In einigen Fällen wird weißgoldener Lichtschein um Sterbende herum erblickt (68, 23, 156).

Manche Menschen gelangen bei ihren Nahtod-Erfahrungen durch das Licht, das sie beim Sterben zunächst wahrnehmen, hindurch und treffen auf ein zweites Licht, das sie als Quelle sowie innerste und letzte Heimat von allem und jedem wahrnehmen. Einer dieser Menschen ist Mellen-Thomas > Benedict (62, 285-286).

Kenneth Ring warnt davor, in der Hoffnung auf ein Licht, das alle Menschen bedingungslos annimmt, einer bequemen Selbstgefälligkeit anheim zu fallen: "*Wir dürfen nicht zulassen, dass das Licht der Nahtod-Erfahrung uns blind macht für den Rest der imaginalen Reise, der uns noch bevorsteht. Nur das Licht hervorzuheben oder anzunehmen, dass es an sich nach dem Tod alles gutmacht, egal wie wir gelebt haben, ist in meinen Augen eine naive Deutung dessen, was aus der Nahtod-Forschung gefolgert werden kann.*" (14, 197)

Auf grelles irdisches Licht reagieren viele Menschen, die > Nahtod-Erfahrungen überstanden haben, ebenso empfindlich wie viele > Medien bei ihren angeblichen Kontakten mit dem > Jenseits (2, 105).

Margaret > Atwater sammelte bei ihren Befragungen auch Berichte von Menschen, die sich an eine Begegnung mit einem "dunklen Licht" erinnerten. Dieses nahmen sie ebenfalls als tröstend, friedlich, liebevoll, heilsam und beschützend wahr. Überlebende einer solchen Erfahrung zeichnen sich danach durch einen außerordentlich hohen Intelligenzquotienten aus. In einem Fall, bei dem aus Chicago stammenden Douglas M. King, führte die Begegnung mit einem solchen Fleck schwarzen Lichts zu einer spontanen Heilung seiner lebensbedrohlichen Lungenentzündung (2, 300-304).

Literatur: Engelbert Winkler: Begegnung mit dem lebendigen Licht. Silberschnur 2001

Liebe

Wie > Glaube und > Hoffnung eine der christlichen Tugenden. Der Parapsychologe William Braud wies darauf hin, dass diese drei Tugenden scheinbar übersinnliche (> paranormale) Vorgänge offenkundig erleichtern. Insbesondere > Geistheilung scheint durch Liebe und Mitgefühl verstärkt zu werden (84, 145). Ein bemerkenswertes Experiment in diesem Zusammenhang unternahm auch Jacobo Grinberg-Zylberbaum an der Nationalen Universität von Mexiko. Er setzte seine Versuchspersonen in schalldichte, von elektromagnetischer Strahlung abgeschirmte Räume, nachdem zwei von ihnen gemeinsam meditiert hatten. Ohne dass die eine der beiden Testpersonen davon wusste, wurde die andere in zufälligen Abständen bestimmten Reizen ausgesetzt: Lichtblitze, Geräusche und schwache Elektroschocks. Danach überprüfte Grinberg-Zylberbaum anhand von EEGs, wie die Gehirnwellen seiner Versuchspersonen während des Experiments verlaufen waren. Er stellte fest, dass es nur dann, wenn die beiden zuvor miteinander in Interaktion getreten waren, in etwa 25 Prozent aller Fälle anscheinend zu Übertragungen gekommen war. Bemerkenswert war, dass vor allem die EEG-Kurven eines zutiefst ineinander verliebten jungen Paares über den ganzen Versuch hinweg parallel zueinander verliefen (41, 141-142).

LSD

Lysergsäure-Diäthylamid: eine Droge, die den Benutzer in einen Bewusstseinszustand treten lässt, in dem er glaubt, andere Welten wahrzunehmen. Traditionelle Wissenschaftler gehen natürlich davon aus, dass es sich dabei um Störungen und Einbildungen handelt, LSD-Anhänger vermuten, damit wirklich einen Blick in andere Wirklichkeitsebenen werfen zu können. LSD-Genuss kann schädlich sein, wenn er zu furchteinflößenden Horror-Trips führt, die anhaltende Ängste, Depressionen und andere seelische Störungen auslösen. Stanislav > Grof, Vertreter der > transpersonalen Psychologie, vermeldete bei seiner Arbeit sehr gute Erfahrungen mit dem Einsatz von LSD, konnte diese nach dem Verbot dieser Droge aber nicht mehr fortsetzen.

Maharishi-Effekt

Vorgang, bei dem eine Menschengruppe gleichzeitig in einen höheren Zustand des > Bewusstseins eintritt und dadurch positive Auswirkungen auf ihre gesellschaftliche Umgebung erzielt. Dies kann beispielsweise durch gemeinsames Meditieren erreicht werden. Der erlangte höhere Bewusstseinszustand ist objektiv messbar (langsamerer Herzschlag, höherer Hautwiderstand, einheitlicheres Gehirnwellenmuster) und wird subjektiv durch tiefe Ruhe bei gleichzeitig wachsender Grenzenlosigkeit der Wahrnehmung erlebt. Für den Betreffenden verschwimmen Zeit und Raum, und er fühlt sich mit etwas Größerem als seinem persönlichen Ich verbunden. In den siebziger Jahren stellte Maharishi Mahesh Yogi seine Methode der transzendentalen Meditation vor, um diesen Zustand zu erlangen, und behauptete, wenn nur ein Prozent der Bevölkerung entsprechend meditieren würde, würden die übrigen 99 Prozent auch davon berührt. Um diese Behauptung zu testen, verglich der Soziologe Garland Landrith US-amerikanische Großstädte, in denen mindestens ein Prozent der Bevölkerung diese Technik anwandte, mit Städten, in denen das nicht der Fall war, die ihnen aber in jeder anderen Hinsicht ähnelten. Er stellte fest, dass in letzteren Städten die Verbrechensrate dem allgemeinen Trend entsprechend anstieg, sie in ersteren Städten aber ebenso erkennbar fiel. Weitere Studien anderer Forscher bestätigten dieses Ergebnis. Nun wandten > Skeptiker ein, dass es sich hierbei um ein zufälliges Zusammentreffen statt um eine Ursache-Wirkung Beziehung handeln könne. Dieser Annahme ging man mit vielen weiteren, noch sorgfältigeren Untersuchungen auf den Grund. Nach der Sichtung all ihrer Ergebnisse kam der Psychologie-Professor David Orme-Johnson zu dem Schluss, dass eine zufällige Beziehung zwischen transzendentaler Meditation und dem Rückgang der Verbrechensrate eins zu fünf Milliarden betrug (15, 259). Ob Orme-Johnsons Schlussfolgerung zutrifft, ist allerdings bis heute umstritten.

Mandala

Geometrisches, meist kreisförmiges Muster, das den Kosmos repräsentieren und Meditationen erleichtern soll.

Maslow, Abraham

US-amerikanischer Psychologe (1908-1970), Begründer der humanistischen wie der > transpersonalen Psychologie. Auslöser für seine Abkehr von der klassischen Psychologie war eine > mystische Erfahrung bei der Geburt seiner Tochter. Für Maslow war es wichtig, dass die Psychologie ihren Blick nicht nur auf Störungen und Krankheiten, sondern auch auf Gesundheit und seelisches Wachstum richtete. Dazu gehöre auch, das eigene > Bewusstsein auf eine höhere Ebene der Spiritualität, des Wissens und der Verbundenheit mit dem Kosmos zu führen. Damit der Mensch sich selbst verwirklichen könne, müsse er seine Berufung finden und ihr folgen. Maslow war auch stark an der Erforschung von > Gipfelerfahrungen interessiert.

Materialisation

Vorgang, bei dem ein zuvor nicht-stofflicher Körper stofflich wird. Insbesondere zur vorletzten Jahrhundertwende trat dieses Phänomen in > Séancen auf, bei denen sich scheinbar aus dem Nichts sicht- und fühlbare Dinge bildeten. Dass Materie aus Bewusstsein gebildet wird, läuft unserem Weltverständnis derart entgegen, dass > Skeptiker hier eigentlich nur von Betrug ausgehen können.

Ein bekannter Fall von Materialisation trug sich 1920 zu. Der angesehene Dr. Gustav Geley, Direktor des Internationalen Metaphysischen Instituts in Paris, veranstaltete Séancen mit Franek > Kluski, einem Bankkaufmann, der nicht professionell als > Medium tätig war. Bei diesen Séancen zeigten sich leuchtende Kugeln, Fingerspitzen sowie vor dem Körper des Mediums eine schlanke, deutlich erkennbare Männerhand samt Unterarm. Die Hände Kluskis selbst wurden zu diesem Zeitpunkt festgehalten, und der Raum war nicht komplett dunkel: Ein schwaches rötliches Licht erlaubte es, diese Hand sowie das Medium zu sehen. Geley mischte aus Paraffin eine Gussform, in die das sich scheinbar verfestigende Wesen gebeten wurde, seine Körperteile einzutauchen. Das Paraffin verfestigte sich schnell, nachdem sich das Wesen zurückzog, sodass Geley so einen Abdruck herstellen konnte. Heimlich hatten Geley und andere Forscher dem Paraffin eine blaue Farbe beigemischt, sodass es von niemandem ausgetauscht werden konnte. Auf diese Weise entstanden bei der Séance Abdrücke anscheinend von Kinderhänden, eines Kinderfußes und der unteren Hälfte des Gesichts eines Erwachsenen. Die Handlinien, die Fingernägel und die Fingerlängen ließen sich nicht mit den Händen des Mediums in Übereinstimmung bringen. Verschiedene Ärzte und Bildhauer untersuchten die Abdrücke und erklärten, Spuren von Hautfalten, Knochen und kleinen Adern zeigten, dass sie von einer echten Hand stammten und nicht etwa von Gummihandschuhen. Einige der Abdrücke gehörten zu derselben Hand. Es stellte sich heraus, dass es sich jedoch nicht um die Hand eines Kindes handelte, sondern um die um ein Viertel verkleinerte Hand eines Erwachsenen. Die Abdrücke wurden in Geleys Institut ausgestellt (9, 97-103).

Literatur: Harry Boddington: Materialisations. Psychic Press 1995

Materialismus

Weltanschauung, derzufolge alles, also auch die geistige Welt, letztlich auf Materie zurückzuführen ist. Für den Materialismus ist die Seele das Gehirn und hört auf zu existieren, wenn das Gehirn seine Funktion einstellt. Dieser Vorstellung nach kann es weder paranormale Vorgänge (> Paranormales) geben noch ein Leben nach dem Tod. Das materialistische Weltbild hat sich in der Wissenschaft zum Teil aus gesellschaftlichen und psychologischen Gründen durchgesetzt, zum Teil aber auch, weil sein größter Konkurrent, der > Dualismus, eine ganze Reihe unbeantworteter Fragen aufwirft, sodass er als nicht sehr glaubwürdig gilt. Das trifft allerdings für den Materialismus auch zu:

- Wie kann ein Gehirn, das aus mindestens 100 Milliarden Neuronen besteht, ein einheitliches Bewusstsein herstellen, das in der Lage ist, sich zum Beispiel gleichzeitig auf den Straßenverkehr zu konzentrieren, das Leder der Sitze zu riechen, einen Sender im Autoradio zu wechseln, Hunger zu haben, verliebt zu sein, sich an die letzte Nachrichtensendung zu erinnern, es eilig zu haben und sich gegen einen Umweg zu entscheiden? Und wo sitzt der "Chef", der das alles steuert (vgl. > Penfield, Wilder)?
- Wenn das Bewusstsein nur eine Folgeerscheinung des körperlichen Gehirns ist, wie kann es dann dieses Gehirn wiederum steuern?

- Wie erklärt es sich, dass viele Dinge, die über kein Bewusstsein verfügen (die Neuronen des Gehirns) zusammengenommen etwas bilden, das sehr wohl über Bewusstsein verfügt?
- Wie erklärt sich die Freiheit des Willens?
- Wenn unser Denken nur durch Sinneseindrücke entsteht, woher wissen wir dann Dinge, die wir nicht über unsere Sinne wahrnehmen können, etwa dass es eine Vergangenheit gibt? Wie nehmen wir nichtkörperliche Werte und Ziele wahr (das Wahre, Schöne, Gute), wenn wir nur Bio-Automaten sind?
- Wie lassen sich all jene paranormalen Vorgänge erklären, die sich auf Dauer eben nicht ignorieren lassen?

Manche philosophisch-logischen Probleme betreffen Materialismus und Dualismus gleichermaßen in leichter Abwandlung. Sie sind im Eintrag "Dualismus" aufgeführt.

Heute gelangen immer mehr Anhänger des Materialismus zu der Auffassung, dass dieses Weltbild die Wechselwirkung zwischen Geist und Gehirn nicht wirklich erklärt.

Da Dualismus und Materialismus gleichermaßen unbefriedigend seien, hält der Philosoph David Ray Griffin den > Panpsychismus für die wahrscheinlichere Alternative (27, 96-150).

McConnel, David

Britischer Leutnant und Pilot in Ausbildung, der am 7. Dezember 1918 bei einem Flugzeugabsturz ums Leben kam. Da dabei auch seine Uhr stehenblieb, konnte man die exakte Uhrzeit ermitteln: 3 Uhr 25 am Nachmittag. Etwa zum selben Zeitpunkt sah ihn sein Zimmerkamerad Leutnant Larkin die Pilotenlounge betreten. Auf die Frage, ob er einen guten Flug gehabt habe, erwiderte McConnel: "*Ja. Bin prima hingekommen. Hatte eine gute Reise.*" Dann ging er. Larkin berichtete einem weiteren Kumpel davon, und die beiden beschlossen, gemeinsam mit McConnel zu Abend zu essen. Etwas später erfuhren sie, dass McConnell zu dem Zeitpunkt, da er mit Larkin gesprochen hatte, vermutlich schon tot war. Die beiden berichteten ihrem vorgesetzten Offizier von der > Erscheinung, und Larkin informierte McConnels Familie darüber per Brief. Dieser Fall ging in die Sammlung der > Society for Psychical Research ein, da er eine nüchterne Schilderung eines fest in der Realität verwurzelten Zeugen darstellte, die direkt danach berichtet und schriftlich festgehalten worden war (70, 197-198).

Mediale Kunst

Das Erschaffen von Kunstwerken durch > Automatismus. Vgl. Rosemary > Brown und Luis > Gasparetto.

Medium

Person, die anscheinend mit der jenseitigen Welt Kontakt aufnehmen kann. Die meisten Medien bleiben dabei voll bei > Bewusstsein und teilen lediglich mit, was sie an Botschaften aus dem > Jenseits empfangen. Manche werden allerdings auch scheinbar von dem > Geist eines Toten in Besitz genommen, sodass dieser (oft mit veränderter Stimme) aus ihnen spricht oder schriftliche Texte verfassen lässt (> Automatismus, > Kreuzkorrespondenz). Diese jenseitige Persönlichkeit, die dauerhaft mit dem Medium zusammenarbeitet, wird als > Kontrollgeist bezeichnet. Häufig kann sich ein Medium an keine der Botschaften mehr erinnern, nachdem es aus seiner Trance erwacht ist.

Unklar ist für viele Parapsychologen hierbei, inwiefern es sich bei solchen Fällen nicht lediglich um eine Form von > außersinnlicher Wahrnehmung handelt, die auf diese Welt begrenzt ist. Sagt ein Medium beispielsweise etwas Zutreffendes, das es von einem Verstorbenen erfahren haben will, könnte es in Wirklichkeit unbewusst nur die Gedanken eines Lebenden gelesen haben. Um diese Möglichkeit zu unterbinden, kam man anfangs auf die Idee einer so genannten Proxy-Sitzung, bei welcher das Medium es nur mit jemandem zu tun hat, der den Verstorbenen gar nicht kennt. Dies stellte sich allerdings als nicht beweiskräftig heraus, da > Telepathie auch über große Entfernungen zu wirken scheint. Schwer durch außergewöhnlich starke Telepathie (> Super-Psi) sind allerdings jene Fälle zu erklären, bei denen sich ein Medium im Zustand scheinbarer > Besessenheit in einer Sprache unterhalten kann, die es zeitlebens nie gelernt hatte. Belegt sind hier etwa Fälle plötzlicher Unterhaltungen in Griechisch, Ungarisch, Chinesisch und Walisisch (1, 203-206).

Beeindruckend wirkt es für viele Beobachter auch, wenn ein Medium in Trance tatsächlich die Züge einer anderen Persönlichkeit annehmen kann, als ob diese Person durch dieses Medium spräche. Kritiker haben hier eingewendet, dass in diesem Trancezustand lediglich sonst unbewusste Persönlichkeitsanteile des Mediums zum Vorschein träten, um einen > Geist vorzuspielen. In einigen kuriosen Fällen sprachen scheinbar Verstorbene durch ein Medium und machten eine ganze Reihe von Angaben; es stellte sich hinterher aber heraus, dass diese Menschen nie gelebt hatten, sondern erfunden worden waren (> Piper, Leonora).

Trotz dieser Schwierigkeiten beschäftigen sich seit etwa zehn Jahren Parapsychologen erneut mit Medien und ihren Fähigkeiten. Dabei gelangen sie auch zu durchaus bemerkenswerten Ergebnissen (> "The Afterlife Experiments", > Roy, Archie, > Scole-Experiment). Vgl. > Physikalischer Mediumismus.

Web: www.survivalafterdeath.org/articles/other/tymn.htm, www.survivalafterdeath.org/articles/keen/thompson.htm

Mindsight

(wörtlich: Geistsehen) Bezeichnung Kenneth > Rings dafür, dass Blinde insbesondere bei > Nahtod-Erlebnissen Dinge ihrer äußeren Umwelt wahrnehmen, die man eigentlich nur durch das Sehen erkennen kann – beispielsweise die Farbe von Kleidungsstücken. Zusammen mit seiner Kollegin Sharon Cooper untersuchte Ring 31 Blinde, die eine > außerkörperliche Erfahrung gemacht hatten. 24 von ihnen berichteten, Dinge gesehen zu haben, vier waren unsicher, drei konnten nichts dergleichen sagen. Fast die Hälfte der Befragten waren von Geburt an blind. Das machte es etwas schwierig zu beurteilen, ob diese Menschen mit dem Begriff "Sehen" dasselbe meinten wie Nicht-Blinde. Blindgeborene träumen nicht einmal bildhaft, Menschen, die ihr Augenlicht vor dem Alter von fünf Jahren verloren haben, in der Regel auch nicht. Ring und Cooper gelangten bei ihrer Studie schließlich zu dem Urteil, dass die untersuchten Blinden nicht im eigentlichen Sinne "sahen", sondern vielmehr auf eine transzendentale Form der Wahrnehmung zurückgriffen: Diese bezeichnete Ring als Mindsight. Vgl. > Taube.

Literatur: Sharon Cooper, Kenneth Ring und Charles Tart: Mindsight. Institute of Transpersonal Psychology 1999

Mirabelli, Carlos

(1889-1951) Brasilianisches Medium italienischer Abstammung. Er arbeitete als Schuhverkäufer und erlebte dabei Phänomene, wie sie im Zusammenhang mit Poltergeistern auftreten: Schuhschachteln flogen Berichten zufolge aus den Regalen und folgten ihm manchmal sogar bis auf die Straße. Daraufhin wurde Mirabelli in eine Anstalt für psychisch Kranke eingeliefert, wo man jedoch bald entdeckte, dass er geistig gesund war und lediglich die Begabung besaß, Gegenstände zu bewegen, ohne sie zu berühren (> Telekinese). Mirabelli nutzte diese Fähigkeit zunächst als Entertainer. 1927 erregte dies die Aufmerksamkeit von Redakteuren der deutschen "Zeitschrift für Parapsychologie", die sich den Wahrheitsgehalt entsprechender Behauptungen vom brasilianischen Konsul bestätigen ließ. Von der britischen > Society for Psychic Research wurden die Schilderungen über Mirabellis angebliche Leistungen (darunter > Materialisationen von Verstorbenen bei hellem Lichtschein) als "viel zu gut, um wahr zu sein" zurückgewiesen, obwohl sie zahllose Zeugen bestätigten. Europäischen Forschern fehlten die finanziellen Mittel, selbst nach Brasilien zu reisen, ihren brasilianischen Kollegen wurde nicht geglaubt. Dazu kam, dass sich die Parapsychologie zu diesem Zeitpunkt von der Frage nach dem Leben nach dem Tod ab- und stattdessen dem hellsichtigen Erkennen von Spielkarten zuwandte (vgl. > Rhine, Joseph Banks).

Johannes Greber führt in seinem Buch "Communications with the Spirit World of God" (New York 1932) ausführlich eine der Leistungen aus, zu denen Mirabelli in der Lage war: "*Bis jetzt hat Mirabelli in Trance in 28 verschiedenen Sprachen geschrieben, wobei er die Worte mit einer Geschwindigkeit niederwarf, die kein Schreiber in einem normalen Stadium hätte erlangen können. So schrieb er in 15 Minuten fünf Seiten in Polnisch über 'Die Auferweckung Polens', in 20 Minuten schrieb er neun Seiten auf Tschechisch über 'Die Unabhängigkeit der Tschechoslowakei', in zwölf Minuten vier Seiten Hebräisch über 'Verleumdung', in 20 Minuten einen deutschen Aufsatz über 'Das größere Deutschland. Sein Fall und seine Wiederherstellung', in 40 Minuten 25 Seiten Persisch über 'Die Instabilität großer Reiche', in 15 Minuten vier Seiten Latein über 'Berühmte Übersetzungen', in zwölf Minuten fünf Seiten Japanisch über 'Der Russisch-Japanische Krieg', in 22 Minuten 15 Seiten Syrisch über 'Allah und seine Propheten', in 15 Minuten acht Seiten Chinesisch über 'Eine Entschuldigung für Buddha', in 15 Minuten acht Seiten in Syrio-Ägyptisch über 'Die Grundlagen der Gesetzgebung' und in 32 Minuten drei Seiten Hieroglyphen, die noch nicht entschlüsselt wurden.*" (43, 271)

Während dies schon ungewöhnlich genug erscheint, werden über Mirabelli weit erstaunlichere Dinge berichtet: Demnach schwebte er vor mehreren Personen einige Minuten lang bis zu einer Höhe von zwei Metern, was sich fotografieren ließ. Er entkörperlichte sich vor vielen Zeugen bei hellem Tageslicht und materialisierte sich wieder in neunzig Kilometern Entfernung. Er konnte > Musik erklingen und Düfte entstehen lassen. Eine von der "Cesar-Lombroso-Akademie für Parapsychologische Studien" durchgeführte Untersuchung von 392 Séancen Mirabellis (jeweils bei Tages- oder hellem Kunstlicht) zeigte weitere Phänomene: Die kürzlich verstorbene Tochter eines der Forscher materialisierte sich, umarmte ihren Vater, antwortete auf Fragen, ließ sich fotografieren und von einem Arzt den Puls fühlen, bevor sie wieder verschwand. Ähnliches geschah mit dem kurz zuvor verstorbenen Bischof Camargo Barros sowie dem Universitätsprofessor Ferreira. Die Gestalt eines Arabers erschien in der Luft, stieg herab und ließ sich ebenfalls untersuchen und fotografieren. Während all dieser Ereignisse lag Mirabelli in tiefer Trance für alle sichtbar auf seinem Stuhl. Der Parapsychologe Eric Dingwall kam schließlich zu dem Schluss, dass die von Mirabelli berichteten Phänomene alles ausstechen, was über andere Vorgänge dieser Art in der entsprechenden Literatur zu finden ist.

Mirabelli wurde im Lauf der Zeit von über 550 Fachleuten untersucht. Ähnlich wie bei D. D. > Home oder beim > Scole-Experiment teilen sich die Urteilenden in zwei Lager: Die einen sind schlagartig von der Existenz einer anderen Wirklichkeit überzeugt, die anderen sind sich sicher, dass irgendein aufwendiger Betrug vorliegt, auch wenn sie keine Erklärung dafür haben, wie sich dieser hätte abspielen können. Dingwall bietet als einzig denkbare Möglichkeit an, dass es sich bei den beobachteten Wesen um menschliche Komplizen Mirabellis gehandelt haben könnte, räumt aber ein, dass Menschen normalerweise nicht in der Luft herumschweben und sich plötzlich auflösen.

Web: http://www.noahsarksoc.fsnet.co.uk/mediums/c__mirabelli_physical_medium.htm

Monroe, Robert Allen

Verfasser dreier Bücher über eigene Erlebnisse bei > Astralreisen. Sie erschienen 1970, 1985 und 1994. In diesen Büchern beschreibt Monroe auch den Aufbau anderer > Ebenen der Wirklichkeit (Jenseitswelten).

Monroe war Vize-Präsident des US-amerikanischen Fernsehsenders NBC, als er 1958 seine erste > außerkörperliche Erfahrung erlebte. Bald stellte er fest, dass er neue Erfahrungen dieser Art durch das Einatmen chemischer Dämpfe und Selbsthypnose bewusst herbeiführen konnte. Er beschrieb einen Astralleib, der dem stofflichen Körper ähnelte und mit diesem durch eine > Silberschnur verbunden war. Außerdem berichtete er über eine Begegnung mit seinem verstorbenen Vater, von Angriffen durch andere körperlose Wesen sowie gelegentlichen Schwierigkeiten, in seinen stofflichen Körper zurückzukehren. Er gründete das Monroe-Institut, das dieses Phänomen erforschen und Interessierten beibringen soll, wie man solche Erfahrungen herbeiführt. 1995 starb Robert Monroe. (3, 125-135; 42, 244)

Literatur: Robert Monroe: Der Mann mit den zwei Leben. Reisen außerhalb des Körpers. Droemer Knaur 1992; Robert Monroe: Der zweite Körper. Integral 2002; Robert Monroe: Über die Schwelle des Irdischen hinaus. Ansata 2002

Web: www.monroeinstitute.com

Moody, Raymond

Arzt, Philosoph und (Para-)Psychologe, der mit seinen Büchern erstmals > Nahtod-Erfahrungen öffentlich zum Thema machte, nachdem viele seiner Patienten ihm davon berichteten. Moody stellte fest, dass sich die Erlebnisse von Menschen, die klinisch tot waren, sehr ähnelten und fand vergleichbare Erkenntnisse bei anderen Forschern, so etwa Elisabeth > Kübler-Ross. Seiner Ansicht nach weisen die gesammelten Schilderungen auf ein Leben nach dem Tode hin, stellen aber noch keinen Beweis dafür dar. Allerdings seien sämtliche medizinischen Erklärungen für dieses Phänomen nicht befriedigend. In späteren Jahren versuchte Moody, mit Verstorbenen in Kontakt zu treten (> Psychomantheum). Moodys Erkenntnisse über Nahtod-Erfahrungen wurden von Kenneth > Ring aufgegriffen, wissenschaftlich untersucht und bestätigt.

Literatur: Raymond Moody: Leben nach dem Tod. Rowohlt 2001; Raymond Moody: Nachgedanken über das Leben nach dem Tod. Rowohlt 2002; Raymond Moody und Paul Perry: Das Licht von drüben. Rowohlt 1989; Raymond Moody und Paul Perry: Leben vor dem Leben. Rowohlt 1990. Raymond Moody und Paul Perry: Blick hinter den Spiegel. Goldmann 1996

Web: www.lifeafterlife.com

Moral

Unterscheidungsvermögen für Gut und Böse sowie dessen Anwendung. Es ist in der Philosophie seit langem umstritten, ob wir Menschen uns unsere moralischen Prinzipien selbst gegeben oder ob wir sie einer höheren Wirklichkeit zu verdanken haben. Im Zusammenhang mit > Nahtod-Erfahrungen fällt auf, dass sie oft nicht lediglich mit schönen Bildern über das Sterben hinwegtrösten, sondern dass durch sie auch eine moralische Lehre und Erziehung vermittelt wird. So kommt es zu einem > Lebensrückblick mit wohlwollender Bewertung (keiner Aburteilung), und Menschen, die anderen etwas Übles angetan haben, fühlen sich dabei plötzlich in das > Bewusstsein ihrer einstigen Opfer versetzt. In diesem Zusammenhang hält Kenneth > Ring es für möglich, dass solche Erlebnisse bei Überlebenden einen tief greifenden moralischen Wandel erzeugen. In ihrem Weltbild erschienen verstärkt Werte wie bedingungslose > Liebe und Annahme, Mitgefühl, Toleranz und Verbundenheit mit anderen Menschen über die Grenzen von Ländern und Kulturen hinweg. Diese Werte aber würden auch jenen vermittelt, die von diesen Erfahrungen nur hörten, gleichsam als neuer spiritueller/religiöser Botschaft. Daher nimmt Ring an, dass auch in diesem Zusammenhang ein Bewusstseinssprung für die gesamte Menschheit stattfinden werde. Vgl. > Transformation.

morphogenetisches Feld

Von dem englischen Biologen Rupert > Sheldrake bekannt gemachter Begriff, der auf einer Vermutung des russischen Biologen Alexander Gurwitsch beruht: Ein solches > Feld soll den Körper formen, den es umfasst, Träger des > Bewusstseins sein und in Verbindung mit entsprechenden Feldern anderer Körper stehen. Damit ähneln Sheldrakes Vorstellungen Gedanken, die eigentlich aus der > Esoterik bekannt sind, etwa dem des Astralleibs, der den stofflichen Körper umhüllt, sowie einer Form von > Telepathie und einer Verbundenheit des Bewusstseins verschiedener Menschen. Inwieweit Sheldrakes Konzept zutrifft, unsinnig ist oder noch ein wenig verbessert werden muss, wird derzeit wissenschaftlich diskutiert.

Literatur: Rupert Sheldrake: Die Seele ist ein Feld. O.W. Barth 1998

Morse, Melvin

US-amerikanischer Professor für Kinderheilkunde. Über mehrere Jahrzehnte hinweg untersuchte er die > Nahtod-Erfahrungen von Kindern. Ähnlich wie andere Forscher in diesem Bereich (etwa Elisabeth > Kübler-Ross oder Michael > Sabom) ging er anfangs davon aus, dass es sich bei solchen Erlebnissen lediglich um krankhaft bedingte > Halluzinationen handelte, die die Todesangst lindern sollten. Neugierig geworden erforschte er sie schließlich jedoch näher in einer groß angelegten Studie, an der Fachärzte in den Bereichen Narkose und Hirnforschung sowie Neurologie und Psychiatrie beteiligt waren. Morse kam zu der Schlussfolgerung, dass solche Erfahrungen weder durch Medikamente, noch durch vom > Gehirn produzierte Chemikalien, noch durch krankhafte > Halluzinationen oder mangelnden > Sauerstoff erklärt werden konnten.

Literatur: Melvin Morse und Paul Perry: Zum Licht. Goldmann 1994. Melvin Morse und Paul Perry: Verwandelt vom Licht. Droemer Knaur 1994. Melvin Morse und Paul Perry: Where God Lives. Harper Collins 2000

Web: www.melvinmorse.com, www.near-death.com/experiences/experts 06.html

Moses, William Stainton

(1839-1892) Anglikanischer Priester und Universitätslehrer sowie Mitbegründer der > Society for Psychical Research. Er erhielt von Vorgesetzten, Kollegen, Bekannten und Freunden die besten Leumundszeugnisse über seinen ehrlichen und aufrichtigen Charakter. Anfangs zeigte sich Moses dem Spiritismus gegenüber ablehnend bis feindselig und entlarvte in einem Fall ein betrügerisches > Medium. Schließlich ließ er sich aber durch die Leistungen D. D. > Homes überzeugen. 1873 entdeckte er seiner Darstellung nach seine eigenen Fähigkeiten als Medium: Klopfzeichen waren zu hören, Toilettenartikel schwebten in seinem Zimmer herum und bildeten ein Kreuz, Parfüm und Nadelkissen fielen aus der Luft (> Apporte). Moses begann, > Séancen abzuhalten und konnte dabei in der Anwesenheit eines ebenfalls sehr respektablen Arztes, Dr. Stanhope Speer, sowie dessen Frau weitere beeindruckende Effekte vorweisen. Dazu zählten sich von selbst bewegende, manchmal schwebende Tische und Stühle, Erscheinungen von Lichtkugeln, unterschiedliche Gerüche und musikalische Klänge aus dem Nichts sowie weitere Apporte von Fotografien, Bilderrahmen und Büchern. Dem Ehepaar Speer zufolge soll Moses auch selbst geschwebt haben. Es kam zu Vorfällen im Zusammenhang mit > direkter Schrift, also Papierzetteln, die unter einen Tisch gelegt wurden und wenig später "wie von Geisterhand" beschrieben waren.

Mittels automatischem Schreiben (> Automatismus) verfasste Moses nicht nur seinen Klassiker "Spirit Teachings" (1883), der mit seinen Nachrichten aus der jenseitigen Welt als "Bibel des britischen Spiritismus" gilt, sondern an die dreißig weitere Bände zum selben Thema. Moses war während des Schreibens in der Lage, ein Buch zu lesen oder sich mit etwas anderem zu beschäftigen. F. W. H. > Myers erkannte in seinen Werken nach sorgfältiger Sichtung dennoch keine Zeichen von inhaltlicher Verwirrung oder inneren Widersprüchen.

Nichtsdestoweniger führten Moses' Niederschriften ihn in einen inneren Konflikt: Vieles von dem, was sich durch ihn mitteilte, stand im Widerspruch zu seinem christlich-kirchlichen Glauben. Auch setzte Moses der Ansicht, es handelte sich bei den Erzeugern der Botschaften wirklich um jenseitige Wesen, anfangs entschiedenen Widerstand entgegen, bis er diesen letztlich aufgeben musste. Er soll diesen auch begegnet sein, als er im Rahmen von > außerkörperlichen Erfahrungen selbst kurzzeitig die jenseitige Welt betrat.

Andere Menschen als Moses selbst konnten diese Berichte natürlich nicht überprüfen. Für sie gab es andere Hinweise. Moses berichtete über Todesfälle, über die er auf natürliche Weise noch keine Kenntnis erlangt haben konnte. Der Sohn einer Verstorbenen sowie ein Experte erkannten ihre Handschrift, als sich die Tote offenbar durch > direkte Schrift mitteilte. Der Geist eines Thomas Wilson berichtete bei einer Séance nicht nur Dinge, die keinem der Anwesenden bekannt waren, als er sich Moses durch automatisches Schreiben mitteilte. Auch sein Stil und seine Rechtschreibfehler waren für ihn typisch. Und nachdem Dr. Speer starb, teilte Moses augenscheinlich einen Kosenamen für seine Frau mit, den ihrer Aussage zufolge beide nur in sehr privaten Momenten benutzten.

Moses trug aus mehreren Gründen dazu bei, dass sich viele seiner Zeitgenossen der spiritistischen Lehre gegenüber aufgeschlossen zeigten: Er besaß einen untadeligen Ruf, ging in seinen Veröffentlichungen mit wissenschaftlicher Geisteshaltung an die Erforschung solcher Dinge heran und ließ der Öffentlichkeit die Erlebnisse bei seinen eigenen Séancen erst nach seinem Tod mitteilen. Es ist nicht erkennbar, warum er diese Dinge geheim hielt, wenn es sich bei ihm um einen Betrüger gehandelt hätte, der allgemeine Aufmerksamkeit suchte (9, 91-94; 93, 159-160).

Web: http://www.noahsarksoc.fsnet.co.uk/mediums/staninton_moses_physical_medium.htm

Muldoon, Sylvan

(1903-1971) Seit seinem 1929 mit Hereward Carrington veröffentlichten Buch "The Projection of the Astral Body" einer der bekanntesten Fachleute für > Astralprojektionen und > außerkörperliche Erfahrungen. Muldoon hatte eine große Zahl dieser Erfahrungen selbst erlebt. Gegen Ende seines Lebens und schwer erkrankt war er ausgesprochen verbittert darüber, dass der Tod offenbar nicht das Ende war: *"Ich bedaure, dass das Leben existiert ... dass der Tod nicht alles beendet. Ich wünschte, dass der Tod einen langen und traumlosen Schlaf bringen würde. Aber ach, meine Erfahrungen haben mir zwingend erwiesen, dass 'Asche warst du und Asche sollst du werden' nicht über die Seele geschrieben wurde."* (66, 138-141)

Murphy, Bridey

(1798-1864) Irin, an deren Leben sich die US-amerikanische Hausfrau Virginia Tighe (Pseudonym: Ruth Simmons) nach einer > Rückführung in Hypnose erinnerte (> Reinkarnation). Tighe konnte von diesem Augenblick an viele Einzelheiten über den Alltag im damaligen Irland berichten, über die sie auf normalem Wege anscheinend keine Kenntnis erlangt haben konnte. Sie nannte auch zutreffend Namen und Läden aus "ihrer" damaligen Nachbarschaft. Zahlreiche Zeitungen und Magazine widmeten diesem Fall sensationsheischende Berichterstattung. Mehrere > Skeptiker boten natürliche Erklärungen für dieses Vorkommnis an. Diese überzeugten viele Forscher, die sich gründlich mit dem Fall beschäftigt hatten, allerdings ganz und gar nicht. Bei manchen Skeptikern handelte es sich um fundamentalistische Christen, und viele ihrer Behauptungen stellten sich als falsch heraus. Tighe glaubte im wachen Zustand nicht an die Möglichkeit einer Wiedergeburt (8, 14, 25).

Musik

Häufiger Bestandteil von > Nahtod-Erfahrungen und anderen > mystischen Erfahrungen. Die betreffende Person glaubt dann im Sterben, himmlische Engelschöre singen zu hören oder eine Glocke, die sie zu Gott ruft. Eine von dem Parapsychologen Scott Rogo befragte Frau, die eine Nahtod-Erfahrung erlebt hatte, berichtete, dass sie gerne sterben würde, nur um ein zweites Mal diese wunderschönen Klänge zu hören. Für Kenneth > Ring stellt diese Wahrnehmung einen Beleg dafür dar, dass sich das menschliche > Bewusstsein beim Tod in eine Welt höherer Schwingungen oder Frequenzen hineinbewegt (> holographisches Weltbild). Es kommt allerdings auch vor, dass lebende Menschen überirdisch schöne Musik hören, ohne eine Quelle ausmachen zu können. Das kann ohne erkennbaren äußeren Anlass geschehen, bei manchen > außerkörperlichen Erfahrungen oder wenn sich die Betreffenden in der Gegenwart eines Sterbenden befinden. Berichten zufolge sollen etwa die Angehörigen, Bediensteten und Verehrer Goethes anhaltende, durchdringende Klänge vernommen haben, als der Dichterfürst auf dem Totenbett lag. Auch Sir William Barrett trug in seiner Sammlung über > Sterbebettvisionen einige Fälle zusammen, bei denen mehrere am Sterbebett Anwesende solche Töne vernahmen. Ein Arzt legte dafür sogar eine schriftliche Bestätigung vor.

In der hinduistisch-buddhistischen Lehre und einigen davon beeinflussten Yoga-Schulen heißt es, dass diese himmlische Musik (genannt "Nad" oder "Nada") das gesamte Universum durchdringe. Der Mensch stehe mit ihr in verborgenem Einklang und könne sie in Momenten der Meditation oder der religiösen Hingabe erfahren. In der islamischen Mystik gibt es eine ähnliche Vorstellung. Dort bezeichnet man die kosmische Musik als Sultan-al-Azkar. Der griechische Philosoph Pythagoras schließlich sprach von "Sphärenklängen", die durch die Bewegungen der Himmelskörper verursacht würden. Es ist aber unklar, ob er das nur im bildlichen Sinne meinte oder ob er selbst einmal himmlische Klänge gehört hatte (53, 55, 97-99; 64, 96-105; 82, 260).

Myers, Frederic William Henry

(1843-1901) Gründungsmitglied der > Society for Psychical Research (SPR) mit besonderem Interesse an dem Weiterleben im Jenseits. Nach Jahrzehnten der Forschung in diesem Bereich freute er sich Berichten zufolge auf seinen eigenen Tod wie ein Junge auf die Sommerferien. Er sehnte sich danach, mit seiner verstorbenen ersten Liebe, Annie Marshall, wieder vereinigt zu sein. Nach Ansicht vieler führender Parapsychologen meldete sich Myers über die > Kreuzkorrespondenz aus dem > Jenseits (29, 95).

mystische Erfahrungen

Überwältigende Erlebnisse plötzlicher tiefer Erkenntnis über die Zusammenhänge der Welt, die dem reinen Verstand nicht zugänglich sind. Beispielsweise wird bei ihnen für den Betreffenden zur Gewissheit, dass alles mit allem verbunden ist und den göttlichen Funken in sich trägt. An die Stelle der Alltagwirklichkeit tritt ein einheitliches, reines > Bewusstsein, das als eigentliche Wirklichkeit wahrgenommen wird. Damit verbunden sind Gefühle von Frieden, Wonne, > Liebe und Gesegnet-Sein, als ob man dem Heiligen begegnet sei. Wenn die Dinge der äußeren Welt bei dieser Erfahrung nicht verschwinden, werden sie als durch eine tiefere Einheit miteinander verbunden gesehen. Solche Eindrücke werden als zeitlos empfunden, verblassen meist nach ein bis zwei Stunden (obwohl sie manchmal auch über Tage hinweg anhalten können) und lassen den Menschen mit dem Gefühl zurück, sich im Griff einer höheren Macht zu befinden. Typisch für sie ist, dass sie nicht angemessen beschrieben werden können, sondern erlebt werden müssen. Trotz der Frustration darüber, sie nicht wirklich mitteilen zu können, bleibt beim Menschen nach einer solchen Erfahrung in der Regel Freude darüber zurück, eine höhere Wirklichkeit erblickt zu haben, seine bisherigen Sorgen erscheinen ihm weniger wichtig, er nimmt neue Glaubens- und Wertevorstellungen an und empfindet stärkere Liebe und Mitgefühl gegenüber seinen Nächsten. Viele bekunden, ihr Leben habe danach eine völlig neue Bedeutung bekommen.

Mystische Erlebnisse können durch spezielle spirituelle Praktiken wie Fasten, Gebet und Meditation erreicht werden oder plötzlich von selbst über einen Menschen kommen. Wie der Neurologe Michael > Persinger herausfand, können zumindest sehr ähnliche Erfahrungen allerdings auch durch die elektromagnetische Reizung des > Schläfenlappens herbeigeführt werden. Diese Erkenntnis erschreckte viele, die glaubten, dass religiöse und spirituelle Erlebnisse jetzt als bloße Hirnstörung bewiesen seien. Andere vertraten die Auffassung, Persinger habe lediglich bewiesen, dass unser Gehirn biologisch darauf angelegt sei, Gott zu erkennen und dass man nicht zu warten habe, bis solche Erfahrungen über einen kämen, sondern sie auch gezielt herbeiführen könne. Das allerdings ist nichts wesentlich Neues: Schon seit Urzeiten wissen viele Menschen, wie sie durch die Einnahme so genannter "psychoaktiver Substanzen" in einen solchen Zustand gelangen. Dazu gehört vor allem die Rauschdroge Psilocybin, die man in manchen Pilzen findet. In Versuchen zeigte sich, dass Personen nach der Einnahme von Psilocybin erkennbar mehr positive Veränderungen in ihrem Verhalten und ihrer Einstellung gegenüber dem Leben, ihren Mitmenschen und sich selbst zeigten als eine Kontrollgruppe. Ihrer Auffassung nach war ihre Erfahrung tatsächlich mystischer Natur und ein Höhepunkt ihrer spirituellen Entwicklung. Manchen half sie bei der Entscheidung für ihre berufliche Laufbahn (oft im geistlichen Bereich), vertiefte ihren Glauben und ihr Einfühlungsvermögen für Minderheiten, Frauen und ihre Umwelt, senkte ihre Angst vor dem Tod und stärkte ihr Empfinden von Freude und Schönheit. Im Vergleich mit Yoga-Praktizierenden, die eine solche Erfahrung durch ihre Übungen erzielt hatten, schnitten die Yogis allerdings besser ab, was ihren Zugang zum Mystischen und die Veränderungen ihres Lebens und ihrer Persönlichkeit anging. Die Mehrheit derjenigen, die ihre Erfahrung durch Rauschmittel herbeigeführt hatten, benutzte trotz der spirituellen Bedeutung dieses Erlebnisses solche Drogen nicht länger - vermutlich da sie zu dem Eindruck gekommen waren, dass gemeinschaftliche spirituelle Übungen sich als tiefgründiger, bedeutsamer und umwälzender herausstellten (45, 27-28; 96, 397-405).

Für die traditionelle Psychologie stellen mystische Erfahrungen lediglich eine Art von Bewusstseinstrübung dar; die > transpersonale Psychologie nimmt ihre Natur ernst und versucht, sie zu ergründen. Unterstützung erhält sie dabei durch die Erkenntnisse des US-amerikanischen Soziologen Andrew Greeley. Er unterzog Menschen, die religiöse oder mystische Erlebnisse erfahren hatten (etwa den Eindruck, in ein weißes > Licht gebadet zu sein), den psychologischen Standardtests, mit denen ihre geistige Verfassung gemessen werden sollte. Entgegen manchem Klischee stellten diese Personen sich nicht als gestört heraus, im Gegenteil: Sie rangierten an der Spitze der Skala, was seelische Ausgeglichenheit anging (15, 32). Allerdings hat Umfragen zufolge mehr als die Hälfte der westlichen Bevölkerung in ihrem Leben mindestens eine Erfahrung mystischer Art erlebt (46, 364).

Manchen christlichen Mystikern, etwa der heiligen Teresea von Avila, werden dieselben Veränderungen zugeschrieben, wie sie Menschen durch Nahtod-Erfahrungen erlebten: außerkörperliche Reisen, > Visionen von Gott, > außersinnliche Wahrnehmung, Verlieren der Angst vor dem Tod, Fähigkeiten zur > Geistheilung (5, 369).

Vgl. auch > Erleuchtung sowie > Gipfelerfahrung.

Nachtod-Kontakt

Als spirituell wahrgenommene Erfahrung, bei der ein Mensch überraschend von einem verstorbenen Bekannten kontaktiert wird. Laut der Definition dieses Begriffes, wie sie etwa von Bill und Judy Guggenheim (> "Trost aus dem Jenseits") vorgenommen wird, fallen Kontakte durch > Medien und > Séancen nicht darunter. In Umfragen berichteten 1973 noch 27 Prozent aller US-Amerikaner, 1984 aber bereits 42 Prozent von ihnen, entsprechende Kontakte gehabt zu haben (53, 67). Eine mögliche Erklärung für diesen Sprung ist, dass das Thema immer mehr enttabuisiert wird und Menschen, die davon berichten, nicht länger als gestört gelten. In einer von dem walisischen Psychiater Dewi Rees vorgenommenen Befragung von 293 Witwen und Witwern berichtete die Hälfte über Nachtodeskontakte, die Männer genauso häufig wie die Frauen. Auch Rasse, religiöser Glaube und Wohnort beeinflussten ihre Häufigkeit nicht; sie zeigten sich lediglich öfter bei Paaren, die eine besonders lange und glückliche Ehe geführt hatten. Zu solchen Begegnungen kam es nicht nur in der akuten Trauerphase, sondern oft bis hin zu zwanzig Jahren nach dem Tod des Ehepartners. Bei einer von Richard Kalish durchgeführten Folgestudie wurden einige Fälle vermeldet, bei denen der verstorbene Ehepartner auch von anderen Menschen wahrgenommen wurde. Zudem konnte Kalish feststellen, dass Menschen, die über solche Kontakte berichteten, in keiner Weise psychologisch gestört oder auch nur beeinträchtigt waren. Daraufhin untersuchte er zusammen mit David Reynolds 434 Frauen und Männer verschiedener Rassen und Altersgruppen. Über 50 Prozent der Frauen und ein Drittel der Männer berichteten über Kontakte mit Verstorbenen - häufig in Träumen, die sie allerdings so gar nicht typisch traumartig, sondern als überaus real wahrnahmen. Auch über Stimmen, > Erscheinungen und das Gefühl einer Anwesenheit wurde berichtet. Besonders fromme Menschen berichteten von *weniger* Begegnungen als nicht-religiöse. In manchen Fällen erhält nicht der Trauernde selbst, sondern ein Freund oder Bekannter von ihm die Botschaft eines Verstorbenen, um diese weiterzuleiten. Der Bekannte kann häufig mit der Botschaft gar nichts anfangen und weiß auch nicht, warum er als Überbringer ausgewählt wurde (14, 75-79; 40, 90-91; 63, 81-83).

Als Gründe für Nachtod-Kontakte erkennt Louis LaGrand Trost, die Erleichterung des Übergangs zum > Jenseits, das Beenden unerledigter Geschäfte, Hilfestellung bei Problemen, eine Betonung der Ewigkeit der > Liebe sowie Schutz vor Unheil (40, 65-67).

Im Jahr 2005 erklärte der Psychologe Allan Botkin aus Chicago, er habe mit seinen Kollegen aus der Traumaforschung nach zweijährigen Versuchen eine zu 98 Prozent erfolgreiche Methode entwickelt, um lebhafte Kontakte mit Verstorbenen herbeizuführen. Die so entstehende Kommunikation, die Sehen und Hören gleichermaßen umfasst, wird durch bestimmte Augenbewegungen herbeigeführt. Die Trauer der Hinterbliebenen, die von ihren spirituellen Kontakten berichteten, löst sich daraufhin spontan und vollständig auf. Dabei spielt es keine Rolle, ob der Todesfall die Hinterbliebenen besonders stark erschüttert hatte, wie lange er zurücklag und welcher religiösen oder spirituellen Weltanschauung die Betreffenden zugeneigt waren.

Literatur: Allan Botkin: Induced After-Death Communication. Hampton Roads 2005; Bill und Judy Guggenheim: Trost aus dem Jenseits. Scherz 2002; Louis E. LaGrand: Messages and Miracles. Llewellyn 1999

Web: www.induced-adc.com.

Nahtod-Erfahrung

Seelisch umwälzendes Erlebnis, das sich ereignet, wenn sich der Betreffende in einer lebensbedrohlichen Situation befindet. Er kann dabei tatsächlich klinisch tot sein (> Reynolds, Pam), sich aber auch nur aufs Höchste verängstigt fühlen, ohne dass ihm wirklich etwas Ernstes geschieht (> Todesfurchterfahrung).

Einer Studie zufolge, die der deutsche Soziologe Hubert > Knoblauch an der Universität Koblenz durchführte und 1999 veröffentlichte, hatten bislang dreieinhalb Millionen Deutsche eine solche Erfahrung erlebt. Zu ihr gehören verschiedene Dinge, die aber in der Regel nicht allesamt in einem einzelnen Fall zusammentreffen:

- fortgesetztes klares > Bewusstsein und Erinnern trotz Hirntod,
- das Gefühl von Ruhe und Frieden,
- scharfe Wahrnehmung von Ereignissen um einen herum, möglicherweise verbunden mit einer > außerkörperlichen Erfahrung,
- Wahrnehmung von Ereignissen an anderen Orten (beispielsweise der Wartehalle des Krankenhauses, in dessen Operationssaal sich der Betreffende befindet, aber auch Vorgänge an weiter entfernten Orten),
- andere Formen > außersinnlicher Wahrnehmung, beispielsweise > Telepathie, > Präkognition oder eine > Dariens-Felsenrand-Erscheinung,
- der Eindruck, durch einen > Tunnel in ein nicht-blendendes > Licht zu gelangen,
- das Hören ungewöhnlicher Geräusche,
- den Empfang durch > Astralwesen aus Licht oder verstorbene Verwandte,
- ein nicht-wertender, aber erkenntnisreicher > Lebensrückblick (vgl. > Moral),
- das Eintauchen in eine Zwischenwelt mit orientierungslosen, manchmal verzweifelten Geistwesen (> erdgebundene Seelen),
- das Eintauchen in eine Welt aus Licht und reinem Wissen, jenseits von Raum und Zeit,
- der Eindruck, alle Zusammenhänge zu verstehen und mit dem Kosmos verbunden zu sein,
- das Erreichen einer nicht zu überquerenden Grenze, daraufhin die Rückkehr in den Körper. In einer Untersuchung Michael > Saboms berichten die meisten Betroffenen, die letzte Entscheidung darüber, ob eine solche Rückkehr möglich sei, habe einer spirituellen Autorität oblegen und sei weder dem Willen des Betroffenen selbst noch den Leistungen der Ärzte zu verdanken gewesen.

Als Nachwirkungen einer solchen Erfahrung werden unter anderem berichtet:

- Frustration darüber, diese Erfahrung anderen nicht angemessen mitteilen zu können,
- Verlieren der Angst vor dem Tod bei gleichzeitiger hoher Wertschätzung des Lebens, das jetzt als sinnvoller verstanden wird,
- generell größeres Selbstbewusstsein statt nervöser Unruhe,

- Energie und Neugier statt Langeweile,
- eine höhere Intelligenz und wachsendes Interesse an abgelegenen Wissensgebieten,
- anscheinend eine Veränderung des körpereigenen elektromagnetischen Feldes, sodass von den Betroffenen getragene Uhren häufig stehen bleiben,
- die Spontanheilung auch schwerer Krankheiten wie Krebs, AIDS, Herz-, Nieren- und Leberversagen,
- häufigeres Auftreten > paranormaler Fähigkeiten; glaubhaft geschildert werden Fälle von > Telepathie, > Präkognition, > Hellsehen sowie dem Diagnostizieren und Heilen von Krankheiten anderer auf übersinnliche Weise,
- Zuwendung zu > Liebe, Mitgefühl und > Spiritualität, nachlassendes Interesse an irdischen Gütern und dem eigenen Status in den Augen anderer, Gewissheit einer tiefen Verbundenheit aller Menschen (> Transformation).

Familienmitglieder von Menschen mit Nahtod-Erfahrungen kommen mit diesen Veränderungen nicht unbedingt gut klar. Das wahllose Ausschütten von Liebe über sämtliche Mitmenschen, das geringe Wertschätzen des üblichen Sozialverhaltens und die plötzliche Beschäftigung mit mystischen oder paranormalen Themen wirken auf sie oft arrogant und befremdend.

In manchen Fällen werden auch Dritte einer Nahtod-Erfahrung teilhaftig, indem sie etwa vom Sterbenden ausgehendes Licht, Düfte, Klänge (> Musik) oder sogar die > Astralwesen selbst wahrnehmen. Zeitgleich mit > außerkörperlichen Erfahrungen, über die die Betreffenden später berichten, sehen einige Zeugen etwas über dem Körper des Patienten schweben, das sie einmal als violetten Nebel, einmal als schattenhafte Gestalt beschreiben. Melvin > Morse schildert in seinem Buch "Verwandelt vom Licht" einen Fall, in dem ein Mädchen scheinbar telepathisch die Erfahrung ihrer Schwester miterlebte. Beide befanden sich an unterschiedlichen Orten.

Während Hubert Knoblauch glaubte, bei Nahtod-Erfahrungen kulturelle Unterschiede festzustellen, halten die führenden internationalen Experten (wie etwa Bruce > Greyson) daran fest, dass die Kernerfahrung von der jeweiligen Kultur unabhängig ist.

Von schulmedizinischer Seite gab es mehrere geradezu verzweifelt anmutende Versuche, diese Erfahrung als Auswirkung von körpereigenen Drogen wie > Ketamin, zu wenig > Sauerstoff im Blut oder Wunschfantasie eines sterbenden Gehirns zu erklären (vgl. auch > Tunnel). All diese Versuche, auch wenn sie mit großer rhetorischer Wucht vorgetragen wurden, beruhten jedoch auf unbewiesenen Vorannahmen und ließen sich nicht mit den beobachteten Tatsachen in Übereinkunft bringen. Manchmal setzten sie bislang unentdeckte Gehirnchemikalien voraus, die stärker als die Rauschdroge LSD wirken, binnen Sekunden in Einsatz treten und dann wieder verschwinden, ohne eine Spur zu hinterlassen.

Am überzeugendsten war noch Susan > Blackmore, die ein komplexes Zusammenspiel zwischen psychologischen und neurologischen Prozessen, der Ausschüttung von Körperhormonen (Endorphine, Morphin-Antagonisten) und Neurotransmittern sowie Gehirnstörungen (etwa des > Schläfenlappens) entwarf, das diese Erfahrung erklären könnte. So beeindruckend diese Theorie insbesondere für viele > Skeptiker anmutete, befriedigt sie die meisten Experten in diesem Bereich aus verschiedenen Gründen nicht:

- Sie beruht lediglich auf vielen unbewiesenen, ja nicht einmal näher untersuchten Vorannahmen und Theorien.
- Nahtod-Erfahrungen treten auch in Situationen auf, in denen dem Gehirn gar nichts passiert, sondern die betreffende Person nur starke Angst vor dem Tod hat.
- Nahtod-Erfahrungen laufen logisch geordnet ab, und die eigene Persönlichkeit wird dabei als Einheit erfahren. Halluzinationen, Psychosen und andere Störungen werden unzusammenhängend und zerstückelt erlebt.
- Eine schulmedizinische Theorie kann die verschiedenen belegten > außersinnlichen Wahrnehmungen nicht erklären.
- Sie erklärt ebenso wenig die spirituelle Kraft und Wirkung eines solchen Erlebnisses, die bei anderen Menschen in Todesnähe, aber ohne eine solche Erfahrung ausbleibt.

Etwas überzeugender als Blackmores Erklärungsversuch ist der von dem Parapsychologen Stephen > Braude vertretene Ansatz, dem zufolge das Gehirn im Moment des Zusammenbruchs noch einmal all seine verborgenen paranormalen Fähigkeiten schlagartig einsetzen könnte, um dann zu erlöschen (vgl. > Super-Psi). Selbst wenn das Bewusstsein dem Körper entweiche, sei das allein noch kein Beweis dafür, dass es ohne ihn längere Zeit lebensfähig ist: "*Meine Fürze können meinen Körper verlassen, sie sind nicht mit ihm identisch und sie können Einfluss auf die Außenwelt nehmen. Aber ihre Existenz hängt trotzdem zwingend von meinem Körper ab. (...) Trotz einer enormen Datensammlung über menschliche Fürze haben wir keinen Grund, von der Produktion eines unsterblichen Furzes auszugehen.*" (11, 275-276)

Allerdings führt diese Vermutung zu einer etwas seltsamen Zweiteilung: Was die betreffenden Personen über die irdische Welt zutreffend in Erfahrung bringen, ist paranormale Erkenntnis, aber was sie über die vermeintlich jenseitige Welt berichten, wird als Wunsch- oder Angstfantasie abgetan. Auch räumt Braude ein, dass Nahtod-Erfahrungen nicht für sich alleine stehen, sondern im Zusammenhang mit anderen Hinweisen auf ein Jenseits gesehen werden sollten. Schließlich bleibt es verwirrend, dass die in jeder Hinsicht "totesten" Patienten wie Pam Reynolds über die beeindruckendsten Erlebnisse berichten. Einer Untersuchung des britischen Southhampton General Hospitals unter Sam > Parnia zufolge finden sie auch dann statt, wenn das Gehirn keinerlei Funktion mehr ausübt und daher auch nicht in der Lage sein dürfte, Erinnerungen zu bilden. Die beteiligten Ärzte folgerten daraus, dass das Bewusstsein auch ohne das Gehirn existieren kann. Skeptiker wenden ein, dass der biologische Tod nicht notwendig mit dem Hirntod einhergehen müsse, sondern beispielsweise erst mit dem Zelltod. Die Diskussion ist offenkundig noch nicht beendet, aber der eindeutige > Materialismus wird immer mehr zurückgetrieben.

Fachleute wie der Neurologe Michael > Persinger und der Psychologe Kenneth > Ring vertreten inzwischen die Auffassung, dass der Hirntod die Wahrnehmung eines Ortes erlauben könnte, dessen Wahrnehmung einem durch ein funktionierendes Gehirn verwehrt bleibt, ähnlich wie man die Sterne am Himmel nur dann wahrnehmen könne, wenn die Sonne nicht scheine.

Manche Menschen mit Nahtod-Erfahrungen waren über bis zu 16 Stunden hinweg klinisch tot, ohne dass ihr Gehirn dadurch irgendeinen Schaden nahm. Der US-amerikanische Kardiologe Fred Schoonmaker berichtet von Patienten, die nach stundenlanger Abwesenheit jeder Gehirnfunktion wiederbelebt wurden und von realistischen Erfahrungen in dieser Zeit berichteten.

Außersinnliche Wahrnehmung bei Nahtod-Erfahrungen ist von verschiedenen Forschern dokumentiert. In einem Fall etwa berichtete ein Patient zutreffend über die auffälligen Schnürsenkel einer OP-Schwester, die nur bei seiner Wiederbelebung zugegen war. In anderen Fällen wurden Gespräche und Ereignisse in anderen Räumen und zum Teil an weit entfernten Orten geschildert. Elisabeth Kübler-Ross, Kenneth Ring und Sharon Cooper berichten, dass selbst von Geburt an blinde Patienten verschiedene Dinge zutreffend durch eine spezielle Form des Sehens erkennen konnten (> Mindsight).

Verblüffend ist, dass kleine Kinder, die noch keine klare Vorstellung davon haben, was "Tod" bedeutet, in dieser Stress-Situation praktisch nie ihre lebenden Eltern in der jenseitigen Welt wahrnehmen - was man sich vorstellen müsste, falls es sich um eine reine Wunsch- und Trostfantasie handeln würde. Stattdessen berichten sie in manchen Fällen, ihnen unbekannte Personen getroffen zu haben, die ihre Eltern anhand der Beschreibung als verstorbene Verwandte wiedererkennen.

Ein typischer Fall für Präkognition während einer Nahtod-Erfahrung ist der von Kenneth > Ring berichtete Fall eines Patienten, dem hierbei als Kind mehrere Einzelheiten über seine Zukunft zuteil wurden. So erfuhr er zutreffend, dass er mit 28 Jahren heiraten und zwei Kinder zeugen würde. Als er dabei seine zukünftige Wohnung vor sich sah, erblickte er an der Wand einen Gegenstand, mit dem er nichts anfangen konnte. Jahrzehnte später waren die verschiedenen Vorhersagen eingetroffen, und er fand sich in der erblickten Umgebung wieder. Jetzt erkannte er, dass es sich bei dem seltsamen Gegenstand um eine Heißluftheizung handelte, die zum Zeitpunkt seines Nahtod-Erlebnisses noch nicht erfunden war.

Als Joel Whitton Menschen bei hypnotischen > Rückführungen in frühere Leben zurückversetzte, schilderten diese die typischen Stationen einer Nahtod-Erfahrung.

Allerdings bleiben, selbst wenn man von der Existenz eines Jenseits als Erklärung ausgeht, verschiedene Dinge unklar: zum Beispiel warum manche Menschen eine himmlische und andere eine > Höllenerfahrung durchmachen und warum nicht alle, die dem Tode nahe waren, von einem solchen Erlebnis berichten. Die Zahlen schwanken hier je nach Studie sehr stark zwischen fünf und 70 Prozent (wobei beide Angaben

Extremzahlen darstellen, realistisch dürften 10 bis 30 Prozent sein). Psychologische Überprüfungen ergaben, dass die Betreffenden sich in keiner Weise von ihren Mitmenschen unterschieden, was etwa seelische Gesundheit, Alter, Geschlecht, Rasse oder Religion betraf. Denkbar ist, dass viele Menschen nicht darüber sprechen möchten, um nicht für verrückt gehalten zu werden. Eine Studie des Psychiaters W. Dewi Rees enthüllte, dass 72 Prozent der Bevölkerung befürchteten, man würde sich über sie lustig machen, wenn sie von so etwas erzählten. Es gibt auch viele Menschen, die sich an ihre Träume schlicht nicht erinnern, obwohl wir alle nachweislich jede Nacht träumen. Oft kann man Wahrnehmungen aus einem bestimmten Zustand des > Bewusstseins nicht in einen anderen übernehmen.

Untersuchungen Margot > Greys und Michael > Saboms zufolge lässt sich allerdings sagen, dass Nahtod-Erlebnisse umso häufiger sind, je näher die betreffende Person tatsächlich dem Tod ist und je dringender sie eine spirituelle Erfahrung benötigt. Sie treten seltener auf bei Menschen, die unter dem Einfluss starker Medikamente stehen, die spirituell gefestigt sind und sich mit Nahtod-Erfahrungen bereits eingehend beschäftigt haben.

Bekannte weitere Grundlagenforscher dieser Erfahrung sind Raymond > Moody (der den Ausdruck "Nahtod-Erfahrung" überhaupt erst prägte), Sam > Parmia, Pim > van Lommel, Margaret > Atwater und Michael > Schröter-Kunhardt. Menschen mit besonders beeindruckenden Nahtod-Erfahrungen sind unter anderem Mellen-Thomas > Benedict, Dannion > Brinkley und George > Rodonaia. Vgl. auch > Gruppen-Nahtod-Erfahrungen und > Sterbebettvisionen.

Literatur: Takis Evdokas: Der Tod, die große Illusion. Silberschnur 2002; Günter Ewald: "Ich war tot". Pattloch 1999; Bernard Jakoby: Auch du lebst ewig. Langen Müller 2000; Walter von Lucadou (Hrsg.): Dimension Psi. List 2003; Margaret Atwater: The Complete Idiot's Guide to Near-Death Experiences. Macmillan 2000; Lee Worth Bailey und Jenny Yates: The Near-Death Experience. A Reader. Routledge 1996; Carl Becker: Paranormal Experience and Survival of Death. State University of New York Press 1993

Web: www.nahtod.de, www.nderf.org, www.near-death.com, www.mindspring.com/~scottr/end.html, www.esalenctr.org/display/confpage.cfm?confid=3&pageid=22&pgtype=1

Nathal-Methode

> Lathan, Gertje

National Federation of Spiritual Healers

Englische Organisation, die Geistheiler (vgl. > Geistheilung) ausbildet und ihre Arbeit kontrolliert. Prinz Charles wirkte darauf hin, dass ihre Mitglieder auch mit Ärzten zusammenwirken und in Krankenhäusern arbeiten dürfen (16, 249).

Newlove, Bobbie

Englischer Junge, der 1932 an Diphtherie gestorben war. Kurz danach erhielt der Kirchenmann Reverend Drayton > Thomas einen Brief von dem Großvater des Knaben, in dem dieser von diesem Todesfall berichtete. Thomas suchte das > Medium Gladys Osborne > Leonard auf und bat sie, mit dem toten Jungen Kontakt aufzunehmen. Augenscheinlich gelang ihr das, denn sie schilderte seine Gewohnheiten und Interessen bis in Kleinigkeiten hinein zutreffend. Allerdings erwähnte Leonard in den sich über Monate hinziehenden > Séancen immer wieder, dass Bobbies Tod nicht allein seiner Diphtherie zuzuschreiben war, sondern dass etwas anderes seinen Körper zuvor geschwächt hatte. Wieder und wieder berichtete sie von Stahlröhren, ohne dass Thomas oder Bobbies Verwandte damit etwas anfangen konnten. Erst ganz allmählich erkannte Leonard (angeblich durch Bobbies Hilfe), wo sich diese Röhren befanden und dass ein anderer Junge bei Bobbies Spaziergang dorthin beteiligt war. Nach weiteren Ermittlungen konnten die auf keiner Karte verzeichneten Röhren ebenso gefunden werden wie Bobbies Spielkamerad Jack. Dieser erzählte, dass Bobbie in dem aus diesen Röhren gesickerten Wasser geplanscht habe. Thomas ließ das Wasser von einem Mediziner untersuchen und erfuhr so, dass es sich um verschmutztes Wasser handelte, das zu starken Infektionen führen konnte, wenn man davon trank.

Der Fall Bobbie Newloves gilt als einer der Fälle, die die Annahme widerlegen, ein Medium könne seine Erkenntnisse nur durch > Telepathie gewinnen. Dass Bobbie vermutlich durch das Trinken giftigen Wassers erkrankt war, war zuvor keinem einzigen Menschen bekannt gewesen (9, 52-59).

Nirvana

Buddhistischer Begriff, der sich auf das Auslöschen einer Kerzenflamme bezieht und Ruhe und Frieden symbolisiert. Das Nirvana wird als Abwesenheit von individuellen Gedanken betrachtet, die die Wahrnehmung einer unteilbaren Einheit stören. Viele Buddhisten streben diesen Zustand des > Bewusstseins an, weil er im Gegensatz zu allem steht, was das persönliche Bewusstsein mit sich bringt, etwa Leiden, Gier und Täuschung. Dem indischen Denken nach ist erlöschtes Feuer nicht zerstört, sondern auf verborgene Weise immer noch vorhanden. Buddha befand, dass "erlöschtes Feuer" ebensowenig beschrieben werden kann wie eine Persönlichkeit im Nirvana (38, 5).

Noah's Ark Society

Internationale Unterrichtsgesellschaft, die den > physikalischen Mediumismus entwickeln und etablieren möchte. Ihr Begründer ist Robin Foy (> Scole-Experiment). Sie kam zustande, nachdem die Teilnehmer einer > Séance im englischen Derbyshire am 25. April 1990 über eine > direkte Stimme zu ihrer Bildung aufgerufen wurden. Der Sprecher sagte von sich, der verstorbene Spiritualist Noah Zerdin zu sein.

Web: http://www.noahsarksoc.fsnet.co.uk/afterlife/german_translation.htm

das Numinose

Göttliche, unfassbare Macht, die im Menschen zugleich Vertrauen und Schauer erweckt. Der Psychologe William James zitiert eine Frau, die eine solche Erfahrung durchlebte: "*Als ich mich von den Knien erhob, (war es,) als trete ich in eine andere Welt ein, in einen neuen Zustand der Existenz. Die natürlichen Gegenstände waren verherrlicht, mein geistiges Anschauungsvermögen war zu solcher Klarheit gebracht, dass ich an jedem materiellen Ding in der Welt Schönheit entdeckte. Die Wälder klangen vor himmlischer Musik.*" (53, 55) Vgl. > Erleuchtung

Organtransplantation

Die Entnahme eines Organs aus dem Körper eines gerade Verstorbenen, um es einem noch Lebenden einzusetzen. 1997 veröffentlichte Claire Sylvia ihr Buch "A Change of Heart" (auf Deutsch erschienen unter dem Titel "Herzensfremd"). Darin beschreibt sie, wie stark sich ihre Persönlichkeit veränderte, nachdem ihr Jahre zuvor ein neues Herz und eine neue Lunge eingesetzt worden waren. Unter anderem träumte sie von ihrem Organspender und entwickelte eine Vorliebe für Speisen, gegen die sie zuvor eine Abneigung, die ihr Spender jedoch genossen hatte: beispielsweise Bier und Kentucky-Fried-Chicken-Nuggets. Noch verblüffender mag sein, dass Sylvias Erlebnis kein Einzelfall blieb, sondern andere Organempfänger von ähnlichen Entwicklungen berichteten. In einem der Fälle erkannte ein Junge, der eine Organspende erhalten hatte, den Vater seines Spenders aus eigenem Antrieb wieder und sprach die Mutter seines Spenders als "Mutter" an. In einem anderen Fall erinnerte sich der Empfänger daran, was der Spender kurz vor seinem Tod gesehen haben musste.

Schulwissenschaftler versuchen, solche Vorgänge mit der Annahme zu erklären, dass es so etwas wie Gedächtnismoleküle gäbe. Für manche Parapsychologen (so etwa Stephen > Braude) klingt das wie ein verzweifelter Versuch, diese Fälle gewaltsam in ein Schema pressen zu wollen, das sich wenigstens naturwissenschaftlich *anhört* (vgl. > Materialismus). Nachdem das Gedächtnis über Jahrzehnte hinweg im > Gehirn nicht gefunden werden konnte, werde es nun in Molekülen verortet. Tatsächlich gebe es eine auffällige Ähnlichkeit solcher Vorkommnisse mit Fällen der > Besessenheit und der > Reinkarnation sowie Fällen, bei denen der > Geist eines Toten sich anscheinend nicht von dem Ort lösen konnte, an dem dieser gelebt hatte. Allerdings gibt es auch Ähnlichkeiten zur > Psychometrie (11, 236-244).

ortsgebundener Spuk

> Poltergeist

Osis, Karlis

(1917-1997) Im litauischen Riga geborener US-amerikanischer Parapsychologe. 1950 erwarb er an der Münchner Universität als einer der ersten Psychologen seinen Doktorgrad mit einer Arbeit über > außersinnliche Wahrnehmung. Später arbeitete er mit J. B. > Rhine zusammen. Er erforschte die Auswirkungen von Raum, Zeit und Meditation auf die außersinnliche Wahrnehmung, untersuchte dieses Phänomen auch bei Tieren und erkundete > außerkörperliche Erfahrungen, > Erscheinungen und scheinbar übersinnliche > Sterbebettvisionen.

Literatur: Erlendur Haraldsson und Karlis Osis: Der Tod, ein neuer Anfang. Bauer 1994

Ouija-Brett

Hilfsmittel, das den Kontakt mit dem > Jenseits erleichtern soll. Auf diesem Brett sind die Buchstaben des Alphabets, manchmal die Zahlen von 1 bis 10 sowie die Wörter “ja” und “nein” verzeichnet. Eine bewegliche > Planchette soll Fragen beantworten, indem sie Wörter buchstabiert, bejaht oder verneint. Die so entstandenen Auskünfte könnten allerdings auch > außersinnlicher Wahrnehmung oder schlicht nur Einflüssen des Unterbewusstseins zu verdanken sein.

Palast von Linares

Gebäude auf dem Madrider Cibeles-Platz. In ihm soll es spuken. Die Psychologin Carmen Sanchez zeichnete bei ihren dortigen Untersuchungen 1987 seltsame Geräusche auf und berichtet, von einer unsichtbaren Kraft gestoßen worden zu sein. 1989 gelang es einer von dem Jesuitenpriester José Maria Pilon angeführten Gruppe, plötzliche Temperaturschwankungen zu messen (> kalte Stelle) und “psychische Kräfte” zu spüren. Im selben Jahr fotografierte der Forscher Sol Blancho Soler die Räume des Palastes und entdeckte auf einigen Abzügen unerklärliche Lichter, die er zuvor nicht gesehen hatte (vgl. > braune Dame). 1992 wurde der Palast zu einem Kulturzentrum umgewandelt (19, 68).

Palladino, Eusapia

Italienisches > Medium (1854-1918). Sie stieg von einem Bauernmädchen, das nicht lesen und schreiben konnte, zu einem der umstrittensten Medien nach D. D. > Home auf. Viele Forscher nahmen und nehmen sie nicht ernst, weil sie bei Gelegenheiten, die Betrug erlaubten, diese gerne ausnützte. Das tat sie allerdings auf bemerkenswert ungeschickte, fast schon offensichtliche Weise und bestritt es auch nie. Andererseits war sie aber auch und gerade dann, wenn die Kontrollen ihr keine Tricks ermöglichten, zu besonders bemerkenswerten Leistungen in der Lage. Warum Palladino dann überhaupt zu Betrug griff, ist unklar. Vielleicht wollte sie auch an schwachen Tagen ihre Besucher nicht enttäuschen, vielleicht gab es tiefer liegende seelische Gründe. Palladino selbst gab bösen > Geistern die Schuld. Der Astronom Camille Flammarion hingegen entdeckte, dass Palladino nach manchen Séancen von tagelanger, heftiger Übelkeit bis hin zum Übergeben geplagt wurde: Möglicherweise wollte sie diesen Nachwirkungen so oft wie möglich entgehen.

Palladinos Fähigkeiten wurden zunächst von dem Turiner Professor für Psychiatrie Cesare Lombroso untersucht, der als einer der Wegbereiter der heutigen Kriminologie gilt. Wie viele seiner Zeitgenossen hielt Lombroso nur den > Materialismus für ein vernünftiges Weltbild - und zwar genau so lange, bis er selbst der von Palladino verursachten Phänomene ansichtig wurde: Tische schwebten ebenso bei hellem Lichtschein wie Palladino selbst, Gegenstände bewegten sich von selbst, Hände bildeten sich aus dem Nichts und die Anwesenden spürten Berührungen von Unsichtbaren. Es kam zu > Lichtern, Düften, Luftzügen, Stößen und Umarmungen aus dem Nirgendwo, zu > direkter Schrift und zu > Musik, die auf unberührten Instrumenten gespielt wurde. Manchmal schienen aus Palladinos Körper nur halb verstofflichte Gebilde hervorzuragen. Schlussendlich äußerte Lombroso Bedauern über seine frühere Einstellung und erklärte öffentlich seinen Glauben an ein > Jenseits und dass Kontakt mit Geistern möglich sei.

1908 kam es zu dem heute noch berühmten Treffen von Neapel. Um die Täuschungsvorwürfe gegen sie ein für allemal zu klären, hatte die > Society for Psychic Research drei ihrer erfolgreichsten > Skeptiker gebeten, Palladino zu untersuchen. Zwei von ihnen waren Bühnenmagier, und alle drei hatten über die letzten Jahre hinweg zahllose betrügerische Medien entlarvt. Ihr Ruf ist in dieser Hinsicht bis heute untadelig, und man musste ihnen zutrauen, sämtliche Tricks dieses Gewerbes bestens zu kennen. Im neapolitanischen Hotel Victoria fanden elf Séancen mit Palladino statt, nachdem die üblichen Sicherheitsmaßnahmen (Verriegeln der Türen und Fenster, Durchsuchen der Räume sowie Palladinos selbst) stattgefunden hatten. Bei dem, was nun folgte, kamen die Skeptiker aus dem Staunen nicht heraus. Wieder bewegten sich Gegenstände, ohne berührt zu werden, ein Tisch wanderte quer durchs Zimmer, Hände und Köpfe verkörperten sich und geisterhafte Berührungen stellten sich ein. Wann immer ein solches Phänomen von einem der Forscher beobachtet wurde, teilte ein anderer mit, welchen Kontrollen Palladino gerade unterworfen war: beispielsweise dass er ihre Hände umklammerte, ihre Beine umschlungen hielt oder mittlerweile halb auf ihr saß. Manchmal war Palladino gefesselt. Das alles änderte nichts an den übernatürlichen Phänomenen, die des Öfteren von Palladino zuvor angekündigt wurden. Die drei Skeptiker gerieten in eine heftige psychologische Krise, die in den Mitschriften der Vorgänge klar erkennbar wird. In keinem einzigen Fall konnte ein Anzeichen von Betrug bemerkt werden (10, 95-121; 70, 104-105; 93, 122-123).

Web: http://www.noahsarksoc.fsnet.co.uk/mediums/e__palladino_physical_medium.htm

Panpsychismus

Die Vorstellung, der zufolge alles auf unserer Welt beseelt ist, also über > Bewusstsein verfügt. Sie hebt sich insofern vom > Dualismus ebenso wie vom > Materialismus ab. Von den meisten Denkern wird dieses Weltbild als "offensichtlich absurd" zurückgewiesen. Allerdings gibt es auch Spuren, die darauf hindeuten: Dualismus und Materialismus gelten inzwischen beide als letztlich unbefriedigend. Dafür haben Forscher festgestellt, dass selbst Bakterien auf der Grundlage von Erinnerungen Entscheidungen zu treffen scheinen, DNS und RNS sich anscheinend spontan selbst organisieren und Moleküle möglicherweise Erinnerungen tragen (vgl. > Organtransplantationen). Die Patienten Stanislav > Grofs berichten, in ihren > mystischen Erfahrungen ebenso eine Beseeltheit des ganzen Kosmos wahrgenommen zu haben wie manche Menschen, die > Nahtod-Erfahrungen erlebten. Ein bekannter Vertreter des Panpsychismus war der Philosoph Henri Bergson, ein früherer Präsident der > Society for Psychical Research (27, 128-140).

Paradigma

Weltbild, Weltanschauung. Viele Menschen sind der Ansicht, dass durch die neuesten Erkenntnisse insbesondere der > Parapsychologie das vor etwas mehr als hundert Jahren aufgekommene Weltbild des > Materialismus, dem zufolge wir Menschen nicht mehr als bessere Bio-Automaten sind, gerade von einem spirituellen Paradigma abgelöst wird, in welchem > Bewusstsein eine weit größere Rolle spielt. Sie sehen, dass sich hier ein Umbruch ankündigt, wie er schon bei bisherigen Wechseln des Weltbildes kurz zuvor zu erahnen war (etwa kurz bevor Charles Darwin sich mit seiner

Evolutionslehre durchsetzte). Andere Menschen verteidigen das bisherige Paradigma, weil sie es für besser belegt halten und oft befürchten, das neue Weltbild könnte unwissenschaftlich und irrational sein. Welches Paradigma eine Gesellschaft beherrscht, hat häufig auch damit zu tun, wer in dieser Gesellschaft gerade die Macht innehat. Der Quantenphysiker Max Planck befand, dass der Wechsel eines Paradigmas häufig sprunghaft stattfindet, indem die Vertreter des alten Weltbildes schlicht wegsterben und sich eine junge Generation durchsetzt.

Literatur: Thomas Kuhn: Die Struktur wissenschaftlicher Revolutionen. Frankfurt 1975

Paranormales

Phänomene, die sich mit den gängigen Naturwissenschaften nicht erklären lassen. Dabei geht es insbesondere um Vorgänge, die darauf hinweisen, dass ein > Bewusstsein ein anderes Bewusstsein oder Dinge der äußeren Welt aus der Ferne wahrnimmt oder beeinflusst (> außersinnliche Wahrnehmung, > Telekinese). Diese Dinge werden von der > Parapsychologie untersucht.

Parapsychologie

Forschungszweig, der jene Erscheinungen unseres > Bewusstseins erforscht, die durch die bisherige Wissenschaft nicht geklärt werden können, beispielsweise > außersinnliche Wahrnehmung, > Erscheinungen und > Poltergeister. Als sehr junger Zweig der Wissenschaft (etwas mehr als 100 Jahre) steht sie vor der besonderen Herausforderung, erst einmal nachweisen zu müssen, dass es überhaupt Dinge gibt, die sich in das bisherige Weltbild nicht einfügen lassen. Dieser Beweis gilt nach Überzeugung der meisten Parapsychologen inzwischen für erbracht - und zwar mit denselben Methoden, wie sie in anderen Forschungszweigen angewandt werden: Experimente, Statistiken, filmische Aufzeichnungen, Befragungen und dergleichen mehr. Nach Hunderten von Untersuchungen betrachtet man insbesondere > außersinnliche Wahrnehmung und > Telekinese inzwischen als erwiesen, > Geistheilung ist als Sonderform der Telekinese auf dem Weg dorthin.

Die Frage, ob es ein Leben nach dem Tode gibt, war hauptsächlich verantwortlich für die Gründung der > Society for Psychical Research und damit das Entstehen der Parapsychologie. Von dieser Frage wendete sich ein großer Teil der Parapsychologen allerdings mehr und mehr ab. Das hat unterschiedliche Ursachen:

- Bei mehreren der untersuchten Phänomene stellte sich heraus, dass es dafür offenbar diesseitige Ursachen gab. > Poltergeister etwa scheinen zumindest in der Mehrzahl der Fälle von Lebenden verursacht zu werden, auch > Erscheinungen in Krisensituationen gehen allem Anschein nach eher von Lebenden aus als von Toten. Wieder andere Phänomene sind sogar überhaupt keinen paranormalen Einflüssen zu verdanken, sondern beispielsweise Sinnestäuschungen (> Dopamin, > Halluzinationen, > Infraschall).
- Bei der Klärung der Frage, ob es ein Jenseits gibt, kam man trotz Jahrzehnten der Forschung nicht wesentlich weiter. Die Sammlungen unerklärter Fälle wuchsen und wuchsen, aber das war auch alles. Insofern beschlossen führende Forscher wie J. B. > Rhine, das Jenseits aus ihren Ermittlungen einfach einmal auszuklammern, um stattdessen zu ergründen, wie paranormale Kräfte überhaupt auf unserer > Ebene der Wirklichkeit funktionieren. Dazu bot sich das Laborexperiment eher an als beispielsweise Berichte über Begegnungen mit > Geistern, weil man bei solchen kontrollierten Versuchen den Einfluss von Sinnestäuschungen, einem trügerischen Gedächtnis, Lügen und dergleichen weit eher ausklammern kann. Hätten sich hier bestimmte Grenzen der außersinnlichen Fähigkeiten ermitteln lassen, dann hätte man außerhalb dieser Grenzen auftretende Fälle als Beleg für das Jenseits werten können. Stattdessen weitete sich die Erkenntnis über die Fähigkeiten des menschlichen > Bewusstseins mehr und mehr aus. So kam es zu einem etwas paradoxen Ergebnis: Je machtvoller sich dieses Bewusstsein zeigte, desto mehr rückte der Nachweis in die Ferne, dass dieses Bewusstsein den Tod des menschlichen Körpers überlebt. Richard Broughton erklärt in seinem Einführungsband "Parapsychology", man könne noch nicht einmal sagen, welcher Ansicht die Mehrheit der Parapsychologen zuneige, da es keine Übereinstimmung darüber gebe, wie verschiedene Phänomene gedeutet werden sollten: "*Die momentane Ausrichtung der Parapsychologie auf die geistigen Fähigkeiten Lebender macht die Annahme von Super-Psi modischer, aber letztlich wird Mode wenig damit zu tun haben, welcher der beiden Blickwinkel der richtige ist.*"

- Es kamen religiöse Einwände ins Spiel. So verurteilte das Heilige Offizium der katholischen Kirche 1898 und 1917 Sitzungen mit > Medien und bezeichnete sie als "unerlaubt". Dieser Sichtweise schlossen sich verschiedene Parapsychologen an. Der Italiener Armando Pavese etwa legt in seinem "Handbuch für Parapsychologie" durchgehend dar, dass eine irdische > Seele, die die Grenzen von Raum und Zeit überwindet, sicher nicht an ein körperliches > Gehirn gebunden sein kann, dass sie aber dennoch etwas ganz anderes darstellt als die spirituelle Seele, der göttliche Wesenskern des Menschen. Letzterer sei nach dem Tode bei Gott, und um sich seiner sicher zu sein, benötige man keine wissenschaftlichen Untersuchungen, sondern Stärke im Glauben und die Worte des Evangeliums. Sobald die Menschheit das einmal erkannt habe, würde sie einen weiten Sprung nach vorne machen.
- Die Parapsychologie hat trotz ihrer immer schwerer angreifbaren Methoden und Erkenntnisse noch immer Probleme, als Wissenschaft ernst genommen zu werden und beispielsweise staatliche Forschungsgelder zu erhalten. Die Chancen sind hierzulande offenbar größer, wenn man sich etablierten Gebieten wie der Physik, der Systemtheorie usw. annähert, als wenn man von möglichen jenseitigen Kräften zu sprechen beginnt.

Nachdem so selbst die Parapsychologie zu einer Wissenschaft wurde, die sich vor allem auf irdische Kräfte konzentrierte, wurden andere Zugänge gesucht, die Frage eines Lebens nach dem Tode zu klären: etwa die Erforschung von > Nahtod-Erfahrungen, außergewöhnlicher Zustände des > Bewusstseins und > Reinkarnation. Erst in den letzten Jahren kehrten führende Parapsychologen verstärkt zu diesem Problem zurück, indem sie sich wieder vermehrt mit > Medien beschäftigten (> "The Afterlife Experiments", > Scole-Experiment).

Literatur: Richard Broughton: Parapsychology. Ballantine 1991; Elmar R. Gruber: Die Psi-Protokolle. Herbig 1998; Walter von Lucadou (Hrsg.): Dimension Psi. List 2003; Michael Thalbourne und Lance Storm: Parapsychology In The Twenty-first Century: Essays On The Future Of Psychical Research. McFarland & Company 2005

Web: http://blavatskyarchives.com/zeteticism.htm

Parnia, Sam

Kardiologe an der Universität Southhampton und zusammen mit Peter > Fenwick einer der ersten Erforscher von > Nahtod-Erfahrungen in England. Mit seiner wissenschaftlichen Untersuchung dieses Themas konnte er neue Belege dafür anbieten, dass die > Seele den Tod des Körpers überlebt. Parnia stellte fest, dass zehn Prozent der von ihm befragten Patienten Nahtod- und > außerkörperliche Erfahrungen zu einem Zeitpunkt gemacht hatten, als keinerlei Aktivität ihres > Gehrins mehr feststellbar war. Die von vielen > Skeptikern vorgebrachten Erklärungsversuche (Mangel an > Sauerstoff, Auswirkung von Medikamenten) erwiesen sich als nicht haltbar. Verschiedene Kirchenvertreter begrüßten diese Erkenntnisse. Parnia und Fenwick befanden, wenn das Bewusstsein den Tod des Körpers überlebe, dann stelle sich die Frage nach einem spirituellen und sinnvollen statt einem sinnlosen Universum neu. Auch würde sich daraus ein völlig neues Forschungsfeld für die Wissenschaft ergeben (56).

Web: www.horizon-research.co.uk, www.datadiwan.de/SciMedNet/library/articlesN75+/N76Parnia_nde.htm

Penfield, Wilder

Kanadischer Neurochirurg und Nobelpreisträger, der verschiedene Teile des > Gehirns unterschiedlichen Organen zuordnete und entdeckte, dass elektrische Reize lebhafte Erinnerungen hervorrufen können. Zu einem kompletten > Lebensrückblick wie bei manchen > Nahtod-Erfahrungen kam es nicht. Die so behandelten Patienten konnten aber beispielsweise den Geruch von Blumen oder den Geschmack von Kuchen so wahrnehmen, als wären sie tatsächlich in der betreffenden Situation. Manchmal berichteten sie von > Lichtern, > Musik oder > außerkörperlichen Erfahrungen. Wenn Penfield die Betreffenden aber fragte, wo sie sich gerade befanden, erwiderten sie, sie seien im Operationszimmer. Eine > Transformation, wie sie > mystische Erfahrungen oft auslösen, fand nie statt.

Später löste Penfield durch andere Reizungen des Gehirns seiner Patienten Bewegungen ihres Arms aus, sie waren aber in der Lage, ihren Arm in eine andere Richtung zu bewegen als vom Reiz vorgegeben. Auch war ihnen klar, wann sie selbst ihren Arm bewegen wollten und wann sie nur einem äußeren Impuls folgten. Penfield entdeckte, dass er den Wesenskern, der trotz der Hirnreize wusste, wo er sich in Wahrheit befand, und der trotz der Reize seine Bewegungen steuern konnte, im menschlichen Gehirn nicht finden konnte. Auch das menschliche Gedächtnis war dort für ihn nicht zu entdecken. Nach mehreren Jahrzehnten der Gehirnforschung kam Penfield schließlich zu dem Gesamtergebnis: *"Ich habe mein ganzes Leben als Wissenschaftler damit verbracht zu erforschen, wie das Gehirn das Bewusstsein steuert. Nun muss ich in dieser abschließenden Zusammenfassung meiner Ergebnisse überraschend feststellen, dass die Hypothese des Dualismus (also dass Gehirn und Geist getrennt sind) die vernünftigste Erklärung ist."* (21, 215-216; 71, 123-124)

Persinger, Michael

Kanadischer Psychologe, Neurologe und Geophysiker. Es gelang ihm in zahlreichen Versuchen, Erlebnisse, die in mancher Hinsicht einer mystischen oder einer > Nahtod-Erfahrung ähneln, durch die elektromagnetische Reizung des im > Gehirn befindlichen > Schläfenlappens künstlich zu erzeugen. Die Versuchspersonen berichteten über > außerkörperliche Erfahrungen, den Eindruck von Zeitlosigkeit und Unendlichkeit, Vereinigung mit dem Kosmos sowie das Gefühl, auf ein > Licht zugezogen zu werden und seltsame > Musik zu hören. Persinger fand daraufhin heraus, dass Orte, an denen paranormale Phänomene beobachtet wurden, sich sehr häufig nahe bei großen Vorkommen von Bodenschätzen befanden, die den Erdmagnetismus beeinflussten. Auch konnte man einen Zusammenhang zwischen Erdbeben und Ufo-Sichtungen herstellen (45, 28-29; 94, 287).

Im Jahr 2004 fanden jedoch Wissenschaftler an den schwedischen Universitäten von Uppsala und von Lund heraus, dass sie übersinnliche Erfahrungen durch magnetische Felder nicht erzeugen konnten, wenn der Versuchsleiter selbst nicht wusste, bei welchen Versuchspersonen diese Wirkung hervorgebracht werden soll. Einen großen Einfluss schien hingegen die Offenheit der Versuchspersonen bezüglich solcher paranormalen Erfahrungen zu spielen. Persinger konnte sich der Argumentation der schwedischen Forscher indes nicht anschließen; seiner Auffassung nach führten sie den Versuch nicht gründlich genug durch.

Allerdings weist Persinger auch auf die Unterschiede zwischen solchen im Versuch erzeugten Erlebnissen und einer echten Nahtodes-Erfahrung hin: Seine Versuchspersonen spürten vor allem ein Gefühl des Schwindels und Prickelns, ihre Eindrücke waren nur bruchstückhaft, sie konnten sich dabei mit Persinger unterhalten und blieben völlig in der irdischen Realität, statt zu glauben, in jenseitige Bereiche durchzubrechen. Der umfassende transzendentale Eindruck fehlte ebenso wie > außersinnliche Wahrnehmungen und umwälzende Nachwirkungen. Für Persinger war das ein Hinweis darauf, dass es sich bei Nahtod-Erfahrungen um keine bloßen Täuschungen des Gehirns handelte (26, 335).

Philip

Bei einer > Séance erschienener angeblicher Verstorbener, der nie wirklich als Mensch existiert hatte, sondern von den Teilnehmern erfunden wurde. Das geschah Anfang der siebziger Jahre bei einem Experiment, das klären sollte, wie viel von den paranormalen Vorgängen bei einer solchen Sitzung statt Kräften aus dem > Jenseits dem Unterbewusstsein der Beteiligten zu verdanken war. Geleitet wurde der Versuch von dem kanadischen Parapsychologen A. R. G. Owen. Dazu wurde eben jener Philip erfunden und mit einer eigenen Lebensgeschichte ausgestattet, die jedoch voller Widersprüchlichkeiten steckte. Alle Versuchsteilnehmer lernten die Ereignisse aus Philips Leben auswendig, lasen über seine Epoche nach und schmückten alles mit eigenen Ideen aus. So wollten sie eine gemeinsame > Halluzination erschaffen. Bald meldete sich "Philip" mit Klopfzeichen und Tischbewegungen und "unterhielt" sich mit der Gruppe.

Dieses Experimtent trug stark zu der Einschätzung bei, dass man nicht klar beurteilen kann, ob sich bei einer Séance jenseitige oder diesseitige Kräfte melden. Insofern führte es mit dazu, dass in der > Parapsychologie einige Jahrzehnte lang keine Jenseitskontakte durch > Medien mehr versucht wurden, was sich erst gegenwärtig wieder ändert (60, 182-183).

Philosophia Perennis

(wörtlich: ewige Philosophie) Texte sämtlicher östlichen und westlichen Weisheitslehren, die heute noch als Grundlage für die Gedanken vieler bedeutender Philosophen, Psychologen und Physiker dienen: beispielsweise Abraham > Maslow, Stanislav > Grof, Ken > Wilber und David > Bohm. Insbesondere waren sie prägend für die Entwicklung der > transpersonalen Psychologie.

Bemerkenswert hierbei ist, dass diese Lehren der unterschiedlichsten Kulturen unserer Erde denselben spirituellen Kern besitzen, auch wenn sich darum die verschiedensten Religionen geformt haben. Zu diesem Kern gehört, dass unserer Welt eine tiefere > Ebene der Wirklichkeit zugrunde liegt (Gott, Tao, Brahman), mit der der Mensch auf verschiedene Weise (Gebet, Meditation, Ekstase, Schmerz und Todesnähe) in Verbindung treten kann.

Physikalischer Mediumismus

Tätigkeit von > Medien, deren Spuren man in der körperlichen Welt beobachten kann. Dazu gehören > Apporte, die > direkte Stimme, die Bildung von > Ektoplasma, Geisterfotos, scheinbar von selbst spielende Trompeten sowie > Transkommunikation und > Materialisation.

Pike, James

Kalifornischer Bischof, der über das > Medium Arthur Ford Kontakt zu seinem toten Sohn aufgenommen haben will. Die Séance wurde am 3. September 1967 vom kanadischen Fernsehen übertragen. Pikes Sohn hatte Selbstmord begangen; Ford ließ dem Bischof jedoch unter anderem mitteilen, dass dieser keinen Grund hätte, Schuldgefühle zu empfinden. 1969 starb Pike bei einem Besuch in Israel. Er teilte Ena Twigg, einem anderen Medium, durch das er mit seinem toten Sohn gesprochen hatte, mit, wie es dazu kam und wo man seine Leiche finden würde. Die Ortsangabe stellte sich als zutreffend heraus (60, 186; 42, 288).

Piper, Leonora

(in manchen Quellen fälschlich: Leonore) Berühmtes US-amerikanisches > Medium (1859-1950). Sie wurde von der > Society for Psychical Research besonders gründlich untersucht. Viele Beobachter waren beeindruckt, wie schnell sie zutreffende Angaben über verstorbene Menschen machen konnte, sobald sie zum Beispiel nur einen Gegenstand von ihnen in den Händen hielt. In anderen Fällen brachte man mehrmals verschiedene Bekannte eines Verstorbenen unter falschem Namen zu ihr, und Mrs. Piper erkannte sie in allen Fällen sofort richtig. Sie sprach keine Person auf diese Weise an, die mit dem Toten nichts zu tun hatte. Piper widmete sich auch dem automatischen Schreiben (> Automatismus). In einigen Fällen teilten sich anscheinend gleichzeitig zwei verschiedene Wesen durch ihren Mund mit und durch ihre Hand, die die Feder führte.

Der Psychologe William > James sprach seinem Eindruck nach durch Mrs. Piper mit einem verstorbenen Freund; dabei erkannte James die Verhaltensweisen seines Freundes so genau wieder, dass er seine zuvor skeptische Haltung aufgab. Er stellte Piper 25 Personen unter einem Pseudonym vor: Über 15 von ihnen konnte das Medium teils schon während der ersten Séance beeindruckende Informationen liefern.

Daraufhin wurde Piper einem weiteren Forscher vorgestellt, dem besonders misstrauischen Richard Hodgson. Er hatte schon mehrere angebliche Medien bei Betrügereien ertappt. Hodgson suchte Piper anonym auf und war verblüfft, als diese ihm ziemlich intime Einzelheiten über seine Freunde und Bekannten in Australien mitteilte. Er testete Piper, indem er weitere Personen unter falschem Namen zu ihr führte, sie kein Wort reden und hinter dem Medium Platz nehmen ließ. So sollte jede Möglichkeit von > Cold Reading ausgeschlossen werden. Hodgson ließ Piper und ihren Mann sogar von Detektiven beschatten, um sicher zu gehen, dass sie ihre Informationen nicht etwa durch > Hot Reading erhielt. Als Piper von den USA nach England reiste, sorgte man dafür, dass sämtliche Unterlagen über die Menschen, die sie als Medium aufsuchen würden, unzugänglich gemacht wurden. Man untersuchte Pipers Gepäck und ließ sie ständig begleiten, wenn sie in der Stadt unterwegs war. Piper war nach all dem immer noch in der Lage, große Mengen zutreffende Informationen zu liefern.

Selbst der ungeheuer kritische Hodgson begann, an Pipers Kontakt mit > Geistern zu glauben, nachdem sein kurz zuvor verstorbener Freund George Pellew zu ihrem > Kontrollgeist wurde und eine große Zahl von Einzelheiten über sein Leben mitteilen konnte. Von 150 Menschen, die ihm bzw. Piper vorgestellt wurden, erkannte er treffsicher jene 29 wieder, mit denen er in seinem Leben zu tun gehabt hatte. Die dreißigste Person, die er nicht wiedererkannte, war seit ihrer letzten Begegnung mit Pellew vom Mädchen zur Frau herangewachsen. Diese 30 wiederum erkannten ihren verstorbenen Bekannten George Pellew an seinem Verhalten ihnen gegenüber wieder, auch konnte er sehr private Einzelheiten aus ihrer jeweiligen gemeinsamen Beziehung zusammenhängend so wiedergeben, wie man es von George Pellew erwartet hätte.

Es gab jedoch immer noch Anlässe zur Skepsis: Beispielsweise bürgte Pellew für die Echtheit auch der lächerlichsten und unglaubwürdigsten unter Pipers anderen Kontrollgeistern (darunter ein “Julius Caezar”) und ließ so an seiner eigenen Echtheit zweifeln. In mehreren Fällen berichtete Mrs. Piper auch von Menschen, die es nie gegeben hatte, sondern erfunden worden waren. So entsann der Psychologe Stanley Hall die Lebensgeschichte einer Nichte namens Bessie Beals, die es nie gegeben hatte - und Mrs. Piper teilte ihm einige Stationen dieser Lebensgeschichte zutreffend mit, ohne sich darüber im Klaren zu sein, dass es sich um eine erfundene Figur handelte. Manche Parapsychologen vermuteten deshalb, dass Piper ihre Informationen nicht durch Kontakt mit Verstorbenen, sondern durch Gedankenlesen erhielt.

Nach zwei Jahrzehnten und mehreren Tausend > Séancen, in denen Piper als Medium tätig war, konnte ihr kein einziges Mal Betrug nachgewiesen oder auch nur glaubhaft gemacht werden (1, 225-229; 22, 114-115; 27, 54; 35, 23-28; 67, 44-50; 78, 167-169).

Planchette

Auf Rollen geführtes Brettchen, an dem ein Schreibstift angebracht ist. Es wird von den Teilnehmern einer > Seance in der Hoffnung bewegt, dass sich dadurch ein Verstorbener mitteilt. Manche der so erzeugten Texte lassen sich eher auf das Unterbewusste der Beteiligten zurückführen. Andere offenbaren Kenntnisse, über die diese zuvor nicht verfügten (88, 144-145).

Poltergeist

Phänomen, bei dem ohne erkennbare äußere Einwirkung Geräusche zu hören sind und Gegenstände bewegt oder zerstört werden: etwa in der Form von Buchseiten, die sich wie von selbst umblättern, Geschirr, das wie von selbst durch den Raum fliegt, oder Schränken, die sich wie von selbst öffnen. Bei den bisher untersuchten Fällen konnte oft eine Verbindung zu einer anwesenden Person mit starken seelischen Problemen hergestellt werden, insbesondere mit Jugendlichen in der Pubertät sowie mit Sterbenden. Parapsychologen gehen deshalb davon aus, dass diese Person unbewusst telekinetische Fähigkeiten einsetzt (> Parapsychologie, > Telekinese). So gesehen führt die Bezeichnung “Poltergeist” in die Irre, da es sich dann ja um die Kräfte Lebender handelt.

Es gibt jedoch auch Fälle von Poltergeistern, die nicht an Personen, sondern an bestimmte Orte geknüpft zu sein scheinen (> ortsgebundener Spuk). Dies lässt sich dem ersten Anschein nach nur schwer mit dem > Bewusstsein einer lebenden Person in Verbindung bringen. Seit kurzem wird als mögliche Ursache diskutiert, ob erd- und elektromagnetische Felder im > Schläfenlappen der bei einem Spuk Anwesenden > Halluzinationen auslösen (vgl. > Persinger, Michael). Das erklärt aber beispielsweise noch nicht, warum unterschiedliche Zeugen ausgerechnet Verstorbene wahrnehmen, über die sie zuvor noch gar nichts wussten. Auch legen manche Phänomene (etwa das kunstvolle Arrangement bewegter Objekte) sowie von mehreren Zeugen gehörte Sätze nahe, dass hier ein intelligentes Wesen versucht, sich anderen mitzuteilen.

Anhänger des > Animismus glauben, dass zu Schauplätzen eines angeblichen Spuks sehr viele Menschen strömen, von denen manche zu > Telekinese begabt sein mögen und dann selbst die entsprechenden Phänomene auslösen. Die Parapsychologin Eleanor Sidgwick wiederum vermutete, dass ein Ort Emotionen speichern und dann in entsprechenden Aktivitäten abladen kann. Möglich ist schließlich, dass ein Verstorbener über die Grenzen der Zeit hinweg mit einem Lebenden telepathisch in Verbindung tritt und dieser den Spuk dann unbewusst vollzieht. Für manche Spukforscher klingt das alles aber dermaßen konstruiert, dass ihnen ein Einfluss aus dem Jenseits als glaubwürdiger erscheint (11, 233; 12, 212; 34, 95; 35, 193; 73).

Ian > Stevenson vertritt die Auffassung, dass manche Poltergeist-Fälle von Lebenden und manche von Toten verursacht werden und dass es zwischen beiden Formen erkennbare Unterschiede gibt. Gingen die Handlungen von Lebenden aus, waren sie demnach meistens durch sinnlose Gewaltanwendung geprägt: Ein Gegenstand bewegt sich über eine kurze Strecke scheinbar von selbst und geht dann zu Bruch. Waren hingegen die > Geister von Verstorbenen am Werk, dann versuchten sie, eine Form von Kommunikation herzustellen: Gegenstände bewegen sich zweck- und zielgerichtet in komplizierten Bahnen, sie werden getragen und sanft abgelegt, sodass selbst zerbrechliches Material unbeschadet bleibt, und es kommt kaum zu Gewalt. Fürbitten und Exorzismus stellen sich in diesen Fällen als hilfreich heraus (48, 206-207).

Typisch selbst für als sehr stark erlebte Spukfälle ist, dass sie sich kaum mit Film oder Tonband aufzeichnen lassen, was > Skeptikern den Einwand erlaubt, in Wirklichkeit gäbe es da nichts. In einigen Einzelfällen sind solche Aufzeichnungen allerdings geglückt, so etwa bei dem > Rosenheim-Spuk. Insgesamt kann man aber mittlerweile von der Annahme ausgehen, dass verschiedene paranormale Vorgänge zurückweichen, sobald skeptische Methoden zu ihrer Untersuchung aufgewandt werden. Bei zusammenfassenden Sichtungen von mehreren hundert Poltergeist-Fällen zeigte sich jedoch, dass nicht einmal jeder sechste klar auf Vortäuschungen beruhte oder nur in irgendeiner Weise zweifelhaft war (9, 112-115).

Wenn Menschen, die für psychische Umstände besonders empfindlich sind, in Studien unabhängig voneinander durch Spukhäuser geführt werden, nennen sie exakt dieselben Stellen als Ausgangspunkt für > Erscheinungen und andere Phänomene (8, 48).

Web: http://www.svpp.ch/variable/magazin/psi_09.html, http://ghosts.monstrous.com/poltergeists.htm

Literatur: Gabriele Köstinger: Poltergeister. Silberschnur 2002

Ponomareff, Nicholas

1891 verstorbener Baron. Neun Tage nach seinem Tod erschien er etwa zur selben Zeit seinem Schwiegersohn, Baron von Driesen, sowie an einem anderen Ort dem mit der Familie befreundeten Priester Reverend Basil Bajenoff. Ponomareffs > Geist ging es augenscheinlich darum, eine Versöhnung mit seinem Schwiegersohn herbeizuführen, um danach seine Ruhe zu finden. Reverend Bajenoff legte vor der > Society for Psychical Research eine schriftliche Bestätigung seiner Begegnung vor. Der Fall ist deshalb interessant, weil ein und derselbe Geist von zwei verschiedenen Männern unabhängig voneinander an verschiedenen Orten gesehen wurde (19, 78).

Poole, Jacqueline

Engländerin, die am 11. Februar 1983 in ihrer Mietwohnung in einem Londoner Vorort ermordet wurde. Drei Tage danach nahm das > Medium Christine Holohan in ihrem Schlafzimmer die > Erscheinung einer Frau wahr, die sich Jackie Hunt nannte – Pooles Mädchenname (was weder das Medium wusste, noch in den Zeitungsberichten über das Verbrechen erwähnt wurde). Die geisterhafte Frau bat Holohan um Hilfe, ihren Mörder zu fassen und teilte ihr die Einzelheiten der Tat mit. Holohan teilte daraufhin

Tony Batters, dem ermittelnden Kriminalbeamten, 72 Behauptungen über den Tatort und 42 über die Tat selbst mit. Alle Informationen, deren Richtigkeit überprüft werden konnte, stellten sich als zutreffend heraus. Holohan benannte einen Mann als Täter, Anthony Ruark, der allerdings allein auf die Aussage einer "Erscheinung" hin nicht belangt werden konnte. Ein von ihm weggeworfener Pullover wurde jedoch von den Polizisten sichergestellt und im Jahr 2000, 17 Jahre nach der Tat, mittels neuer Technologien auf DNS-Spuren überprüft. Es stellte sich heraus, dass er dem Täter gehörte. Im Jahr 2001 wurde Ruark wegen Mordes verurteilt. Die Polizeibeamten gaben an, dass mehrere der ihnen von Holohan mitgeteilten Informationen 1983 niemand anderem bekannt sein konnten als der Ermordeten selbst. Ähnlich wie seine Kollegen kommt Tony Batters zu dem Schluss: "*Ich habe die Tatsache akzeptiert, dass Jackie mit Christine kommuniziert hat.*" Der Fall wurde von Guy Playfair und Montague Keen für die > Society for Psychical Research untersucht (29, 93-94).

Präkognition

> Außersinnliche Wahrnehmung zukünftiger Ereignisse. Solche Fälle führen gelegentlich zu angestrengten philosophischen Diskussionen: Wenn man über Ereignisse wüsste, noch bevor sie stattfinden, würde das bedeuten, dass sie bereits festgelegt sind. Dann gäbe es aber keinerlei menschliche Willensfreiheit mehr. In der Regel schützt man sich vor dieser Logik, indem man annimmt, dass solche Vorhersagen nur von Möglichkeiten künden und vor Gefahren warnen. Zahlreiche Erfahrungen belegen, dass eine durch Präkognition erfolgte Warnung vor einem Ereignis dieses zu verhindern half.

Präsenz

Wörtlich: Gegenwart, hier: das Gefühl, nicht alleine an einem Ort zu sein, obwohl kein anderer körperlich anwesend ist. Dieser Eindruck entsteht nicht durch Sinnesorgane, man "spürt" es einfach, hat zum Beispiel an einem menschenleeren Ort den Eindruck, beobachtet zu werden. Menschen in Extremsituationen, etwa Bergsteiger, berichten von diesem Gefühl. Es ist allerdings gut möglich, dass es lediglich auf überreizte Nerven und unterbewusste Wahrnehmungen etwa von Zugluft, Echos oder Magnetfeldern zurückzuführen ist, sodass hier keine übersinnliche Ursache besteht (48, 113-117).

Pribram, Karl

US-amerikanischer Neurophysiologe, demzufolge das > Gehirn wie ein Hologramm funktioniert (> holographisches Weltbild). Er sagt voraus, dass sich im 21. Jahrhundert Wissenschaft und spirituelle Lehren wieder vereinen, statt den Menschen in verschiedene Richtungen zu zerren.

Web: http://twm.co.nz/pribram.htm

Proxy-Sitzung

> Medium

Psi

Oberbegriff für > außersinnliche Wahrnehmung, > Telekinese und damit in Zusammenhang stehende Phänomene.

Psychokinese

> Telekinese

Psychomanteum

Im alten Griechenland Orakelstätte, wo Seher > Geister um Rat fragen konnten. Raymond > Moody richtete vor einigen Jahren ein ähnliches Gebäude ein, in dem Besucher durch längeres Blicken in einen Spiegel in einen veränderten Zustand des > Bewusstseins geraten und so mit > Erscheinungen Verstorbener in Verbindung treten sollten.

Moodys Psychomanteum wurde allerdings auch stark kritisiert. So seien die von ihm genannten Erfolge bei einem ähnlichen Versuchsaufbau in Basel ausgeblieben. Das liege vermutlich daran, dass Moody seine Klienten durch besondere Maßnahmen wie das Entfernen von Uhren zunächst in ein Gefühl der Zeitlosigkeit versetze und sie zudem dazu anhalte, sich mittels Andenken und Fotografien den Verstorbenen besonders stark zu vergegenwärtigen. Es sei also wahrscheinlich, dass sein Spiegel nach längerem Anstarren lediglich überzeugende Bilder aus dem Unterbewusstsein aufsteigen lasse (34, 182).

Literatur: Raymond Moody und Paul Perry: Blick hinter den Spiegel. Goldmann 1996

Psychometrie

Die Fähigkeit, etwas über eine Person sagen zu können, indem man einen Gegenstand berührt, den sie benutzt hatte. Es könnte sich hier um eine Übertragung von Spuren des > Bewusstseins handeln; vielleicht setzt der entsprechende Gegenstand aber auch nur > außersinnliche Wahrnehmung in Gang. Psychometrie wurde unter anderem von Milan > Rýzl in Experimenten erforscht.

Psychosynthese

Von dem Psychoanalytiker Robert Assagioli (1888-1974) begründete Ausrichtung, die uralte spirituelle Weisheitslehren und neueste Erkenntnisse der modernen Psychologie so zusammenführen soll, dass Menschen mit den unterschiedlichsten Weltbildern damit etwas anfangen können. Nur der reine > Materialismus lässt sich nicht damit verknüpfen. Der Psychosynthese zufolge verfügt jeder Mensch über einen spirituellen Wesenskern sowie ein "höheres Unbewusstes", zu dem etwa Mitgefühl, > Liebe, Hingabe, Geduld und Intuition gehören. Sinn des Lebens ist es demnach, diesen Wesenskern und damit die jeweilige eigene Bestimmung zu entdecken und zum Ausdruck zu bringen, wobei die Psychosynthese als übergeordnete Schule der Psychologie helfen kann. Psychische Störungen werden hierbei als Verzerrungen oder Blockaden bei der spirituellen Entwicklung betrachtet.

Queen's House

Gebäude an der Themse, unterhalb Londons. Dort wurde die wohl bekannteste scheinbare Fotografie eines > Geistes aufgenommen. Reverend Hardy und seine Frau hatten das Haus besucht und dabei auch seine prächtige "Tulpentreppe" abgelichtet. Bei der Entwicklung des Fotos zeigten sich auf den Stufen zwei schemenhafte, verschleierte Gestalten. Bei der Aufnahme hatte keiner der beiden Hardys jemanden wahrgenommen; sie hatten auch darauf geachtet, dass niemand versehentlich ins Bild trat. Die Treppe war durch ein "Kein-Durchgang"-Schild samt Seil abgesperrt gewesen. Experten der Firma Kodak erklärten, das Bild sei nicht manipuliert (19, 82).

Radin, Dean

Direktor der Abteilung für Bewusstseinsforschung an der Universität von Las Vegas und weltweit führender Parapsychologe.

Literatur: Dean Radin: The Conscious Universe. Harper 1997

Reinkarnation

Wiedergeburt der > Seele eines Verstorbenen in einem anderen Leben. Dieser Gedanke wird vor allem asiatischen Weltanschauungen wie Buddhismus und Hinduismus zugeordnet, findet sich aber auch bei klassischen Philosophen wie Pythagoras oder Plato. Dass es sich um eine offenbar durchgängige Menschheitserfahrung handelt, belegte in der Gegenwart vor allem der berühmteste Reinkarnationsforscher Ian > Stevenson mit Tausenden von gesammelten Fällen. Stevenson stellte fest, dass in den unterschiedlichsten Teilen der Welt, also auch in solchen, in denen die Reinkarnation nicht zum Glauben gehört oder sogar mit Nachdruck abgelehnt wird, > Kinder immer wieder über frühere Leben berichten. In diesen Fällen geschieht das normalerweise im Alter zwischen zwei und fünf Jahren von selbst, wenn es auch manchmal durch ein Ereignis oder eine Beobachtung angestoßen wird, die diese Erinnerungen aufrührt. Das Kind spricht und benimmt sich in einer Weise, die über die Entwicklungsstufe seines Alters hinausgeht. Im Alter zwischen sechs und acht Jahren verblassen diese Erinnerungen wieder, solange sie nicht durch ständiges Wiederholen vor einem interessierten Publikum wach gehalten werden.

Viele der von den betreffenden Kindern geschilderten Einzelheiten lassen sich mit dem Leben verstorbener Menschen in Einklang bringen. In manchen Fällen kommt es zur Preisgabe von Wissen, das nur Experten bekannt ist oder sich erst beispielsweise durch archäologische Ermittlungen als richtig herausstellt. Darüber hinaus lassen sich bei einem Drittel der Kinder Übereinstimmungen mit Geburtsmalen und den tödlichen Verletzungen der Verstorbenen herstellen. Bei besonders gut belegten Fällen steigt dieser Anteil noch einmal deutlich an. Während man solche Übereinstimmungen in manchen Fällen auf den Zufall zurückführen kann, wird das zunehmend schwierig, wenn manche Betroffenen über zwei solcher Körperzeichen verfügen, die beispielsweise mit der Eintritts- und Austrittsstelle eines Geschosses übereinstimmen, das die frühere Persönlichkeit ums Leben brachte.

Ein Problem bei der Reinkarnationsforschung ist, dass es stärkere und schwächere Fälle gibt. Die starken Fälle sind sehr beeindruckend, indem sie etliche konkrete und nachprüfbare Angaben auch über Einzelheiten des "früheren Lebens" enthalten. Aber bei den sehr zahlreichen schwachen Fällen macht die fragliche Person viele Angaben, die sich in keiner Weise durch Nachprüfen bestätigen lassen. Es handelt sich offenkundig um erfundene Geschichten. Bei mittleren Fällen kommt es zu einer Durchmischung zutreffender und unzutreffender Angaben über ein früheres Leben.

Besonders irritierend ist der von Stevenson untersuchte Fall Said Bouhamsys, nach dessen Tod sich zwei verschiedene Jungen daran erinnerten, in ihrem früheren Leben dieser Mann gewesen zu sein, zutreffende Angaben machten und entsprechende Ängste entwickelten. Hierfür gäbe es nur Erklärungen, die gewagt erscheinen (etwa > rückgreifender Einschluss oder eine Form von Seelenteilung).

Nicht weniger verwirrend scheint zunächst die scheinbare Wiedergeburt des Inders Sobha Ram als ein Junge namens Jasbir Lal Jat. Der Knabe machte zahlreiche zutreffende Angaben, war aber bereits drei Jahre alt, als Sobha Ram ums Leben kam. Allerdings erkrankte Jasbir in diesem Alter schwer an Pocken und wurde bereits für tot gehalten. Erst nach der Wiederbelebung berichtete er von einer früheren Existenz als Sobha Ram.

Manche Anhänger der Reinkarnationslehre glauben, dass die so genannten Wunderkinder diese Annahme bestätigen. Gerne wird hier Mozart angeführt, der schon im Alter von sechs Jahren ein Menuett für Klavier komponierte, allerdings auch aus einer sehr musikalischen Familie stammte. Robert Fischer, der mit 14 Jahren zum US-Schachmeister wurde, hielt sich für die Wiedergeburt des kubanischen Schachweltmeisters José Raoul Capablanca. Einige Experten erkannten bei beiden verblüffende Ähnlichkeiten in Stil, Charakter und Weltanschauung. Der irische Wissenschaftler William Rowan Hamilton sprach bereits mit fünf Lateinisch, Griechisch und Hebräisch. Christian Hernaker konnte wenige Stunden nach seiner Geburt sprechen und kannte mit 14 Monaten die Bibel auswendig. Nachdem er mit zweieinhalb Jahren Deutsch, Französisch und Latein fließend beherrschte, wandte er sich dem Studium von Anatomie, Geographie und Geschichte zu.

Schließlich würde das Phänomen des > Déjà-vu dazu passen: Dabei kommt einem beispielsweise ein Ort bekannt vor, an dem man zuvor noch nicht war. Dafür gibt es zwar inzwischen generelle medizinische Erklärungen. Diese erklären aber noch nicht, weshalb manche Menschen etwa bei einem Aufenthalt in einer fremden Stadt bereits Dinge wissen, die sie erst danach in Erfahrung bringen bzw. bestätigt bekommen.

In manchen Fällen scheint ein verstorbener Verwandter oder Bekannter einer schwangeren Frau im Traum mitzuteilen, dass er als ihr Kind wiedergeboren werden wird. Bei den von Stevenson in Burma untersuchten Fällen trifft das etwa auf 47 Prozent zu.

Es werden allerdings auch weitere Möglichkeiten der Erklärung für das Phänomen der scheinbaren Wiedergeburt angeboten. > Skeptiker sprechen gerne von zufälligen Übereinstimmungen bei Kindern mit blühender Fantasie oder durch nachträglich erzeugte Erinnerungen durch den Kontakt der Familie des Kindes mit der Familie des Verstorbenen. Es gibt jedoch zahlreiche Fälle, bei denen die Familien weit auseinander lebten und die Erinnerungen des Kindes vor dem ersten Kontakt niedergeschrieben wurden. Auch gibt es bislang keine Belege dafür, dass viele Erinnerungen tatsächlich nachträglich erzeugt wurden.

Kühner ist schon die Erklärung, es handele sich um einen extremen Fall > außersinnlicher Wahrnehmung. Alles, worüber die scheinbar Wiederverkörperten berichten, ist ja in Vergangenheit, Gegenwart oder Zukunft irgendwo festgehalten, sonst wäre es nicht nachprüfbar. Ähnlich wie beim Kontakt mit Verstorbenen durch > Medien gehen aber auch die Erfahrungen mit Reinkarnation über das reine "Erinnern" an auf normalem Wege unzugängliche Informationen hinaus. Das Kind benimmt sich wie die verstorbene Person (beispielsweise besonders verwöhnt, wenn diese einer höheren Kaste angehörte) und reagiert emotional sehr stark auf Wiederbegegnungen mit Menschen oder Dingen aus ihrem Leben. Beispielsweise weint es vor Freude, wenn es "alten Bekannten" wiederbegegnet, und verwendet intime Kosenamen; dafür reagiert es mit starken Hassgefühlen, wenn es "alte Feinde" wiedertrifft. Oft zeigt es panische Ängste vor der Sache, durch die der Verstorbene ums Leben kam: etwa Wasser, Feuer oder Erdrutsche. Die Kinder äußern sich (etwa bei religiösen Themen) auf eine Weise, die ihrer eigentlichen Entwicklungsstufe weit voraus sein müsste und der eines Erwachsenen entspricht. Manchmal kommt es nur zu einem entsprechenden Verhalten und nicht zu bewussten Erinnerungen. Dazu kommt die Frage, warum ein Kind, das sonst keinerlei Begabung für außersinnliche Wahrnehmung zeigt, lediglich die zusammenhängenden Erfahrungen eines einzelnen vor Jahren verstorbenen Menschen auffangen sollte (11, 177-183; 12, 268-271; 16, 325-326; 60, 151-163; 22, 176; 27, 184-209; 33, 157-164; 63, 127-128; 78, 189; 92, 116).

Ian Stevenson beschäftigte sich mit der Frage, ob scheinbare Reinkarnation in manchen Fällen nicht auch mit > Besessenheit erklärt werden kann. Dafür spräche, dass sich manche Kinder an das Leben eines Menschen erinnern, der zu ihrer Geburt noch gar nicht verstorben war. Allerdings ist das bei der großen Mehrheit der Kinder nicht der Fall. Auch passt es für Stevenson nicht zu dieser Annahme, dass sich diese Kinder erst dann plötzlich an die Zusammenhänge erinnern, die mit einem Ort oder einer Person verbunden sind, wenn sie diese wiedersehen. Auch dass viele Erinnerungen nur bruchstückhaft sind, lässt sich mit der Annahme einer Besessenheit schwer vereinbaren, ebenso wenig die erwähnten Geburtsmale.

Ein Problem bei der bisherigen Reinkarnationsforschung ist, dass von Stevenson und seinen Kollegen möglicherweise nur die *untypischen* Fälle untersucht wurden: nämlich jene, bei denen sich ein Kind an ein früheres Leben erinnert. 61 Prozent dieser Kinder waren in ihrem "früheren Leben" gewaltsam zu Tode gekommen, und die verbliebenen 39 Prozent starben entweder sehr plötzlich (etwa 24 Stunden nach dem Beginn einer Krankheit), jung (unter dem Alter von 12 Jahren) oder unter dem starken Eindruck unerledigter Angelegenheiten. Hier stellt sich für Menschen, die an Wiedergeburt glauben und diesen Vorgang erforschen möchten, eine entscheidende Frage: Erinnern sich diese Menschen, die "vorzeitig" aus ihrem früheren Leben herausgerissen wurden, nur besser an ihre frühere Persönlichkeit? Oder werden überhaupt nur solche Menschen wiedergeboren, während alle anderen ihre Entwicklung in den jenseitigen Sphären fortsetzen (3, 43)?

Allem bisher Gesagten unbenommen muss jeder Einzelfall für sich beurteilt werden: Bei vielen angeblichen Wiedergeburten scheinen tatsächlich auch Geltungsbedürfnis, religiös bedingter Wahn, Geschäftemacherei, Sensationsgier von Medien und die kindliche Neigung zum Geschichtenerzählen dahinter zu stehen. Das bedeutet aber lediglich, dass man solche Vorkommnisse nicht gleich für bare Münze nehmen darf, sondern durch Nachforschungen untersuchen muss. Sie widerlegen nicht jene Fälle, in denen Nachforschungen die Annahme einer Wiedergeburt erhärteten.

Aktuellen Forschungen des indischen “National Institute of Mental Health & Neuro Sciences” sowie der US-amerikanischen Universtät Virginia zufolge lassen sich die vorliegenden Daten über scheinbare Erinnerungen an frühere Leben von allen denkbaren Erklärungsmodellen am ehesten mit einer tatsächlichen Wiedergeburt in Übereinkunft bringen. Entsprechende bisherige Erkenntnisse könnten nicht als “Unfug” beiseite gewischt werden, erklärte im Frühjahr 2005 Dr. Chitaranjan Andrade, Professor für Psychopharmalogie an dem erwähnten Institut, wo seit 1973 über 500 solcher Fälle untersucht wurden. Diese Studien sollen weiter fortgeführt werden, um so ein größeres Wissen über die menschliche Persönlichkeit und das Leben nach dem Tod zu gewinnen.

Einen neueren starken Beleg für die Reinkarnation bietet der Fall des Taranjit > Singh. Vgl. auch > Roachas, Albert de, > Rückführung und > Whitton, Joel.

Literatur: Ian Stevenson: Reinkarnation. Der Mensch im Wandel von Tod und Wiedergeburt. Aurum 1979; Ian Stevenson: Reinkarnationsbeweise. Aquamarin 1999; Christopher M. Bache: Das Buch von der Wiedergeburt. Scherz 1998; Allan Danelek: Mystery of Reincarnation: The Evidence & Analysis of Rebirth. Llewellyn 2005; Hans TenDam: Exploring Reincarnation. The Classic Guide to the Evidence for Past-Life Experiences. Neu herausgegeben Rider 2003. Ronald Zürrer: Reinkarnation. Govinda 2004.

Web: http://www-ang.kfunigraz.ac.at/~gossler/pers/reinlex/index.html

Reinkarnationstherapie

Psychotherapeutische Methode, bei der Menschen ihre seelischen Ängste überwinden, indem sie in ein vergangenes Leben zurückgeführt werden (> Reinkarnation, > Rückführung). Dabei erleben sie Situationen, denen sie diese Ängste anscheinend zu verdanken haben. Jemand, der sich vor Feuer fürchtet, kann also beispielsweise erfahren, in einem früheren Leben Opfer eines Brandes geworden zu sein. Nach dem erneuten Durchleben der betreffenden Situation lassen die Ängste nach oder verschwinden ganz. Insofern ist es für Reinkarnationstherapeuten nicht die wesentliche Frage, ob es sich wirklich um die Erinnerung an ein früheres Leben handelt oder lediglich um eine sehr aufwühlende Fantasie: Wichtig ist für sie, dass diese Methode wirkt und heilt. Diese Technik wurde Ende der siebziger Jahre von Arthur Hastings entwickelt.

Reynolds, Pam

Patientin von Dr. Michael > Sabom, die eine besonders beeindruckende und gründlich dokumentierte > Nahtod-Erfahrung durchlebte. Damit ein großer, lebensbedrohlicher Aneurysmus in ihrem > Gehirn entfernt werden konnte, musste sie sich einer völlig neuartigen Operationstechnik unterziehen, bei der ihr Gehirn sozusagen auf Eis gelegt wurde: Ihre Körpertemperatur wurde gesenkt, ihr Herzschlag und ihre Atmung wurden gestoppt, ihre Gehirnwellen flachgelegt und das Blut aus ihrem Kopf gesaugt. Als sie ihr > Bewusstsein nach der geglückten Operation zurückerlangte, berichtete sie von ihrem Nahtod-Erlebnis, zu dem eine > außerkörperliche Erfahrung gehörte. Dabei hatte sie ihre Operation mitverfolgt, konnte die verwendeten Instrumente beschreiben und eine währenddessen stattgefundene Äußerung wiedergeben. Nach diesen Wahrnehmungen gelangte sie in etwas Ähnliches wie einen > Tunnel und wurde daraufhin von verstorbenen Verwandten in Empfang genommen. Ärzte empfinden es als erstaunlich, dass Reynolds in einem Zustand, in dem sie allen drei medizinischen Definitionen zufolge tot war (flaches EEG, keine Hirnstammfunktion, blutleeres Gehirn), die tiefste Nahtod-Erfahrung von Saboms Patienten erlebte. Ihr Erlebnis widerspricht allen gängigen schulmedizinischen Erklärungsversuchen für Nahtod-Erfahrungen: Es konnte sich um keine Verkrampfung des > Schläfenlappens handeln, weil ihre Hirnwellen keine Aktivität zeigten; Reynolds konnte wegen speziellen Kopfhörern auf ihren Ohren und dem stillgelegten Gehirn nichts unterbewusst von ihrer Umgebung mitbekommen haben, und sie hatte sich nichts durch Beobachtungen vor und nach ihrer Operation zusammenreimen können, weil sie Menschen, Instrumente und Ereignisse beschrieb, die sie nur während ihrer Behandlung hätte wahrnehmen können.

Im Jahr 2005 bot der Narkosearzt Gerald Woerlee in seinem Buch "Mortal Minds" eine irdische Erklärung für den Fall Pam Reynolds und vergleichbare Vorkommnisse an. Demnach seien Menschen im Wachkoma gelähmt und erschienen Außenstehenden wie tot, ihre Denkprozesse blieben aber bestehen. Selbst EEG-Messungen seien hier nicht zu hundert Prozent zuverlässig. Möglicherweise sei es Reynolds gelungen, durch in diesem

Zustand unterbewusst aufgenommene Wahrnehmungen oder nach ihrem Erwachen erhaltene Informationen bestimmte äußere Vorgänge zutreffend zu beschreiben. Woerlee tritt mit seinem Erklärungsmodell in eine medizinische Debatte mit Peter > Fenwick, Sam > Parmia, Pim > van Lommel, Michael > Schröter-Kunhardt und anderen Ärzten ein, die sich einem rein biologischen Erklärungsmodell nicht anschließen.

Literatur: Michael Sabom: Light and Death. Zondervan 1998; Gerald Woerlee: Mortal Minds. A Biology of the Soul and the Dying Experience. Prometheus 2005

Web: www.near-death.com/experiences/evidence01.html, www.geocities.com/pamreynoldsus

Rhine, Joseph Banks

(1895-1980) Wesentlicher Mitbegründer der > Parapsychologie und über mehrere Jahrzehnte Leiter des parapsychologischen Forschungsinstituts an der US-amerikanischen Duke-Universität. Herausgeber des "Journal of Parapsychology".

Rhine war maßgebend für die Entscheidung der parapsychologischen Forschung, sich von der Frage nach einem Überleben der > Seele abzuwenden, sondern sich vielmehr den Mechanismen des Gedankenlesens etwa bei Experimenten mit speziellen Spielkarten zuzuwenden. Das war allerdings eine rein pragmatische Entscheidung. Rhine wusste, dass der > Parapsychologie nur begrenztes Geld und Personal zur Verfügung standen. Also war es für ihn sinnvoller, die Grenzen der Fähigkeiten von lebenden Menschen in Versuchen herauszufinden, bevor er sich an so gewaltige Fragestellungen wie die eines möglichen Lebens nach dem Tod machte. Zudem ging er davon aus, dass alles, was ein > Medium an Informationen über Verstorbene berichtete, so oder so auf > außersinnlicher Wahrnehmung beruhte, nur dass nicht klar war, ob diese Wahrnehmung sich auf die jenseitige oder die irdische Welt richtete (31, 313).

Rhines Experimente mit Karten, auf die unterschiedliche Symbole gedruckt waren, werden in der Parapsychologie allerdings als erfolgreich betrachtet. So wurde die Fähigkeit von > Telepathie ermittelt, indem der Versuchsleiter sich auf eine bestimmte Karte konzentrierte und die Versuchsperson, die sich in der Regel in einem anderen Gebäude befand, gleichzeitig "erraten" sollte, welche es war. > Hellsehen wurde untersucht, indem der Versuchsleiter lediglich die Karte vom Stapel nahm, ohne sie sich anzusehen. Um > Präkognition ging es, wenn die Versuchsperson die richtige Karte mitteilen sollte, noch bevor sie gezogen wurde. Bei all diesen Versuchen zeigte sich eine so hohe Zahl von Treffern, dass sie kaum durch reines Raten zustande gekommen sein konnten. Für Letzteres stand bei Gesamtbetrachtung der Experimente die statistische Wahrscheinlichkeit 22 Milliarden zu eins.

Louisa Rhine legte währenddessen eine Sammlung von Fällen an, bei denen Menschen über > paranormale Ereignisse berichteten, die ihnen zugestoßen waren. Im Laufe von drei Jahrzehnten kamen fast 14.000 Erlebnisse dieser Art zusammen (70, 61, 65).

Literatur: Sally Rhine Feather und Michael Schmicker: The Gift: ESP, the Extraordinary Experiences of Ordinary People. St. Martin's Press 2005

Ring, Kenneth D.

US-amerikanischer Professor der Psychologie und Präsident der > International Association for Near-Death Studies. Er griff Raymond > Moodys Erkenntnisse über > Nahtod-Erfahrungen auf, untersuchte sie wissenschaftlich und konnte sie bestätigen. Dabei ist einer seiner Forschungsschwerpunkte der spirituelle Wertewandel, der sowohl beim Einzelnen als auch gesamtgesellschaftlich durch solche Erlebnisse und die Berichte darüber ausgelöst wird (> Transformation).

Ring zufolge berichteten Menschen, die als Kinder misshandelt, missbraucht oder vernachlässigt wurden, besonders häufig über Nahtod-Erfahrungen. Sie schilderten auch eher, dass sie in jungen Jahren nichtkörperliche Wesen sehen konnten und dass sie > paranormale Erlebnisse hatten. Ring zufolge kommt es hier zu > Dissoziationen: Der Betreffende zieht sich aus der allgemein wahrgenommenen Wirklichkeit zurück und taucht in eine andere ein. Dass solche Menschen eher eine Nahtod-Erfahrung erleben als andere, konnte jedoch von anderen Forschern (Bruce > Greyson und Margaret > Atwater) nicht bestätigt werden (2, 202; 94, 289-290).

Literatur: Kenneth D. Ring: Heading Toward Omega. Morrow 1984; Kenneth D. Ring und Evelyn Elsaesser-Valarino: Lessons from the Light. Insight 1998

Ritchie, George

US-amerikanischer Psychiater, der nach einer Lungenentzündung während seiner Armeezeit neun Minuten lang klinisch tot war. Dabei durchlebte er eine > Nahtod-Erfahrung, bei der er eine > Astralreise durch das Land unternahm und dabei in einer anderen Stadt ein bestimmtes Café erblickte. Zehn Monate später kam er auf seinen Reisen zufällig an diesem Café vorbei und erkannte es wieder. Ritchie berichtete seinem Kollegen Raymond > Moody davon und stieß ihn dadurch zur Erforschung solcher Phänomene an.

Roberts, Jane

US-amerikanische Autorin, die beim > Channeling in Trance mit einem Wesen namens Seth Kontakt aufnahm, das ihr Texte über die wahre Natur der Wirklichkeit, die Ursprünge des Menschen und des Universums, die Existenz anderer Wirklichkeiten, den Sinn des Lebens und andere tiefgründige Themen diktierte. Roberts brachte diese Werke als Bücher heraus, betonte aber, bei "Seth" könne es sich sehr wohl um einen unbewussten Anteil ihrer eigenen Persönlichkeit handeln. Seths Einsichten, beispielsweise dass Zeit und Raum lediglich eine vom > Bewusstsein geschaffene Illusion darstellen, erscheinen zunächst radikal, lassen sich aber mit den Erkenntnissen sowohl der neuesten Wissenschaften als auch von > mystischen Erlebnissen in Übereinkunft bringen. Tatsächlich erscheinen Seths in nüchterner Sprache mitgeteilte Weisheiten vielen tiefgründiger, anspruchsvoller und schlüssiger als viele andere (angeblich) gechannelte Bücher, die oft nur eine neue Formulierung bereits wohl bekannter religiöser oder philosophischer Ansichten darstellen. Was das Leben nach dem Tod angeht, ist der Mensch Seth zufolge ein multidimensionales Wesen, dessen einzelne Aspekte sich gleichzeitig in verschiedenen Zeitepochen verkörpern. Das erscheine uns als > Reinkarnation, weil wir nur in den Kategorien von Zeit und Raum denken können. Eine zentrale Aussage der Texte ist, dass sich jeder selbst seine eigene Realität schafft. Der Quantenphysiker Norman Friedman sieht Ähnlichkeiten zwischen Seths Vorstellungen von Physik und dem neuesten Forschungsstand in diesem Bereich (84, 212).

Literatur: Jane Roberts: Die Natur der Psyche. Ariston 1995; Jane Roberts: Das Seth-Material. Hugendubel 2000; Jane Roberts: Gespräche mit Seth. Goldmann 2001; Jane Roberts: Die Natur der persönlichen Realität. Hugendubel 2002

Robertson, Tricia

Vize-Präsidentin der "Scottish Society for Psychical Research" (SSPR), einem 250 Mitglieder umfassenden Ableger der > Society for Psychical Research. Robertson testete fünf Jahre lang 13 > Medien auf sehr gründliche Weise. Bei jedem dieser Tests wählten die Medien Sitznummern aus einem Saal, zu dem sie keinen Zugang hatten. Dann wurden in diesen Saal um die 30 Menschen geführt, denen die Sitznummern zufällig ausgeteilt wurden. Die Medien machten in ihrem eigenen Raum Angaben über die Personen, die auf den von ihnen angegebenen Sitzen Platz genommen hatten. Diese Personen hatten danach zu entscheiden, wie viele dieser Angaben zutreffend waren. 2004 lag das Ergebnis des Experimentes vor: Die statistische Wahrscheinlichkeit auf Glückstreffer hätte bei 30 Prozent gelegen. Tatsächlich lag die Trefferquote bei 70, bei einigen Personen bei 80 Prozent. Die Chancen, dass dies durch Zufall geschehen kann, werden auf eine Million zu eins beziffert. Robbins erklärte dazu: "*Mir ist klar, dass Kritiker behaupten werden, die Tests seien in irgendeiner Weise getürkt gewesen. Aber seien Sie sich sicher, dass wir in unserem Vorgehen nicht wissenschaftlicher hätten vorgehen können, als wir es getan haben. Wenn irgendjemand behauptet, diese Tests wären manipuliert, würden wir dagegen klagen.*"

Web: http://www.survivalafterdeath.org

Rochas, Albert de

Wegbereiter der > Reinkarnationstherapie zu Beginn des zwanzigsten Jahrhunderts. Rochas arbeitete als Hypnosetherapeut in Paris. Er führte seine Patienten und Patientinnen zunächst in ihre Kindheit zurück (> Rückführung) und stellte dann fest, dass er auch Erinnerungen an ihre Geburt und sogar die Zeit davor zurückholen konnte. Wenn er seine Patienten aber nach ihrer letzten konkreten Erfahrung vor ihrer Geburt befragte, schilderten wesentlich mehr Personen ihren Tod in einem früheren Leben als ihre Zeit im Mutterleib.

Literatur: Hans TenDam: Exploring Reincarnation. The Classic Guide to the Evidence for Past-Life Experiences. Neu herausgegeben Rider 2003.

Rodonaia, George

Sowjetischer Dissident, der vom KGB ermordet wurde und danach eine > Nahtod-Erfahrung durchmachte. Er nahm verschiedene Ebenen der

Wirklichkeit wahr, konnte sein > Bewusstsein an jeden Ort versetzen, an den er nur dachte, und die Gedanken lebender Menschen lesen - einschließlich offenbar zutreffend die seiner Frau. In dem Krankenhaus, in dem sich sein toter Körper befand, entdeckte Rodonaia auch die neugeborene Tochter der Frau eines Freundes und stellte fest, dass ihre Hüfte gebrochen war. Er beruhigte sie (offenbar nahm sie seine geisterhafte Anwesenheit wahr). Für drei Tage verschwand sein toter Körper in einem Kühlfach, bevor er für die Leichenschau aufgeschnitten wurde. Rodonaias Bewusstsein gelangte beim Beginn dieses Eingriffs in seinen Körper zurück. Er benötigte einige weitere Tage, bevor er sich klar verständigen konnte, und berichtete den Ärzten dann von der gebrochenen Hüfte des Kindes. Röntgenuntersuchungen bestätigten diesen Befund. Rodonaia geriet so zu einer kleinen Berühmtheit, aber seine Ehe litt unter diesem Erlebnis (2, 161-162).

Rosenheim-Spuk

Der bekannteste deutsche Fall eines > Poltergeistes. Er trug sich 1967 und 1968 in der Anwaltskanzlei Adam im bayrischen Rosenheim zu. Zu den untersuchten Phänomenen gehörten explodierende Glühbirnen, an der Wand rotierende Bilder (wovon es sogar Filmaufzeichnungen gibt), Hunderte von Anrufen bei der Zeitansage, ohne dass jemand tatsächlich das Telefon betätigt hatte, sowie das anscheinend selbstständige Bewegen eines drei Zentner schweren Aktenschrankes. Die Kanzlei schaltete das Freiburger > Institut für Grenzgebiete der Psychologie und Psychohygiene unter der Leitung von Professor > Bender ein. Die Parapsychologen untersuchten mit der Hilfe von Physikern und dem Einsatz von aufwendigen Untersuchungsgeräten wie Magnetometern, Schallsensoren und Temperaturfühlern die Kanzlei, kamen aber zu keinem eindeutigen Ergebnis, außer dass die Phänomene durch Messungen nachgewiesen werden konnten und grundsätzlich in der Anwesenheit der Kanzleimitarbeiterin Anne-Marie Schneider auftraten. Als diese eine neue Arbeitsstelle antrat, endete auch der Spuk (45, 47-49). Vgl. > Telekinese.

Rothschild, Joel

> “Signale”

Roy, Archie

Schottischer Parapsychologe, emeritierter Professor für Astronomie an der Universität Glasgow und ehemaliger Vorsitzender der > Society for Psychical Research. Ähnlich wie zuvor Gary Schwartz mit seinen > "Afterlife Experiments" unterzog Roy verschiedene > Medien über vier Jahre hinweg sehr strengen Testbedingungen. So hielt er sie von den Empfängern ihrer Botschaften räumlich getrennt, hielt die Identität sämtlicher Beteiligten geheim und überprüfte den Wahrheitsgehalt ihrer Aussagen. Auf diese Weise konnte er ausschließen, dass die Medien zu ihren Erkenntnissen gelangten, indem sie lediglich die Körpersprache ihres Gegenübers beobachteten, Schüsse ins Blaue abgaben oder auf Vorauswissen zurückgriffen. Roy gelangte zu der Schlussfolgerung: "*Es gibt nach dieser Forschung keinen Zweifel, dass Medien Informationen erlangen können, indem sie mehr als ihre fünf Sinne benutzen. Die Ergebnisse wurden mit harter Mathematik und Statistiken überprüft.*" (23) Roy vertritt die Auffassung, wenn man nicht nur seine Untersuchungen, sondern die insgesamt vorliegenden Erkenntnisse betrachte und an die Jenseitsforschung mit den Maßstäben des Justizwesens herangehe, dann sei der Beweis für ein Leben nach dem Tod inzwischen jenseits jeden vernünftigen Zweifels erbracht.

Literatur: Archie Roy: The Archives of the Mind. SNU 1996

Rückführung

Das Wiederversetzen eines Menschen in ein vermeintlich früheres Leben (> Reinkarnation). Dies geschieht in der Regel durch Hypnose. Der Betreffende glaubt dann tatsächlich, sich an ein früheres Leben zu erinnern und kann häufig zutreffende Einzelheiten wiedergeben, die er zuvor nicht wusste. Dennoch ist dieses Verfahren sehr umstritten, unter anderem weil sich Menschen im hypnotisierten Zustand viele Dinge als zutreffend einreden lassen, die nicht den Tatsachen entsprechen. Häufig stellt sich (beispielsweise durch eine Befragung in einer zweiten Hypnose) heraus, wo diese Menschen die von ihnen geäußerten Kenntnisse unterbewusst aufgeschnappt haben. So erklärte auch der weltweit bekannteste Reinkarnationsforscher, der Psychiater Ian > Stevenson, dass die durch Hypnose gewonnene neue Persönlichkeit fast immer der Einbildung entspringe. Er warnt auch vor den Gefahren dieser Methode, etwa dass die neue Persönlichkeit nicht auf

Wunsch hin sofort aus dem Bewusstsein des Betreffenden verschwände, sondern die Versuchspersonen über einige Tage oder länger in dem veränderten Zustand blieben.

Bei Experimenten des russischen Psychiaters Wladimir Raikow stellte sich indessen heraus, dass Menschen, denen er in Hypnose einredete, historische Persönlichkeiten wie Komponisten oder Maler zu sein, tatsächlich in der Lage waren, auf diesem Gebiet außerordentliche Leistungen zu vollbringen. Es gelang ihm auch, einige Versuchspersonen in noch lebende Menschen "zurückzuführen" (60, 158-160; 45, 137-138).

Die amerikanische Psychologin Edith Fiore führte ihren Darstellungen nach über 1000 Menschen zu dem Zeitpunkt ihres früheren Todes zurück. Die Betreffenden gaben Schilderungen ab, die den Berichten von > Nahtod-Erfahrungen glichen: fortgesetztes > Bewusstsein, Schmerzfreiheit, das Gefühl von Frieden und Freude, eine > außerkörperliche Erfahrung, die Begegnung mit > Astralwesen oder verstorbenen Verwandten. Ähnliche Gefühle beim Sterben äußerten Patienten, die von Helen > Wambach zurückgeführt wurden. Nur zehn Prozent von ihnen schilderten Angst oder Sorge um die Menschen, die sie im Leben zurückließen. Viele der von Wambach Zurückgeführten verloren danach ihre zuvor erhebliche Angst vor dem Tod (43, 266-268).

Literatur: Trutz Hardo: Das große Handbuch der Reinkarnation. Silberschnur 2003

rückgreifender Einschluss

(Wortneuschöpfung, im Original: "retroprehensive inclusion") Theorie, der zufolge man sich an die Erfahrungen anderer Menschen erinnert, als ob man sie selbst gemacht hätte. Falls das der Fall ist, besäße man dasselbe Wissen, dieselben Fähigkeiten, ja dieselbe Persönlichkeit wie ein anderer, vielleicht bereits verstorbener Mensch. Es gibt keine direkten Belege dafür, dass ein solcher Vorgang stattfindet, er böte aber eine mögliche Erklärung für die Leistungen mancher > Medien, für scheinbare > Besessenheit und für viele Rückerinnerungen bei scheinbaren > Reinkarnationen, die ohne > Super-Psi und auch ohne ein Leben nach dem Tod auskommt. Wie der Philosoph David Ray Griffin ausführt, kann aber selbst diese sehr weit gehende Theorie nicht alle bekannten Phänomene erklären. So versagt sie, wenn eine Kontaktaufnahme ersichtlich von dem Verstorbenen ausgeht (> Drop-Ins, > Kreuzkorrespondenz). Sie erklärt auch nicht, dass sich einige scheinbar Wiedergeborene zutreffend an Vorgänge erinnern, die nach dem Tod ihrer "früheren Persönlichkeit" etwa in deren familiärem Umfeld stattfanden und die sie aus dem > Jenseits miterlebten. Schließlich müssten sich dieser Theorie nach viele Menschen an dasselbe frühere Leben erinnern oder glauben, die Wiedergeburt eines Menschen zu sein, der in Wahrheit noch lebt. Das ist aber nicht der Fall.

Literatur: Griffin, David Ray: Parapsychology, Philosophy and Spirituality. State University of New York 1997

Runolfsson, Runolfur

Isländischer Seemann, genannt "Runki", der sich 1938 nach seinem Tode offenbar als > Drop-In bei einer > Séance meldete. Er nannte seinen Namen nicht, sondern beharrte nur wieder und wieder darauf, dass er nach seinem Bein suche, das sich im Meer befinde. Die Teilnehmer dieser und folgender Séancen konnten damit wenig anfangen. 1939 stieß ein neues Mitglied namens Ludvik Gudmundsson in diesen Kreis und wurde von Runolfsson gezielt angesprochen. Der Seemann enthüllte jetzt, dass er 1887 mit Freunden gezecht habe, am Strand eingeschlafen sei, hinaus ins Meer gespült worden und dort ertrunken sei. Seine Überreste seien gefunden und in einem nahe gelegenen Friedhof bestattet worden, aber sein Oberschenkelknochen fehle noch. Ludvik konnte hier zunächst auch nicht weiterhelfen, erfuhr durch Befragungen der ältesten Bewohner seines Dorfes jedoch, dass man vor langer Zeit aus Gründen, an die sich niemand erinnerte, einen sehr großen Schenkelknochen in die Innenwand des Hauses gesetzt hatte, das Ludvik inzwischen bewohnte. Die Mauer wurde aufgebrochen und der Knochen darin gefunden. Ebenso fand man heraus, dass Runolfsson in der Tat ungewöhnlich hoch gewachsen war.

Dieser Fall wird in der Literatur gerne angeführt, da er sich einer Erklärung des Falles durch > Super-Psi sperrt. Es gab keinen lebenden Menschen, dessen Gedanken das Medium hätte lesen können, um sämtliche später nachgeprüften Informationen zu erfahren. Ebenso bemerkenswert war, dass der Seemann sich von selbst und ungefragt meldete und so lange auf seinem Wunsch beharrte, bis die Angelegenheit erledigt war (38, 92-94).

Rýzl, Milan

US-amerikanischer Parapsychologe. Er vertritt in seinen Büchern (etwa "Der Tod ist nicht das Ende", Ariston 1995) in weiten Teilen sehr betont die Auffassung, dass Hinweise auf ein > Jenseits durch > Super-Psi zu erklären seien. Dabei bezeichnet er eine gegenteilige Auffassung zunächst als "überflüssig", da bisher niemand die Grenzen > außersinnlicher Wahrnehmung aufgezeigt habe und sie deshalb als irdische Erklärung für sämtliche ungewöhnlichen Phänomene ausreiche. Etwas später erklärt er den > Spiritismus für absurd, da das > Bewusstsein bekanntlich vom > Gehirn abhänge. Schließlich aber macht er einen scharfen Schlenker und argumentiert, wenn außersinnliche Wahrnehmung so vieles zutreffend über die irdische Wirklichkeit aussagen könne, dann müsse sie doch auch als zuverlässige Methode gelten, Näheres über das Jenseits zu erfahren. Auf die Probleme, die sich durch das > Fantasierauschen ergeben, geht er nicht ein.

Literatur: Milan Rýzl: Das große Handbuch der Parapsychologie. Ariston 1997

Sabom, Michael

US-amerikanischer Kardiologe und Professor der Medizin. Seine Patienten berichteten ihm immer wieder von > außerkörperlichen Erfahrungen bei Herzstillständen. Er war dadurch etwas gereizt, weil er sie allesamt für Fantasien hielt. Also befragte er sowohl Patienten, die berichteten, solche Erlebnisse gehabt zu haben, als auch solche, die nichts dergleichen erzählten, was während ihrer Wiederbelebung um sie herum vor sich ging. Von denen ohne eine entsprechende Erfahrung machten 20 bei ihren Berichten schwere Fehler, drei gaben richtige, aber allgemein gehaltene Beschreibungen ab und zwei konnten überhaupt nichts berichten. Von denen, die eine solche Erfahrung gemacht hatten, gaben 26 richtige, aber allgemein gehaltene Beschreibungen ab, sechs waren bei ihren zutreffenden Schilderungen sehr genau und einer beschrieb den Vorgang bis in die kleinste Einzelheit. Sabom reagierte darauf außerordentlich verblüfft - eine Verblüffung, die sich nach seiner Operation an Pam > Reynolds noch einmal steigern sollte.

Saboms Forschungsergebnisse tragen dazu bei, einige von > Skeptikern vorgebrachte irdische Erklärungen von Nahtod-Erfahrungen in Frage zu stellen: Wenn Patienten mit solchen Erlebnissen genau beschreiben, was die Ärzte mit ihrem leblosen Körper anstellen, handelt es sich offenbar nicht um glückliches Raten auf der Grundlage von unbewusstem Vorwissen zum Beispiel durch Arztfilme. Ebenso wenig scheint es an Beobachtungen vor und nach der Operation zu liegen oder daran, dass die Patienten im scheinbar bewusstlosen Zustand doch noch viel von ihrer Umgebung mitbekommen und auswerten können. Und schließlich handelt es sich offenkundig nicht bloß um einen Traum oder eine Halluzination. (70, 175-176).

Literatur: Michael Sabom: Light & Death. Zondervan 1998

Samsara

In der buddhistischen und hinduistischen Vorstellung die Lehre, dass das > Universum eine Illusion darstelle und der Mensch daher bemüht sein solle, dem Kreislauf der > Reinkarnation zu entkommen und durch > Erleuchtung zu einem höheren Zustand des > Bewusstseins vorzustoßen.

Sauerstoff

Chemisches Element und Bestandteil der Atemluft. > Skeptiker versuchten, > Nahtod-Erfahrungen durch einen Mangel an Sauerstoff im > Gehirn zu erklären. Erste Experimente schienen auch in diese Richtung zu führen: Sehr schnelles Atmen und darauf folgendes Zusammenpressen des Brustkorbes führte bei mehreren Versuchspersonen dazu, dass sie ein helles > Licht sowie einen > Tunnel wahrnahmen, ihr Leben vor ihren Augen vorbeiziehen sahen und glaubten, eine > außerkörperliche Erfahrung zu machen. Auch berichten Kampfpiloten, die in Zentrifugen wegen Sauerstoffmangel das > Bewusstsein verlieren, von > außerkörperlichen Erfahrungen, dem Tunnel und einem Hochgefühl. Ihre Träume sind allerdings unzusammenhängend und handeln von lebenden Personen, es gibt keine Klarheit im Denken, keine Begegnung mit dem > Licht und keine > außersinnlichen Wahrnehmungen.

Tatsächlich treten Nahtod-Erlebnisse ebenfalls auf, wenn Messungen zufolge kein Sauerstoffmangel im Gehirn herrscht. Auch bleiben sie offenbar bei vielen Patienten aus, bei denen tatsächlich eine Unterversorgung des Gehirns mit Sauerstoff stattfindet (17, 111; 21, 208; 45, 87-99).

Schamanismus

Zehntausende Jahre alte spirituelle Weltanschauung, die vor allem "primitiven" Völkern zugeordnet wird. Von Schamanen heißt es, dass sie in die Geisterwelt eindringen und sich ihre Kräfte nutzbar machen können: etwa zu Heilungen, um Verlorenes wiederzufinden oder um Ratschläge zu erhalten. Als Vorbereitung zu einer solchen Reise in andere Ebenen des > Bewusstseins dient oft eine innere Reinigung durch Fasten, Gebet und Einsamkeit. Manche besonders erfahrene Schamanen ("Medizinmänner") sollen willkürlich zwischen den Ebenen hin- und herwandern können. Inzwischen erkennen Forscher Ähnlichkeiten zwischen den Schamanenreisen und > Nahtod-Erfahrungen (2, 286-287).

Schlacht von Bull Run

Schlacht im US-amerikanischen Bürgerkrieg (1861-1865), bei der die Soldaten der Nordstaaten in einem Hinterhalt der Südstaatler schwer aufgerieben wurden. Es kam zu zahlreichen Verlusten. Heute ist das ehemalige Schlachtfeld ein für Besucher offener Park, dessen Angestellte historische Uniformen tragen. 1979 berichteten mehrere Personen über seltsame Wahrnehmungen. Auch nachts, nachdem der Park für Besucher geschlossen worden war, hörten die Zeugen Schritte und Stimmen zahlreicher Menschen, die aber nicht zu sehen waren. Später tauchten geisterhafte uniformierte Figuren auf, die dann wieder verblassten. Ungewöhnliche Gerüche und starke Gefühle von Furcht stellten sich ein. Eine Gruppe von Parapsychologen suchte den Park auf. Sie sahen selbst nichts, fotografierten aber die Orte, an denen sich den Zeugenaussagen zufolge gerade die > Erscheinungen befanden. Nach der Entwicklung des Films stellte sich heraus, dass im Gegensatz zu anderen Aufnahmen genau jene, die von den vermeintlichen > Geistern gemacht worden waren, vollkommen leer waren. Der herbeigezogene Berufsfotograf hatte solche Fehlfunktionen in den bisherigen drei Jahrzehnten seiner Arbeit nie erlebt (9, 31-36).

Schlacht von Edge Hill

Bedeutende Schlacht des englischen Bürgerkrieges. Sie fand am 24. Oktober 1642 zwischen den Truppen Königs Charles I. und denen der Parlamentsanhänger statt. Zwei Monate später, am 24. Dezember, zwischen Mitternacht und ein Uhr, berichteten dort ansässige Schäfer, sie hätten im Himmel geisterhafte Wesen bei eben jener Schlacht gesehen - und gehört. Sie vernahmen ebenso das Wiehern der Pferde wie das Abfeuern von Musketen und Kanonen und das Rühren von Trommeln. In der folgenden Weihnachtsnacht und den Nächten darauf konnten auch andere, gelehrtere Personen diese Himmelsschlacht besichtigen. Der Kampf wurde ihrem Eindruck nach immer heftiger. Als König Charles davon hörte, entsandte er drei seiner Offiziere, um diese Gerüchte zu überprüfen. Diese Männer sahen nicht nur ebenfalls die Schlacht, sie erkannten auch einige gefallene Mitstreiter wieder, was sie unter Eid bestätigten. Ortsansässige sollen bis heute an manchen Tagen den Schlachtenlärm zu hören bekommen (19, 24).

Schläfenlappen

Nahe der Schläfe liegender Teil des > Gehirns. Er wird mit scheinbar übersinnlichen Empfindungen in Verbindung gebracht. Beispielsweise stellte Wilder > Penfield fest, dass einige seiner Patienten bei Gehirnoperationen das Gefühl hatten, aus ihrem Körper herauszutreten, wenn er ihren Schläfenlappen reizte. Der Neurologe Michael > Persinger rief durch Stromzufuhr an diese Stelle sogar Wahrnehmungen hervor, die man bei > mystischen Erfahrungen und > Nahtod-Erfahrungen erlebt, beispielsweise eine Reise ins > Licht und Klänge scheinbar überirdischer > Musik. Nicht zuletzt berichten Epileptiker nach Anfällen des Schläfenlappens auch von religiösen > Visionen. Auch andere Menschen, deren Schläfenlappen Untersuchungen zufolge besonders empfindlich sind, berichten davon, unerklärliche Geräusche zu hören, > Halluzinationen geometrischer Figuren wahrzunehmen, plötzlich eine Gänsehaut zu bekommen, ein > Déjà-vu oder > außerkörperliche Erfahrungen zu erleben sowie unter Schlafstörungen, Gedächtnisverlusten und Taubheitsgefühlen in den Gliedmaßen zu leiden. Der südafrikanische Psychiater Vernon Neppe stellte fest, dass dieselben seiner Patienten, bei denen dieser Gehirnbereich gestört war, auch über > paranormale Erlebnisse berichteten. (48, 79; 52, 79) Das verleitete viele > Skeptiker zu der Annahme, dass scheinbare Erfahrungen von > Transzendenz in Wirklichkeit auf Störungen des > Gehirns beruhen.

Forscher wie Melvin > Morse, Michael > Schröter-Kunhardt und Rupert > Sheldrake vertreten hingegen die Auffassung, dass der Schläfenlappen jener Bereich sei, an dem Körper und > Seele zusammenlaufen und der das Gehirn zur Wahrnehmung transzendenter Welten befähigen würde. Michael Sabom stellte klar, dass Epileptiker während ihres Anfalls entweder keine oder fast ausschließlich negative Gefühle wie Angst und Depression empfinden, wohingegen > Nahtod-Erfahrungen mit Gefühlen wie Freude, Erleichterung, Frieden und Glück verbunden seien (68, 178-181).

Die entsprechende Stelle wird in der Literatur zum Beispiel als "Schaltstelle der Mystik" oder auch als "God Spot" (Gottesfleck/Gotteswahrnehmung) bezeichnet. Persinger befindet, dass es die Gotteserfahrung nicht geben würde, wenn sich das Gehirn auf andere Weise entwickelt hätte (> anthropisches Prinzip). Er rät dazu, solche Erfahrungen durch Meditation oder > Gebet gezielt herbeizuführen, um damit Gewalt, Depression und Süchte zu bekämpfen (52, 20-21).

Inzwischen weisen allerdings andere Forscher, so etwa der britische Neurologe Peter > Fenwick, darauf hin, dass neuesten wissenschaftlichen Erkenntnissen zufolge nicht länger ein bestimmter Hirnbereich einer bestimmten Funktion zugeordnet werden kann, sondern jeweils das ganze Hirn beteiligt sei (66, 124-125).

Literatur: Melvin Morse und Paul Perry: Where God Lives. Harper Collins 2000; Danah Zohar: Spirituelle Intelligenz. Scherz 2001

Web: www.science-spirit.org/articles/Articledetail.cfm?article_ID=130, www.parascope.com/articles/slips/fs22_3.htm

Schlaf

Zustand der Ruhe, der im Allgemeinen auch als Zustand der Bewusstlosigkeit wahrgenommen wird. Deshalb wird der Tod auch mit einem ewig dauernden Schlaf verglichen. Die Psychologin Jayne Gackenbach zitiert allerdings einen Mathematikprofessor, der nach zwanzig Jahren der Meditation seinen Tiefschlaf ganz anders erlebt: "*Man erlebt, dass man selbst Teil einer ungeheuren Zusammensetzung von Beziehungen ist. Das sind keine sozialen oder begrifflichen oder intellektuellen Beziehungen, nur ein Netz aus Beziehungen. Ich bin mir der Beziehung zwischen Wesen bewusst, ohne dass die Wesen anwesend sind. Es gibt ein Gefühl der Bewegung, aber es gibt nichts, um diese Bewegung zu beurteilen ... Es breitet sich einfach aus. Es gibt keine Objekte, um es zu messen. Die Ausdehnung ist eine des*

Lichts, wie das Licht der Bewusstheit. Sichtbar, aber nicht sichtbar; mehr wie ein Licht in einem Ozean. Eine intime Erfahrung von Licht.” (71, 100)

Schröter-Kunhardt, Michael

Deutscher Neurologe und Psychiater, Leiter des deutschen Zweiges der > International Association for Near-Death Studies. Nach der Auswertung von 200 > Nahtod-Erfahrungen gelangte er zu der Überzeugung, dass das > Bewusstsein im Sterben aus dem Körper austritt und in eine > transzendente Wirklichkeit gelangt: ins > Jenseits. Es sei also nicht untrennbar mit dem > Gehirn verbunden. Je näher der Betreffende dem Tod sei, desto eher komme es zu Fällen wie > außersinnlicher Wahrnehmung und möglicherweise > außerkörperlichen Erfahrungen. Kunhardt nimmt daher an, dass Nahtod-Erfahrungen ähnlich funktionieren wie ein Flugsimulator und den Sterbenden darauf vorbereiten, was ihn im Jenseits erwartet. Das entsprechende Programm sei im Nervensystem des Menschen angelegt, und das Gesehene wird von seinem Gehirn interpretiert - so wie unser Gehirn ja auch die Wahrnehmung der “irdischen” Wirklichkeit selbstständig interpretiere.

Schröter-Kunhardt ist von der neuapostolischen Kirche erzogen worden, hatte sich von dieser getrennt, durch die Untersuchung von Sterbeerfahrungen jedoch seine Religion zurückerlangt. Diese Erfahrungen stellen für ihn ein Bindeglied zwischen wissenschaftlicher Forschung und religiösem Glauben dar. Er bedauert, dass die meisten seiner Fachkollegen um dieses Gebiet einen großen Bogen machen.

Web: www.daserste.de/doku/schroeter_kunhardt.doc, www.aktion-im-unterricht.de/index.php?ArtikelID=41, www.heise.de/tp/deutsch/inhalt/lis/15552/1.html

Schwanengesang-Phänomen

von Raymond > Moody so bezeichnete Handlung, die darin besteht, dass Sterbende plötzlich wunderschöne Lieder singen oder Gedichte vortragen. Dabei, so führt die Parapsychologin Annekatrin Puhle in ihrem “Lexikon der Geister” (Atmosphären 2004) aus, benutzen sie gelegentlich Begriffe, die weit erhabener als ihr üblicher Wortschatz sind.

Schwartz, Gary

US-amerikanischer Professor für Psychologie, Medizin, Neurologie, Psychiatrie und Chirurgie sowie Direktor der Human-Energy-Systems-Labore. Er brachte über vierhundert wissenschaftliche Werke heraus. Am umstrittensten aber ist seine neueste Buchveröffentlichung, in der er experimentelle Belege für ein Leben nach dem Tod präsentiert: > "The Afterlife Experiments".

Literatur: Gary Schwartz: The Afterlife Experiments. Breakthrough Scientific Evidence for Life after Death. Atria Books 2002

Web: www.openmindsciences.com

Scientific and Medical Network

Internationale Vereinigung von Wissenschaftlern verschiedener Fachbereiche (etwa Psychologen, Philosophen, Therapeuten und Ingenieure). Seine Mitglieder möchten mit ihren Forschungen über das momentane Weltbild des > Materialismus hinausgehen, das unserer Gesellschaft zugrunde liegt. Für sie gehört dazu, auch gegenüber spirituellen Einsichten offen zu sein und sich das > Bewusstsein nicht unbedingt nur in Verknüpfung mit dem > Gehirn vorzustellen. Das vermutlich berühmteste Mitglied dieses Netzwerks ist der 2003 verstorbene Nobelpreisträger Ilya Prigogine.

Web: www.smn-germany.de/startseite.htm, www.datadiwan.de/SciMedNet/home.htm

Scole-Experiment

Die Versuche einer kleinen Gruppe, mit Verstorbenen durch > Séancen Kontakt aufzunehmen, sowie die daraus entstandenen unvorhergesehenen Folgen. Es umfasst etwa 500 Sitzungen über einen Zeitraum von fünf Jahren.

Der vorliegenden Literatur nach schien sich Folgendes zugetragen zu haben: Der Brite Robin Foy hatte Anfang 1993 die Scole-Gruppe gegründet. Ihre Mitglieder standen keiner Religion und keiner spiritistischen Bewegung nahe. Sie suchten einen ernsthaften wissenschaftlichen Zugang zu > paranormalen Geschehnissen, der Menschen von unterschiedlichem Weltbild und Glauben offen stehen sollte. Dafür trafen sie sich zweimal die Woche in dem Keller eines Hauses in Scole, einem Ort im englischen Norfolk. Ihr eigentliches Ziel war es, ein paranormales Objekt herzustellen, also einen Gegenstand, der offensichtlich nicht auf natürlich erklärbare Weise erzeugt worden sein konnte und wissenschaftlichen Untersuchungen zur Verfügung stand. Ein solches Objekt könnten beispielsweise zwei untrennbar ineinander verschlungene Ringe aus verschiedenen Holzarten darstellen. Wie viele Séancen fand auch diese im Dunkeln statt.

Im Rahmen dieses Experiments meldete sich ein Team geisterhafter Wesen, die behaupteten, gestorben und in einer anderen Welt wieder erwacht zu sein. Jetzt wollten sie dabei mithelfen, überprüfbare Phänomene zuwege zu bringen, die ein für allemal klären sollten, dass die menschliche > Seele den Tod des Körpers übersteht und dass es andere > Ebenen der Wirklichkeit gibt. Zeitgleich würden andere Teams mit anderen Gruppen auf dieses Ziel hinarbeiten. Die genannten Phänomene könnten erzeugt werden, indem die Geisterwesen Atome und Moleküle durch die Kraft ihrer Gedanken beeinflussten. Manche der Verstorbenen hatten schon zu Lebzeiten ein großes Interesse an Wissenschaft und Technik besessen und dieses im > Jenseits beibehalten. Als erster Fingerzeig ihrer Fähigkeiten ließen sie im Oktober 1993 eine Münze aus der Luft erscheinen. Im Laufe der nächsten Monate kam es zu insgesamt 70 solcher > Apporte von zum Teil seltenen und wertvollen Gegenständen unterschiedlichster Art: beispielsweise einer 49 Jahre alten Ausgabe der Zeitung “Daily Express” im nicht-vergilbten Zustand. Dazu gesellten sich tanzende Lichter, das Klingeln von Glöckchen, das Schweben von Objekten, laute Klopfgeräusche und Wasserspritzer. Die Stimmen der Geisterwesen erklangen inzwischen aus der Luft und aus den Wänden.

Es kam zu weiteren Experimenten: So brachten die Mitglieder der Scole-Gruppe auf Wunsch der Geisterwesen Fotoapparate mit, die zu schweben begannen und von selbst ebenso befremdende wie faszinierende Bilder schossen. Fabrikneue und noch eingeschweißte Filme wurden auf den Kellertisch gelegt, wonach darauf Zeichnungen, Texte und Porträts erschienen, die man nach der Entwicklung begutachten konnte. (Einige der so entstandenen Bilder sind in den im Anhang aufgeführten Büchern auf farbigen Fototafeln zu sehen.) Die Geisterwesen verständigten sich inzwischen, indem sie sich eines auf dem Fußboden ausliegenden Stifts und Papiers bedienten. Schließlich erschienen sie selbst körperlich im Keller und konnten Mitglieder der Scole-Gruppe berühren und sich von ihnen berühren lassen. Sie teilten ihnen mit, dass sie gerne mit Wissenschaftlern zusammenarbeiten würden und dass es dazu in Zukunft auch kommen würde.

Tatsächlich verständigte man drei führende Köpfe der > Society for Psychical Research: Montague Keen, der seit fünf Jahrzehnten solche Phänomene erforschte, sowie Arthur Ellison und David Fontana (Professoren in den Bereichen Elektronik, Psychologie, Mathematik und Astrophysik). Ab dem 2. Oktober 1995 beteiligten sie sich für zwei Jahre an den Experimenten und untersuchten sie näher. Andere Forscher traten hinzu, so etwa Professor Archie > Roy, Dr. Rupert > Sheldrake, Dr. Alan Gauld, Dr. John Beloff, Dr. Russell Targ, Dr. Marylin Schlitz, der Dokumentarfilm-Produzent Dr. Kurt Hoffman (Studium in Basel, München und Harvard, Mitglied des > Scientific and Medical Network) sowie Dieter Wiergowski, Herausgeber der Zeitschrift "Die andere Realität". Kurz gesagt waren einige der international herausragendsten Parapsychologen an diesen Untersuchungen beteiligt. Angehörige anderer Gruppen, etwa der Raumfahrtbehörde NASA, des > Institute of Noetic Sciences sowie der Universität Stanford, traten hinzu. Manche Forscher hatten langjährige Erfahrungen in Bereichen wie Kriminologie oder Bühnenmagie (so etwa James Webster, Mitglied des Magischen Zirkels): Sie sollten sicher stellen, dass es sich bei den beobachteten Phänomenen nicht lediglich um Tricks und Betrügereien handelte. Die Mitglieder des Scole-Teams trugen Leuchtarmbänder, die mit einem Klettverschluss befestigt waren. Ein Entfernen derselben wäre also hörbar gewesen. Die Forscher verteilten im Raum hochsensible Mikrofone, die auch das kleinste Geräusch aufzeichnen sollten, sowie Geräte zur Temperaturmessung. Die Experimente fanden auch längst nicht mehr allein in Scole statt, sondern inzwischen auch in Deutschland, Irland, den Niederlanden, Spanien, der Schweiz und den Vereinigten Staaten. Dadurch sollte sichergestellt werden, dass keine der Erscheinungen durch aufwendige technische Gerätschaften hervorgerufen wurden, die dazu nötig gewesen wären. Vor jeder Sitzung verriegelte man die Türen, durchsuchte alle Räumlichkeiten und überprüfte sie nach geheimen Eingängen.

Es kam weiterhin zu bemerkenswerten Beobachtungen wie den folgenden:

- Die beiden > Medien, die als Sprachrohr der angeblichen Geister dienten, konnten sofort und klar selbst schwierigste Fragen der angereisten Experten zu technischen, historischen und philosophischen Themen beantworten. Es gelang ihnen augenscheinlich mühelos, von einem abgelegenen Thema (etwa die Bewegungen der Himmelskörper) zu einem anderen (etwa die Interpretation klassischer Werke) zu springen. Das wurde als Beleg dafür gewertet, dass hier nicht lediglich das Unterbewusstsein dieser beiden Medien die Geisterwesen verkörperte.

- Die durch den Raum schwebenden Lichtflecken bewegten sich augenscheinlich aus eigenem Antrieb und deutlich schneller als es irgendeine Steuerung per Hand ermöglichen würde. Sie kamen auch auf gedanklichen "Zuruf" hin angeflogen, konnten von Händen umschlossen werden und drangen gelegentlich in die Körper der Anwesenden ein, um dort manchmal Krankheiten zu heilen.
- Erneut erschienen auf mitgebrachten Filmen, die in verschlossenen und versiegelten Behältern aufbewahrt wurden, geheimnisvolle Texte. Bei manchen dieser Texte konnte man nach monatelangem Durchforschen von Archiven eine Quelle finden, etwa die ursprüngliche Fassung eines später verändert veröffentlichten Manuskriptes. Auf einem der Filme erschien beispielsweise das folgende Gedicht, das dem Stil Friedrich Rückerts (1788-1866) ähnelt:

Ein alter Stamm mit tausend Aesten
Die Wurzeln in der Ewigkeit
Neigt sich von Osten hin nach Westen
In mancher Bildung weit und breit.
Kein Baum kann bluthenreicher werden
Und keine Frucht kann edler seyn
Doch auch das 'Dunkelste' auf Erden
Es reift auf seinem Zweig allein.

Andere Botschaften erschienen auf Französisch, Griechisch, Lateinisch und Sanskrit.

- Durch die Medien meldeten sich andere Wesen, die angaben, mit den irdischen Gefilden und den dortigen Vorstellungen von Zeit, Licht, Farbe und menschlichen Körpern nicht vertraut zu sein.
- Es fand eine > Transkommunikation von etwa zwanzig Minuten Dauer statt, die auf Band aufgezeichnet werden konnte.
- Auf Wunsch eines Geistwesens wurde durch einander gegenübergestellte Spiegel und eine dazwischen aufgebaute Kamera ein doppeltes

> Psychomanteum errichtet, das als ein Tor zu anderen Dimensionen dienen sollte. Bei den Vorbereitungen zu diesem Versuch kam es erstmals zu Videoaufzeichnungen von sich bewegenden Lichtern und scheinbar aus einer anderen Welt stammenden Gegenständen, bevor die Lichter im Raum gelöscht wurden. Unter anderem war das glücklich lächelnde Gesicht eines Mannes zu sehen. Im Lauf der folgenden Monate zeigten sich auf den Filmbändern zunächst nur Farben und Formen (wobei die Kamera scheinbar selbsttätig hin und zurück zoomte). Später konnte man Lichter und Körperteile erkennen, obwohl die Aufnahmen im Dunkeln stattgefunden hatten und die Kamera daher gar nicht hätte funktionieren dürfen. Spätere Bilder zeigten einen offenen Durchgang sowie schließlich eine nicht ganz klar erkennbare Landschaft mit grasbewachsenen Ebenen und Kristallbergen.

Mittlerweile waren verschiedene Wissenschaftler, beispielsweise Montague Keen, überzeugt davon, dass das Scole-Experiment die besten Belege für das Überleben der Seele im Jenseits geliefert hatte, die es in der Geschichte der Menschheit je gegeben hatte. Den Angaben der Geisterwesen zufolge war es ihnen wichtig, Erklärungsmöglichkeiten wie > Super-Psi auszuschalten. In der Tat umfassten die beobachteten Phänomene eine so nie zuvor gesehene Bandbreite und Eindrücklichkeit.

Aufgrund dieser Erfolge bildeten sich in den verschiedensten Teilen der Welt neue Gruppen heraus, die nach den von der Ursprungsgruppe gelieferten Anleitungen tätig wurden. Sie finden sich heute in Ländern wie England, Irland, Holland, der Schweiz, Deutschland, Ungarn, Finnland, Japan, Australien, Neuseeland, Kanada und den USA. Falls Dutzende oder Hunderte von Gruppen zu wiederholbaren Ergebnissen kommen, würde das ihrer Ansicht nach die Vermutung, dass es wirklich eine jenseitige Welt gibt, deutlich stärken.

Am 23. November 1998 kam es jedoch zu einer Mitteilung Robin Foys, die viele erschütterte. Grant und Jane Solomon geben seine Worte in ihrem Buch über das Scole-Experiment wieder: “Ich habe einige Besorgnis erregende Nachrichten. Das Team hat uns mitgeteilt, dass wir sämtliche Operationen mit sofortiger Wirkung einstellen sollen. Eine Person aus der Zukunft beeinträchtigt jedes Mal das interdimensionale Tor, wenn wir es öffnen. Er experimentiert mit einer kristallenen Zeitsonde, und seine Motive sind nicht ganz wohlwollend. Das Team hat einige Anstrengungen geleistet, um dieses Problem zu lösen und dabei selbst Raum-Zeit-Spezialisten aus anderen Ebenen verständigt. Sie hatten keinen Erfolg und sind daher unter Druck, das Tor zu schließen. Für die nächste Zeit wird die Arbeit eingestellt." Etwas später erfolgte eine entsprechende offizielle Mitteilung per Fax.

Für die internationale Scole-Forschungsgemeinschaft stellte diese Nachricht einen heftigen Schlag dar. Aber sie bedeutete nicht das Ende ihrer Ermittlungen. Zum einen harrte das bislang gesammelte Material einer gründlichen Untersuchung. Zu diesem Zweck planten Montague Keen und David Fontana, es beispielsweise auch dem Freiburger > Institut für Grenzgebiete der Psychologie und Psychohygiene vorzulegen. Zum anderen waren immer noch zahlreiche Ermittler und Ermittlergruppen aktiv, die sich von der ursprünglichen Scole-Gruppe hatten anregen lassen. Einige von ihnen berichten von weiteren beeindruckenden Erfahrungen: Bilder, die auf ausgeschalteten Fernsehgeräten erschienen, sowie Nachrichten, die über Computer, Telefon und Faxgeräte übertragen wurden. Besonders kühne Hoffnungen richten sich auf die Einrichtung einer Art interdimensionalen Internets.

In Großbritannien war das Scole-Experiment Thema in zahlreichen Fernseh- und Radiosendungen, und es landete auf der Titelseite der "Times on Sunday". Manche > Skeptiker vermuteten einen groß angelegten Betrug. Auch von unbeteiligten Parapsychologen gab es harsche Kritik: So wurde den Forschern vorgeworfen, dass sie die Versuchsbedingungen gänzlich von den "Geistwesen" bestimmen ließen und auf den Einsatz von Infrarotkameras sowie eine eingehende körperliche Untersuchung der Medien auf mitgebrachte Gegenstände verzichteten (Hofmann, S. 174). Auch waren die Medien beispielsweise nicht gefesselt gewesen. Die Forscher verteidigten sich unter anderem damit, dass es im Nachhinein immer möglich ist, extrem ausgeklügelte Betrugsszenarien zu entwickeln – bis hin zu der Annahme, dass sämtliche Medien und Forscher miteinander unter einer Decke steckten. Wenn man allerdings die Beobachtungen zugrunde lege, wie sie nun einmal gemacht worden seien, lasse sich keine irdische Erklärung dafür finden.

Den Lesern dieses Lexikons kann nur empfohlen werden, sich anhand der vorliegenden Literatur sowie den im Internet veröffentlichten Diskussionsbeiträgen ein eigenes Bild zu machen.

Literatur: Grant und Jane Solomon: The Scole Experiment. Piatkus 1999. Montague Keen und andere: Scole Report. Society for Psychical Research 1999

Web: www.psisci.force9.co.uk, www.survivalafterdeath.org/articles/keen/scole.htm,

www.esalenctr.org/display/confpage.cfm?confid=9&pageid=91&pgtype=1,

www.datadiwan.de/SciMedNet/library/articlesN73+/N73Keen_Scoleevent.htm, www.datadiwan.de/SciMedNet/library/articlesN73+/N73Knox_Scoleimplications.htm,

www.bpv.ch/infotexte/scoleseance.htm, www.bpv.ch/infotexte/scoleinter.htm

Séance

Treffen mehrerer Personen, um mit Verstorbenen Kontakt aufzunehmen.

Seele

Die Gesamtheit aller innerlichen Vorgänge eines Menschen. Für Anhänger des > Materialismus handelt es sich dabei lediglich um eine Folgeerscheinung von Vorgängen im > Gehirn. Menschen, die mehr religiös oder spirituell ausgerichtet sind, glauben an eine Seele als inneren Wesenskern des Menschen, der den Tod des Körpers übersteht. Als Hinweise darauf, dass es so etwas gibt, gelten > außerkörperliche Erfahrungen, Fälle von scheinbarer > Besessenheit und > Reinkarnation, > Erscheinungen, die Berichte von > Medien sowie > mystische und > Nahtod-Erfahrungen. Auch manche Gehirnforscher wie > Eccles, > Persinger und > Penfield gehen von der Existenz einer unabhängigen Seele aus. Momentan versucht der US-amerikanische Professor für Neurologie Dick Burgess, einen wissenschaftlichen Nachweis für die Seele zu erbringen. Er räumt aber ein, dass man hier erst am Beginn der Forschung stehe und selbst religiöse Wissenschaftler vor einer Beschäftigung mit diesem Thema zurückscheuen.

Literatur: Hanspeter Weigl: Auf der Suche nach der unsterblichen Seele. Piper 1999

Web: http://deseretnews.com/dn/view/0,1249,525036215,00.html

Selbstmord

> Höllenerfahrung

Seth

> Roberts, Jane

Sheldrake, Rupert

Englischer Biologe, der vor allem für seine Weiterentwicklung der Theorie über > morphogenetische Felder bekannt wurde.

Literatur: Rupert Sheldrake: Das schöpferische Universum. Ullstein 1993. Rupert Sheldrake: Das Gedächtnis der Natur. Scherz 1998. Rupert Sheldrake: Der siebte Sinn der Tiere. Scherz 2001. Rupert Sheldrake: Der siebte Sinn des Menschen. Scherz 2003

Web: www.sheldrake.org

"Signale"

Geschichte Joel Rothschilds über die von ihm erlebten > Nachtod-Kontakte mit seinem an AIDS gestorbenen Freund Albert. Da beide große Angst vor dem Tod hatten, schlossen sie einen > Totenpakt, dass derjenige, der zuerst stirbt, mit dem anderen in Kontakt tritt. Dies schien zu geschehen. Joels anfänglicher Zweifel wandelte sich, als er die empfangenen Signale nicht mehr einfach als Zufälle abtun konnte. Rothschild war selbst ebenfalls an AIDS erkrankt und gilt inzwischen nach über 15 Jahren seit der Diagnose als einer der längsten Überlebenden mit dieser Krankheit.

Literatur: Joel Rothschild: Signale. Goldmann 2000

Silberschnur

Berichten zufolge eine der Nabelschnur ähnelnde, silbrige Erscheinung, die bei > außerkörperlichen Erfahrungen den > Astralleib mit dem stofflichen Körper verbindet. Dabei tritt sie aus dem stofflichen Körper inmitten der Stirn oder der Brust aus und dringt in den Rücken des Astralkörpers ein. Die Betreffenden sehen diese Verbindung weniger, als dass sie glauben, sie zu spüren, wenn sie zum Ende ihres Ausflugs in ihren Körper zurückgerissen werden. Aber nicht nur die Astralreisenden selbst nehmen diese Verbindung wahr: So berichtete der Magnetiseur Durville, von ihm behandelte, medial veranlagte Patienten hätten einen für ihn sichtbaren Astralkörper entwickelt, der mit dem physischen Körper durch eine fingerdicke "Kordel" verbunden gewesen sei. Auch sollen manche Hellsichtigen diese Schnur beim Austritt der > Seele Verstorbener wahrgenommen haben.

Viele glauben, dass die Durchtrennung der Silberschnur bedeuten würde, dass die Seele (der Astralleib) nicht mehr in den stofflichen Körper zurückkehren kann. Berichte über die Silberschnur erscheinen in den verschiedensten Kulturen dieser Erde und werden auch von Menschen abgegeben, die zuvor nichts über ihre angebliche Existenz gelesen hatten. In aktuelleren Schilderungen über > Astralreisen sowie in Laborversuchen wird sie jedoch seltener erwähnt (17, 100; 35, 226; 55, 38-39, 54).

Singh, Sumitra

Junge Inderin, die 1985 im Alter von 17 Jahren unter Anfällen zu leiden begann, die mit Augenrollen, Zähneknirschen und Trance verbunden waren. Bei einer dieser Gelegenheiten sagte sie voraus, dass sie drei Tage später sterben würde. Tatsächlich verlor sie drei Tage später das > Bewusstsein, Puls und Atmung setzten aus und das Blut floss aus ihrem Gesicht, sodass sie als tot angesehen wurde. Plötzlich aber kehrte sie in einem verwirrten Zustand ins Leben zurück, erkannte die Menschen um sich herum nicht mehr und behauptete, eine Frau namens Shiva zu sein, die von ihren angeheirateten Verwandten ermordet worden war. Was sie über ihr Leben schilderte, konnte in der Tat mit einer Frau namens Shiva Diwedi in Verbindung gebracht werden, die durch Gewalt ihr Leben verloren hatte. All dies stellte sich allerdings erst nach mehreren Monaten heraus, da Singhs Verwandte sie zunächst schlicht für geistesgestört hielten und nichts unternahmen, um ihre Behauptungen zu überprüfen. Der Fall kam eher zufällig ans Tageslicht, als der Vater der verstorbenen Shiva Gerüchte zu hören bekam, in einem anderen indischen Ort habe sich dergleichen zugetragen, und daraufhin begann nachzuforschen. Nachdem die beiden Familien miteinander in Kontakt getreten waren, erregte der Fall die Aufmerksamkeit Ian > Stevensons, der hierzu über zwei Jahre hinweg mehrere Dutzend Menschen, die auf die eine oder andere Weise Informationen liefern konnten, eingehend befragte. Unter anderem fand er dabei heraus, dass Singh, die keinerlei Schulbildung genossen hatte und nur ein wenig lesen und schreiben konnte, sich im Zustand der > scheinbaren Besessenheit wie eine Angehörige einer höheren Kaste verhielt und in der Lage war, Hindu fließend zu lesen und zu schreiben. Auch stellte er fest, dass die beiden Familien, die in weit voneinander entfernten Dörfern lebten, sich zuvor nicht gekannt hatten und einen völlig anderen Hintergrund besaßen, was ihre Kaste und ihren wirtschaftlichen Stand betraf. Singh erkannte Diwedis Familienmitglieder und Bekannte wieder, ohne zu ihnen hingeführt worden zu sein, war aber nicht mehr in der Lage, Orte und Personen aus ihrem "eigenen" Leben wiederzuerkennen. Auch ihre Charakterzüge ähnelten denen der Verstorbenen (1, 143-150).

Singh, Taranjit

Indischer Junge, der 2003 damit Aufsehen erregte, dass er behauptete, die Wiedergeburt eines Jungen aus einem Nachbarort zu sein, der elf Jahre zuvor bei einem Unfall mit dem Motorrad ums Leben gekommen war. Wie in ähnlichen Fällen aus dem Bereich der > Reinkarnation konnte er zutreffende Aussagen über sein angebliches früheres Leben machen. Nachdem mehrere Zeitungen über Taranjit berichtet hatten, wurde der Kriminologe Vikram Chauhan neugierig, auch wenn er als Wissenschaftler anfangs sehr skeptisch war. Er stellte jedoch bei seinen Befragungen verblüffende Übereinstimmungen fest. Auch überraschte es ihn, dass der sechsjährige Taranjit in der Lage war, das Alphabet in Englisch und Punjabi fehlerfrei aufzuschreiben, obwohl er das als Mitglied einer armen Familie nie gelernt hatte. Da Chauhan Fachmann für Handschriftenanalyse war, kam er auf den Gedanken, Taranjits Schulhefte mit denen des verunglückten Jungen zu vergleichen. Dabei stellte er eine nahezu hundertprozentige Übereinstimmung fest - der einzige Unterschied war dadurch zu erklären, dass Taranjit nicht gewohnt war, einen Stift zu führen. Chauhan ließ sich seine Analyse auf einer Kriminologenkonferenz von seinen Kollegen bestätigen (69).

Skeptiker

Ihrer Selbstdarstellung nach lediglich "Zweifler", die sich auf kritische, aber unvoreingenommene Weise mit der Erforschung des Unerklärlichen beschäftigen. In Deutschland wird die Skeptiker-Bewegung vor allem durch die Gesellschaft zur wissenschaftlichen Untersuchung von Parawissenschaften (GWUP) und deren Magazin "Skeptiker" getragen.

Tatsächlich umfasst die breite Bewegung der Skeptiker sehr unterschiedliche Menschen. In den Werken der einen zeigt sich eine sehr starke Übereinstimmung mit dem > Materialismus. Alles, was irgendwie darüber hinaus geht, von Akupunktur bis > Reinkarnation, wird geradezu feindselig abgelehnt. Generell ist diese Haltung jedoch für US-amerikanische Skeptiker typischer als für deutsche (> CSICOP). Andere Skeptiker zeichnen sich durch eine kritische, aber objektive Haltung aus. Der international bekannteste von ihnen dürfte Marcello Truzzi sein, der ursprünglich das Magazin "Zetetic" herausgab, um Behauptungen über das > Paranormale zu widerlegen, aber immer offener dafür wurde, je länger er sich damit beschäftigte. Er überließ sein Magazin einer Gruppe von Fundamentalisten und gründete mit "Zetetic Scholar" eine unvoreingenommenere Zeitschrift. Truzzi ist nach seinen Erfahrungen überzeugt davon, dass man ein wissenschaftliches > Paradigma nicht dadurch verändern kann, dass man ausgerechnet jene zu überzeugen versucht, die jedem Argument von vorneherein unzugänglich sind, sondern dass man sich an die aufgeschlosseneren Forscher wenden sollte (8, 160).

Im deutschen Sprachraum entwickelt sich inzwischen zumindest ansatzweise die Einstellung, dass sich gesundes Misstrauen nicht nur auf esoterische Vorstellungen, sondern auch auf allgemein anerkannte Weltbilder und scheinbar naturwissenschaftliche Erklärungsversuche erstrecken sollte. Es sei "*interessant, sich die Medienberichterstattung über anomalistische Phänomene genauer und kritischer anzusehen*", schreiben etwa Stephan Matthiesen und Inge Hüsgen in ihrem Vorwort zur Zeitschrift "Skeptiker" 3/2003. "*Dabei kann gerade dann Skepsis angebracht sein, wenn eine naturalistische Erklärung favorisiert wird. Zwar werden die meisten Wissenschaftler naturalistische gegenüber übernatürlichen Erklärungen bevorzugen, doch nicht jede beliebige naturalistische Erklärung passt auf jedes Phänomen.*" Diesem Vorwort folgt ein 14-seitiger Artikel von Dr. Gerhard Mayer, Dozent am > Institut für Grenzgebiete der Psychologie und Psychohygiene in Freiburg, worin dieser die Berichterstattung der Zeitschrift "SPIEGEL" über unerklärliche Phänomene untersucht. Dabei kommt Mayer zu dem Schluss, dass der "SPIEGEL" sich als Aufklärer gegen eine vermeintlich ständig bestehende Bedrohung durch Unvernunft versteht und deshalb bestimmte unfaire Strategien benutzt, das Unerklärliche zu entschärfen.

Dazu gehören starke Ironie, einseitige Argumentation, das Auslassen oder Herunterspielen von Dingen, die nicht ins Bild passen, persönliche Abwertungen von Ereignissen und vor allem Personen und das unzulässige Zusammenwerfen von Dingen, die nichts miteinander zu tun haben: etwa die Anwendung von Knoblauch gegen Vampire mit den Telekinese-Experimenten in einem wissenschaftlichen Labor. Ähnlich wie man es sonst von ideologischen Skeptikern gewohnt sei, würden Vertreter gegensätzlicher Auffassungen implizit mit Vorwürfen der unberechtigten Titelführung, der wissenschaftlichen Unseriosität und geldgierigen Geschäftstüchtigkeit angegriffen, ohne dass eine dieser Unterstellungen durch Fakten gestützt werde (47, 84-97). Dadurch dass die Zeitschrift "Skeptiker" Mayers Erläuterungen breiten Raum gewährt, setzt sie sich selbst vom dogmatischen Skeptizismus ab.

Allerdings entgehen auch deutsche Skeptiker nicht der Kritik. Eine scharfe Auseinandersetzung mit ihnen führt in seinem Aufsatz "Das Skeptiker-Syndrom" ausgerechnet Edgar Wunder: eines der Gründungsmitglieder der GWUP und ehemaliger Redaktionsleiter des "Skeptiker". In seinem Aufsatz gelangt Wunder zu dem Urteil: "*Es gibt innerhalb der GWUP eine ganze Reihe von Mitgliedern, die ohne hinreichende fachliche Kenntnis der jeweiligen Materie eine Art Weltanschauungskampf gegen alles führen wollen, was sie mit dem Begriff 'paranormal' assoziieren, die dabei auch (bewusst oder unbewusst) eine selektiv-einseitige Darstellung der Fakten und Argumente sowie zuweilen auch emotional-unsachliche rhetorische Taktiken in Kauf nehmen, während sie an wissenschaftlichen Untersuchungen zu Parawissenschaften höchstens insofern interessiert sind, als deren Ergebnisse 'Kanonenfutter' für öffentliche Kampagnen liefern könnten. (...) Es geht um Mission und Advokatentum, bei dem die Durchführung von eigenen wissenschaftlichen Untersuchungen als überflüssig erachtet wird, da ja eh klar sei, 'dass alles Quatsch ist'.*"

Im Einzelnen beklagt Wunder die folgenden Punkte:

1.) **Erzeugung von Angst und Panik gegenüber einer Bedrohung, gegen die die "Skeptiker"-Gemeinschaft ein Bollwerk darstellen soll:** Empfundene Gefahren durch die Grenzwissenschaften sowie eine starke persönliche Betroffenheit führten bei den "Skeptikern" zu regelrechten "*Horrorszenarien*", die sich spiegelbildlich zu den so genannten "Esoterikern" verhielten, "*die mit ähnlichen Argumenten* *uns vom heilsbringenden Nutzen ihrer jeweiligen Systeme überzeugen wollen."*

2.) **Ein Lagerdenken, das an die Stelle von Meinungsfreiheit ein Verunglimpfen abweichender Auffassungen setzt:** Die GWUP verstünde sich nicht als Forschungsgemeinschaft, sondern als soziale Bewegung mit politischen Zielen: "*nämlich der eigenen Vorstellung von 'Rationalismus' in der gesamten Gesellschaft zum Durchbruch zu verhelfen*". Offene Diskussionen, Debatten oder gar Abstimmungen würden jedoch abgelehnt, da sie das Zusammengehörigkeitsgefühl der Gemeinde, ihre Wir-gegen-die-Haltung, gefährdeten. Abweichenden Ansichten dürfe kein Forum geboten werden, da man dadurch "*den Gegner*" aufwerte. Andersdenkende würden entweder als Geisteskranke oder als Betrüger und Scharlatane dämonisiert, was mit einer Bereitschaft einhergehe, deren Meinungsfreiheit in aggressiven Kampagnen zu unterdrücken. Das gesamte Feld der >Parapsychologie werde mit abwertenden Begriffen wie "*Aberglaube*", "*Humbug*" und "*Pseudowissenschaft*" belegt. Dabei komme es zu einer Rollenverteilung, bei der die "Schafe" (die Bevölkerung) durch die "Hirten" (die Skeptiker) vor den "Wölfen" (den Parapsychologen) beschützt werden müssten. Es gehe "*für viele Mitglieder der GWUP offensichtlich darum, in der Gruppe soziale Sicherheit für ihre schon fest bestehenden Überzeugungen und Vorurteile zu gewinnen.*" In der Zeitschrift "Skeptiker" veröffentlichte Pro-Contra-Abwägungen sollten "*von vornherein so angelegt sein (...), dass die 'skeptische Seite' am längeren Hebel sitze, das Schlusswort habe und als Gewinner dastehe.*" Man dürfe nicht dem "*Mythos vom mündigen Leser*" aufsitzen; tatsächlich würde dieser durch Zweifel nur verwirrt.

3.) **Nachdrückliches Vertreten einer Auffassung, ohne im Besitz des nötigen Fachwissens zu sein:** Die Skeptiker läsen so gut wie keine Veröffentlichungen aus dem parawissenschaftlichen und esoterischen Bereich und seien entsprechend schlecht informiert. Als Informationsquelle würden lediglich die eigenen Texte sowie populärwissenschaftliche Magazine genutzt. Insofern fehle es "*an grundlegendem Faktenwissen, was überhaupt tatsächlich von parawissenschaftlicher Seite behauptet wird*". An dessen Stelle träten irreführende Klischees aus den Massenmedien. Dieses Unwissen hindere viele Skeptiker nicht, sich lautstark, aber ohne Argumente zu unterschiedlichen Themen zu äußern. So berichtet Wunder, er "*habe innerhalb der GWUP Gremiensitzungen erlebt, bei denen sich alle Teilnehmer gegenseitig versicherten, dass eine bestimmte Studie 'Unsinn' und 'widerlegt' sei, ohne dass auch nur ein einziger Teilnehmer jene Studie gelesen hätte, relevante Argumente oder eine 'Widerlegung' hätte anführen können.*"

4.) **Polemik ersetzt Forschung:** Eigene Untersuchungstätigkeit gebe es in der GWUP so gut wie gar nicht, da diese aufgrund der bestehenden Vorurteile als Zeitverschwendung betrachtet werde. An die Stelle der Forschung trete die Öffentlichkeitsarbeit. Zu dieser Öffentlichkeitsarbeit könnten auch unsachliche Argumente (Anspielen auf Emotionen, Zynismus) und das bewusste Verschweigen eventuell störender Informationen gehören. "*Aber das ist keine Wissenschaft, es ist letztlich eine religiös-missionarische Haltung.*" Werde ausnahmsweise doch einmal etwas untersucht, dann nur ohnehin fragwürdige und leicht zu entkräftende Behauptungen. Insbesondere wenn öffentliche Mittel zur parapsychologischen Forschung freigegeben werden, erzeuge das bei den "Skeptikern" große Empörung. Insofern könne "*der Name 'Gesellschaft zur wissenschaftlichen Untersuchung von Parawissenschaften' eigentlich nur noch als ein Etikettenschwindel aufgefaßt werden*".

Da Wunder trotz mehrfacher Versuche diese Haltung innerhalb der GWUP für "*nicht kurierbar*" hält und das "Skeptiker"-Magazin in Zukunft "*nicht mehr der offenen, kontroversen und kritischen Diskussion von Parawissenschaften (...), sondern vielmehr 'der Meinungsmache*" dienen wolle, erklärte Wunder seinen Rücktritt von allen Funktionen innerhalb der GWUP und gründete stattdessen mit anderen enttäuschten GWUP-Aussteigern die > Gesellschaft für Anomalistik, die fairer und unvoreingenommener diskutieren soll. Wunder betont allerdings, dass es auch innerhalb der GWUP sehr offene und undogmatische Mitglieder gebe.

Wunder steht mit seiner Einschätzung nicht allein. Ein weiterer Aussteiger aus der Skeptiker-Bewegung, Rudolf Henke, legte mit seinem Artikel "Vom Regen in die Traufe. Erfahrungen eines Insiders mit der deutschen

Skeptikerbewegung" eine ebenso kritische Bewertung vor. Henke zieht darin das Fazit: *"Es besteht für mich kein Zweifel daran, daß die GWUP im gegenwärtigen Stadium eher in Richtung einer Sekte als hin zu einer wissenschaftlichen Forschungsgesellschaft tendiert."*

Vgl. > CSICOP.

Literatur: Christoph Bördlein: Das sockenfressende Monster in der Waschmaschine. Alibri 2002; Wolfgang Hund: Falsche Geister, echte Schwindler? Echter 2000

Web: www.gwup.de, www.skeptizismus.de, www.skepticalinvestigations.org, www.anomalistik.de, www.alternativescience.com

Slocum, Joshua

Segler, der 1895 als Erster alleine die Welt umschiffte. Zwischen den Azoren und Gibraltar lag er bei schwerer See mit heftigen Magenkrämpfen im Delirium. Dabei nahm er die > Erscheinung eines fremden Seemanns wahr, der am Steuerrad stand und sich als einer der Steuermänner von Christoph Columbus vorstellte. Er wolle ihm helfen, das Schiff auf Kurs zu halten, bis es Slocum am nächsten Morgen wieder besser gehe. Als Slocum am folgenden Tag erwachte, fand er, dass irgendjemand oder -etwas das Schiff trotz des ungestümen Seegangs genauestens auf dem eingeschlagenen Kurs gehalten hatte (19, 90).

Society for Psychical Research (SPR)

1882 unter anderem von dem Physikprofessor Sir William Fletcher Barrett, Edmund Gurney und F. W. H. > Myers in London gegründete Gesellschaft zur wissenschaftlichen Untersuchung übersinnlicher Erscheinungen. Zu den berühmtesten Unterstützern dieser Vereinigung gehörten Lewis Carroll, Carl Gustav > Jung, J. B. > Rhine, Mark Twain und Sir Arthur Conan Doyle. Zu ihren bekanntesten Präsidenten zählten der englische Premierminister Arthur Balfour, der Philosoph und Psychologe William > James, der Physiker Sir William Crookes (Entdecker des Thalliums), der Medizin-Nobelpreisträger Charles Richet, der Literatur-Nobelpreisträger und Philosoph Henri Bergson sowie der Physik-Nobelpreisträger Lord Rayleigh (Entdecker des Argons). Als prominenter Vize-Päsident wäre der Physik-Nobelpreisträger und Entdecker des Elektrons Sir J. J. Thompson zu nennen (24, 37).

Das Ziel der SPR war es, jene Phänomene ebenso unvoreingenommen wie gründlich zu untersuchen, die dem Übernatürlichen zugeordnet wurden. Damit machten sie aus einer Art Freizeitbeschäftigung eine wissenschaftliche Methode, zu der Experimente ebenso gehörten wie das Anlegen einer Fallsammlung, die an Genauigkeit jedem Gerichtsverfahren standgehalten hätte. Damit ein Fall von dieser Gesellschaft ernst genommen wird, sollte er mindestens folgende Grundzüge aufweisen:

- Es muss ein gesprochenes oder geschriebenes Zeugnis über das Ereignis vorliegen, das durch die Feststellung eines nachweisbaren Sachverhaltes oder die Aussagen weiterer glaubwürdiger Zeugen gestützt wird.
- Die Person, die den Fall untersucht, muss dazu ausreichend befähigt und von einwandfreiem Ruf sein und darf nicht als befangen gelten.
- Der Fall muss möglichst unmittelbar, nachdem er stattfand, bis ins Kleinste, auch in scheinbare Belanglosigkeiten hinein, festgehalten werden.

Die so gesammelten Fälle und die Ergebnisse ihrer Ermittlungen veröffentlichten die Mitglieder der SPR in verschiedenen Zeitschriften. Ein erster Erfolg war die Ermittlung eines von dem berühmten > Medium Helena Blavatsky begangenen Betruges. Darüber hinaus konnte die SPR feststellen, dass ein Großteil von > Erscheinungen keineswegs durch Kräfte aus dem > Jenseits, sondern von irdischen paranormalen Fähigkeiten ausgingen (12, 63-65; 73).

Sommer-Dickson, Pamela

Holländische Geistheilerin (> Geistheilung). Sie berichtet, schon als Kind übersinnliche Erlebnisse gehabt, diese aber verdrängt zu haben. Nach der Geburt ihres zweiten Kindes fiel sie für drei Tage ins Koma und fand sich nach dem Erwachen in der Lage, > Auras und > Geister zu sehen. In der Aura eines Menschen entdeckt sie ihrer Darstellung nach ebenso sich anbahnende Krankheiten wie Charakterzüge und lebensgeschichtliche Einzelheiten. Inzwischen ist sie kostenlos als Heilerin tätig und hält in der Schweiz Seminare (16, 258-260).

Sommer, Elke

Deutschstämmige Hollywood-Schauspielerin. Die deutsche Journalistin Edith Dahlfeld entdeckte, als sie Sommer wegen eines Interviews besuchte, in ihrem Haus einen etwa fünfzigjährigen Mann mit schütterem Haar. Er trug dunkle Hosen, ein weißes Hemd und eine schwarze Krawatte. Der Mann gehörte nicht zum Haushalt und verschwand zunächst spurlos, wurde aber im folgenden Jahr immer wieder von Gästen des Hauses gesehen. Schließlich war im Speiseraum das geisterhafte Rücken von Möbeln zu hören. Sommers Mann, der Journalist Joe Hyams, stellte dort ein Tonbandgerät auf. Als er in der Nacht darauf wieder die seltsamen Geräusche hörte, schlich er sich zum Speiseraum, drehte das Licht an und fand alle Möbel an Ort und Stelle vor. Nur auf dem Tonband war am nächsten Morgen das Rücken von Möbeln zu hören - und zwar vor und nach Hyams nächtlichem Rundgang. Nachdem im folgenden Jahr aus unerklärten Gründen zwei Brände ausbrachen, verkauften Sommer und Hyams das Haus (19, 44).

Spiritismus

(Gegensatz: > Animismus) Annahme oder Weltbild, dem zufolge manche scheinbar übernatürlichen Erscheinungen von jenseitigen Kräften ausgeübt werden. Die Blütezeit des Spiritismus erstreckte sich von 1850 bis 1930. > Medien und > Séancen hielten einen großen Teil der Gesellschaft in ihrem Bann. Leider rief das auch zahlreiche Betrüger auf den Plan, die mit Zauberkunststückchen und anderen Formen von Betrug übersinnliche Phänomene nur vortäuschen wollten. Das wiederum rief verstärkt > Skeptiker auf den Plan, die mit der Aufdeckung solcher Fälle ihr Weltbild untermauern und sich Anerkennung verdienen wollten. Mit jedem aufgedeckten Betrug schwand das Vertrauen der Öffentlichkeit sowie der parapsychologischen Forscher in den Spiritismus (10, 54). Auch zeigte sich, dass die geistigen Kräfte von lebenden Menschen weit größer schienen als zuvor gedacht, sodass viel offenbar > Paranormales auch ohne jenseitige Einflüsse zu erklären war.

In Deutschland wurde die Beschäftigung mit dem Spiritismus von den Nationalsozialisten verboten. Schriftsteller und > Medien, die sich damit beschäftigt haben, verloren in Konzentrationslagern ihr Leben. Dies wirkt bis heute nach (88, 27).

Spiritualität

Die Suche nach dem Göttlichen bzw. der höheren, geistigen Wirklichkeit alles Seins und damit der wahren Natur und Bestimmung eines Menschen, dem tieferen Sinn des eigenen Lebens. Spiritualität und die nötigen Hilfestellungen dabei (> Gebet, Meditation etc.) formt sich in den verschiedenen Religionen unterschiedlich aus, auch wenn das Ziel letztlich dasselbe ist: das der materiellen Welt verhaftete, sich um sich selbst drehende Ego soll überwunden und ein höheres Selbst erlangt werden, das seine Verbundenheit mit allem Sein erfährt.

Spuk

> Poltergeist

Sterbebettvisionen

Wahrnehmungen einer > transzendenten Wirklichkeit von Menschen, deren Leben endet. Häufig sind sie verbunden mit dem Gefühl des Heiligen, der Annahme und des Friedens.

Viele Personen, die bis zum Moment ihres Todes bei vollem > Bewusstsein bleiben statt allmählich hinwegzudämmern, berichten, jenseitige Landschaften zu sehen, die von > Licht, Farben und Schönheit durchflutet sind, unterhalten sich mit unsichtbaren Wesen und erkennen früher verstorbene Familienmitglieder wieder. Manchmal nehmen nicht nur die Sterbenden selbst, sondern auch andere Anwesende im Zimmer Licht und Energie wahr.

Diese Visionen wurden erstmals in den zwanziger Jahren von dem Physikprofessor Sir William Barret (Mitglied der > Society for Psychical Research) untersucht, nachdem ihm seine Frau, eine Ärztin, von dem Erlebnis einer im Kindbett sterbenden Patientin namens Dora berichtet hatte. Diese lag in ihren letzten Atemzügen, als sie plötzlich zu lächeln begann und von einer herrlichen Helligkeit und wundervollen Wesen berichtete. Die Ammen brachten Dora ihr Baby. Sie fragte sich, ob sie dem Kind zuliebe bleiben sollte, konnte sich aber nicht von der wunderschönen Welt lösen, die sie sah. Dann erblickte sie ihren Vater und zu ihrer sichtlichen Überraschung ihre Schwester Vida im > Jenseits. Vida war drei Wochen zuvor gestorben, aber ihre Familie hatte das Dora verschwiegen, um sie zu schonen (> Dariens-Felsenrand-Erscheinung).

Barrett stellte eine Sammlung von Sterbebettvisionen zusammen. Diese wurde allerdings von der Fachwelt kaum wahrgenommen, weil sich die > Parapsychologie zu diesem Zeitpunkt verstärkt Laborexperimenten zuwandte

(> Rhine, J. B.). Erst ab Ende der fünfziger Jahre begann Karlis > Osis, sich wieder mit diesem Thema zu beschäftigen. Er befragte in seiner ersten von mehreren Studien Tausende Ärzte und Schwestern und fand so heraus, dass über 1.300 Menschen im Sterben > Erscheinungen und fast 900 ein > Jenseits wahrnahmen. Osis' Statistiken ergeben, dass nur jeder Zehnte kurz vor seinem Tod überhaupt bei > Bewusstsein ist und dass von all jenen die Hälfte bis zwei Drittel solche Erlebnisse hat. Bei seiner Analyse des zusammengetragenen Materials kam Osis darüber hinaus zu folgenden Schlussfolgerungen:

- Die typische Sterbebettvision ist zu zusammenhängend, um nur durch den Zerfall des > Gehirns erklärt werden zu können. Die Patienten sind sich darüber im Klaren, dass sie sich körperlich in einem Krankenzimmer befinden.
- Die Patienten äußern sich in jeder Hinsicht völlig logisch und rational, beharren aber darauf, dass sie eine andere Wirklichkeit wahrnehmen. Das lässt sich mit den Beobachtungen bei krankhaft bedingten > Halluzinationen nicht in Übereinstimmung bringen.
- Die Visionen schienen nicht durch Wunschdenken und unerfülltes Verlangen bedingt zu sein, sondern einer außerhalb vom Patienten liegenden Quelle zu entspringen. Patienten sahen nicht automatisch das, was sie sehen wollten. Auch Menschen, die nicht an ein Jenseits glaubten, hatten solche Wahrnehmungen.
- Bei zwei Drittel der Erscheinungen handelte es sich um Verstorbene, in der Regel Verwandte, bei einem Drittel um Lebende. Tatsächlich Sterbende sahen fast ausschließlich Verstorbene, lediglich schwer Erkrankte halluzinierten Lebende oder religiöse Bilder, die mit ihrem Glauben übereinstimmten. Generell handeln Halluzinationen von Nicht-Sterbenden von Fremden und bizarren Gestalten.
- Die meisten Patienten erkannten den Sinn dieser Wesen darin, dass sie ihnen den Übergang ins Jenseits erleichtern wollten.
- Die Patienten finden daraufhin in der Regel großen Frieden.
- Patienten, die Medikamente erhielten, berichteten nicht häufiger über solche Visionen als andere.
- Es gab keinen Hinweis auf zugrunde liegende Hirnstörungen oder einen Mangel an > Sauerstoff.

- Die Sterbebettvisionen waren nicht von dem kulturellen Hintergrund der Betreffenden beeinflusst. Christen berichteten von keinen Gerichts- und Höllenszenen; Inder gaben keine Hinweise auf Wiedergeburten oder Auflösung im Nirvana.
- In einigen Fällen konnten auch Dritte (beispielsweise eine Krankenschwester) die Erscheinungen Verstorbener sehen, die die Sterbenden wahrnahmen (13, 164-165; 42, 102-104; 70, 156-164; 74, 98-101).

Kenneth > Ring vertritt die Auffassung, dass Sterbebettvisionen > Nahtod-Erfahrungen in gewisser Weise ähneln. Während aber bei Nahtod-Erfahrungen der Betreffende ganz und gar in eine > transzendente Welt gelange, bewege er sich bei Sterbebettvisionen wechselweise hinein und wieder heraus (17, 100-101).

Nicht alle Sterbenden reagieren erfreut, wenn sie bei solchen Visionen tote Verwandte wahrnehmen, die im Jenseits auf sie zu warten scheinen. Kranke, die noch nicht bereit waren, die irdische Welt zu verlassen, zeigten sich erschreckt und wehrten sich heftig. Dies kann als Beleg dafür gewertet werden, dass solche Visionen nicht lediglich Wunschfantasien darstellen - insbesondere wenn die Vorhersagen der > Erscheinungen der medizinischen Diagnose einer baldigen Genesung widersprachen (29, 41).

Literatur: Erlendur Haraldsson und Karlis Osis: Der Tod, ein neuer Anfang. Bauer 1994

Internet: www.med.virginia.edu/personality-studies

Stevenson, Ian

US-amerikanischer Professor der Psychiatrie, Chefpsychiater einer Universitätsklinik, Direktor eines Hochschulinstituts und Autor von einigen Hundert Artikeln in Fachzeitschriften sowie zwei psychiatrischen Standardbüchern. Er befasste sich aber auch mit verschiedenen Themen im Zusammenhang mit > Parapsychologie und > Transzendenz: etwa > Telepathie, > Poltergeister, > Nahtod-Erfahrungen und > Sterbebettvisionen. Am bekanntesten wurde er allerdings durch seine Befragungen von Kindern, die sich an frühere Leben erinnerten. Da Stevenson in der Forschungsgemeinschaft einen untadeligen Ruf besitzt und für seine sorgfältige Arbeit bekannt ist, machte er das Thema > Reinkarnation von einer rein religiösen Vorstellung zu etwas, das wissenschaftlich ernst genommen und untersucht werden konnte. Unter strengsten Maßstäben setzt er sich über Monate hinweg mit ausgesuchten Fällen auseinander, hält die Äußerungen der Kinder über ihre vermeintlichen früheren Leben auf Band fest, überprüft diese anhand Zeugenbefragungen und der unterschiedlichsten Dokumente (Urkunden, Tagebücher, Presseberichte, Briefe und so weiter) und analysiert das gefundene Material sorgsam auf Unstimmigkeiten und Widersprüche. Fälle, in denen er anfangs Selbsttäuschungen, Betrug oder anderen Irreführungen aufsaß, legte er selbstkritisch und schonungslos offen. Er konnte mehrere Tausend Fälle zusammentragen und stellte die überzeugendsten davon in mehreren Büchern vor. Dabei stammt mit 324 Fällen die Mehrheit aus den USA, danach folgen Indien mit 135 und Großbritannien mit 114 Fällen. Stevensons Forschungen widerlegen also zumindest die Behauptung, dass Reinkarnation nur dort beobachtet werde, wo die Menschen ohnehin daran glaubten (70, 230; 92, 87-88).

Ian Stevenson erntete für seine Theorien jedoch auch scharfe Kritik, die oft allerdings eher rhetorisch wuchtvoll war, aber auf der Sachebene bemerkenswert dürftig blieb. So wurde ihm vorgehalten, im Ausland auf Dolmetscher angewiesen gewesen zu sein, die Zeugenaussagen möglicherweise so übersetzten, dass sie in Stevensons Theorie passten. Es gibt keinen Anhaltspunkt dafür, dass hier tatsächlich Verfälschungen vorkamen. Auch hatten in den weitaus meisten Fällen die Familien miteinander Kontakt, bevor die westlichen Forscher auf den Fall aufmerksam wurden - was allerdings fast in der Natur der Sache zu liegen scheint. Grundsätzlich fällt auf, dass > Skeptiker Stevensons schwächste und nicht seine stärksten Fälle auseinander pflücken.

Dass die Reinkarnationsforschung lange Zeit fast allein auf den Schultern Stevensons ruhte, machte ihre Ergebnisse leicht angreifbar, indem Anhänger eines anderen Weltbilds lediglich diesen einen Wissenschaftler und seine Arbeitsweise zu kritisieren brauchten. Mittlerweile gibt es allerdings andere Forscher wie Jürgen Keil, Kirti Rawat und Trutz Hardo, deren Ergebnisse in eine ähnliche Richtung weisen (45, 122-127).

Literatur: Ian Stevenson: Reinkarnation. Der Mensch im Wandel von Tod und Wiedergeburt. Aurum 1979; Ian Stevenson: Reinkarnationsbeweise. Aquamarin 1999; Ian Stevenson: Reincarnation and Biology. Greenwood 1997; Ian Stevenson: European Cases of the Reincarnation Type. McFarland 2003

Web: http://www.healthsystem.virginia.edu/internet/personalitystudies

Super-Psi

Theorie, der zufolge alles, was auf ein Weiterleben der Seele nach dem Tode hinweist, in Wahrheit nur auf extremen übersinnlichen Kräften des lebenden Gehirns beruht. Erscheint einer Person also ein gerade erst verstorbener Bekannter, könnte es sich dieser Theorie zufolge nur um > Hellsehen handeln, und die > Vision wird traumartig so gestaltet, dass sie für den menschlichen Geist leichter zu verarbeiten ist. Wird ein Kind geboren, das sich an ein früheres Leben erinnert und an seinem Körper dort Male trägt, wo die betreffende Person tödlich verletzt wurde, könnte es möglicherweise nur dessen Erinnerungen (oder die > Akasha-Chronik) angezapft und sich selbst noch im Mutterleib diese körperlichen Merkmale zugefügt haben. Besucht ein Geist einen anderen Menschen, um dort einen Einrichtungsgegenstand zu verrücken, wie es etwa Michael Grosso beschreibt (> außerkörperliche Erfahrungen), könnte es sich um eine Kombination von Hellsehen und > Telekinese handeln. Berichten von Medien kontaktierte Verstorbene von Dingen, die sich erst im Nachhinein als zutreffend herausstellen, ist das möglicherweise der > Präkognition zu verdanken. Ähnlich könnte es sich bei den vermeintlichen Bewusstseinsreisen von Sterbenden verhalten. Da niemand genau weiß, wo die Grenzen paranormaler Fähigkeiten liegen, ist die Super-Psi-Theorie nur schwer zu bestätigen oder zu widerlegen. Aus diesem Grund hat sich die parapsychologische Forschung (> Parapsychologie) vor einigen Jahrzehnten auch von der Überlebensfrage abgewandt, um stattdessen Experimente durchzuführen, bei denen Karten geraten werden und der Zerfall von radioaktiven Stoffen geistig beeinflusst werden soll.

Nun wirft die Super-Psi-Hypothese allerdings einige Fragen auf, die an ihrer Wahrscheinlichkeit zweifeln lassen. Beispielsweise müsste dieses Super-Psi in manchen Fällen dermaßen ausgeprägt, ja fast allmächtig sein, dass es unsinnig erscheint, wenn es vom lebenden Gehirn abhängen würde und dessen Tod nicht überdauern könnte. Eine auf dem Körper beruhende Erklärung solch extremer Fähigkeiten macht offenbar wenig Sinn.

Gleichzeitig müsste dieses Super-Psi uns zwar einerseits zuverlässige Erkenntnisse ermöglichen, uns andererseits aber über seine eigene Wirkungsweise extrem häufig täuschen.

Mit besonderem Nachdruck vertritt vor allem der Parapsychologe Stephen > Braude, dass es so etwas wie Super-Psi geben muss. Er argumentiert:

Dass ein Medium die Gedanken Lebender anzapft, stelle keine größere Leistung dar, als dass es mit den Gedanken eines Verstorbenen in Verbindung tritt. Dennoch glaubt er, dass ein Kontakt mit einem Toten wahrscheinlicher ist. Es gibt nämlich Medien, die über eine längere Dauer hinweg viele Dinge über einen Verstorbenen mitteilen, die sich hinterher erst über zahlreiche verschiedene Quellen als wahr herausstellen. Würden sie dies durch Super-Psi erreichen, müssten sie ihre außersinnliche Wahrnehmung gleichzeitig in die verschiedensten Richtungen ausdehnen. Die Annahme von Super-Psi geht aber davon aus, dass sehr viele Menschen über eine entsprechende Gabe verfügen - wenn auch meist unbewusst. Das würde bedeuten, dass es auf der psychischen Ebene (wie immer man sie sich vorstellen mag) ein extremes Sperrfeuer der unterschiedlichsten Signale gibt, die einander in die Quere geraten. Braude vergleicht dies mit einem Raum, in dem jeder durcheinander spricht. Je lauter diese Menschen reden bzw. je stärker Super-Psi wäre, desto weniger gut sollte man in der Lage sein, gezielt Informationen herauszufiltern (11, 86-95).

Einen weiteren Einwand gegen Super-Psi stellen Fälle dar, die erkennbar von Verstorbenen auszugehen scheinen: > Drop-Ins, die > Kreuzkorrespondenz und viele > Erscheinungen.

Schließlich gibt der Parapsychologe Alan Gauld zu bedenken, dass die besten Medien ja nicht nur bloße Erinnerungen Verstorbener von sich gaben, an die sie durch Telepathie oder Hellsehen hätten gelangen können. Vielmehr sprachen durch sie die Verstorbenen in typischen Eigenheiten: etwa einem besonderen Sinn für Humor, persönlichen Vorlieben, gerne benutzten Redewendungen usw. Freunde, Geliebte und Verwandte der Verblichenen zeigten sich oft sehr beeindruckt davon. Auch bestimmte Fertigkeiten, die das Medium selbst nicht besaß (etwa das Sprechen einer fremden Sprache oder über ein abgelegenes Thema), zeigen sich bei manchen > Séancen. Zu dem Super-Psi müsste also Super-Schauspielerei treten (wobei das Medium, die Person, die es "nachmachte", in der Regel nicht kannte) plus eine völlig unerklärliche Lernbegabung in Sekundenschnelle (22, 57, 107-108).

Als starkes Argument gegen Super-Psi werden schließlich Beobachtungen im Zusammenhang mit > Reinkarnation vorgebracht: Es kommt beim Lebenden zu einer starken Identifizierung mit der verstorbenen Person bis hin zu spezifischen Ängsten, und erinnerte Reinkarnationen durchmischen einander nicht (24, 76).

Literatur: Stephen Braude: Immortal Remains. The Evidence for Life After Death. Rowman & Littlefield 2003

Web: http://www.forumkontrovers.de/index/historie-Dateien/Survival.htm, http://www.survivalafterdeath.org/articles/keen/response.htm

Swedenborg, Emanuel

Schwedischer Gelehrter und führender Mathematiker, Ingenieur, Astronom und Politiker. Er erfand Vorläufer des Flugzeugs sowie des Unterseeboots. Swedenborg war aber auch Hellseher. Er hatte > außersinnliche Wahrnehmungen über die irdische Welt, die bald bestätigt werden konnten. Als er beispielsweise einen Freund in Stockholm besuchte, hatte er plötzlich die > Vision eines Brandes, der 300 Kilometer entfernt in der Stadt Gothenburg ausbrach. Er beschrieb den Ort und wie das Feuer gelöscht wurde einer Schar von etwa 15 versammelten Menschen. Als später ein Bote von Gothenburg ankam, enthielten die von ihm gelieferten Briefe Informationen über den Brand, die Swedenborgs Darstellungen entsprachen.

An einem Abend befand sich Swedenborg in einer Gesellschaft, deren Mitglieder ihn testen wollten: Er sollte vorhersagen, wer von ihnen als Erster sterben würde. Swedenborg nannte einen Mann namens Olof Olofsohn und als Zeitpunkt den nächsten Morgen um 4:45 Uhr. Als einer von Olofsohns Freunden diesen am nächsten Morgen besuchte, kam ihm einer von dessen Dienstboten entgegen: Sein Herr sei verstorben, die Uhr seiner Wohnung sei um 4:45 Uhr stehen geblieben (> Abmelden).

Swedenborg behauptete auch, Erkenntnisse über die jenseitige Welt zu haben, und sich mit Engeln und > Geistern unterhalten zu können. Ein Kaufmann, der diese Begabung überprüfen wollte, bat Swedenborg, ihm den Gegenstand einer Unterhaltung zu nennen, die er mit einem Freund kurz vor dessen Tod geführt hatte. Einige Tage später nannte ihm Swedenborg das richtige Thema. Der Kaufmann war verblüfft und erschreckt darüber, dass sein Freund sich noch immer damit herumquälte, statt in den Zustand der Wonne einzugehen. Swedenborg erklärte, dass ein Mensch seine liebsten Neigungen und Meinungen ins > Jenseits mitnehme.

Als Swedenborg für die schwedische Königin herausfinden sollte, warum ihr verstorbener Bruder ihr einen Brief nicht beantwortet hatte, enthielt die von ihm angebrachte Erklärung Informationen, die nur die Königin und ihr Bruder wissen konnten. Anderen Menschen leistete Swedenborg ähnliche Dienste. So fand er für die Herzogin de Marteville heraus, wo ihr Gemahl, ein Botschafter der Niederlande, ein wichtiges Dokument versteckt hatte: im falschen Rücken einer Schreibtischschublade - einem Versteck, das nur der Verstorbene kannte.

Swedenborgs Darstellungen über das Leben nach dem Tod stimmen in vielem verblüffend mit dem überein, was wir heute aus Berichten über > Nahtod-Erfahrungen wissen. So nennt er den > Tunnel, die Begrüßung durch die > Astralwesen, den > Lebensrückblick, die unglaublich schönen Landschaften und die Ansammlungen reinen Wissens. Er beschreibt eine Welt jenseits von Zeit und Raum, die aber von > Licht, > Liebe und Frieden durchflutet ist. Seiner Darstellung nach wird man nicht in den Himmel oder die Hölle geworfen, sondern wird - ganz wie im Erdenleben - von Menschen und Plätzen angezogen, die die eigene seelische Verfassung spiegeln. Der Philosoph Immanuel Kant widmete Swedenborg sein Buch "Träume eines Geistersehers" (2, 234; 60, 186; 43, 189-194; 59, 4; 82, 272).

Tart, Charles

US-amerikanischer Psychologieprofessor im Ruhestand und Forscher in den Bereichen > Bewusstsein, > Parapsychologie und > transpersonale Psychologie. In seinen Büchern legte er dar, wie man sein Leben bewusster führen kann und inwiefern sich Wissenschaft und > Spiritualität ergänzen können.

Literatur: Charles Tart: Hellwach und bewusst leben. Arbor 1995. Charles Tart: Body, Mind, Spirit. Hampton Roads 1997

Web: www.paradigm-sys.com/cttart/

Taube

Menschen ohne funktionierendes Gehör. Ähnlich wie bei > Blinden gibt es hier zumindest eine ärztlich bestätigte > Nahtod-Erfahrung, die mit einer bemerkenswerten Wahrnehmung zu tun hat. Michael > Sabom berichtete von einem Soldaten, der durch eine Explosion schwer verwundet wurde.

Unter anderem verlor er für mehrere Wochen das Augenlicht und in beiden Ohren wurde das Trommelfell durchstoßen. Dennoch war er in der Lage, das Schlachtfeld und den Operationstisch zu beschreiben und erkannte seinen Chirurgen an der Stimme wieder (89, 236).

Telekinese

(auch: Psychokinese) Die Fähigkeit, Materie allein durch das > Bewusstsein zu beeinflussen, beispielsweise zu bewegen. Obwohl es dafür in unserem bisherigen Weltbild noch keine wirklich nachvollziehbare Erklärung gibt, gilt diese Fähigkeit durch Experimente sowie Filmaufnahmen (in Labors, aber auch etwa beim > Rosenheim-Spuk) als sehr gut belegt. So stellte der international führende Parapsychologe Dean Radin fest: "*Es gibt einen kleinen, aber dennoch robusten Telekineseeffekt. Telekinese ist also grundsätzlich bewiesen. Die meisten meiner Kollegen haben bereits vor Jahren aufgehört, Experimente zum Nachweis von Telekinese durchzuführen. Sie arbeiten mittlerweile an Ablaufstudien. Sie untersuchen, unter welchen Bedingungen der Effekt auftaucht.*" 1976 stellte der deutsche Parapsychologe Helmut Schmidt fest, dass Telekinese auch in die Vergangenheit hineinzureichen scheint: Seine Versuchspersonen beeinflussten offenbar Ergebnisse eines > Zufallszahlengenerators, die dieser bereits am Tag zuvor ausgeworfen hatte (45, 175-176).

Literatur: Walter von Lucadou (Hrsg.): Dimension Psi. List 2003

Telepathie

Gedankenlesen, das direkte Wahrnehmen des > Bewusstseins einer anderen Person. Im Jahr 2005 konnte Leanna Standish, Neurowissenschaftlerin an der Universität von Seattle, mit neuen Experimenten belegen, dass es so etwas wie Gedankenübertragung wirklich zu geben scheint. In diesen Experimenten wurden Paare von Versuchspersonen, die jeweils eine persönliche Beziehung miteinander hatten, nach gemeinsamem Meditieren in voneinander getrennte Räume gebracht. Die Aufzeichnung ihrer Gehirnwellen über EEGs ergab, dass in mehreren Fällen das Denken des "Senders" eine mentale Reaktion beim "Empfänger" auszulösen schien. Mit diesem Versuch bestätigt Standish mehrere frühere Experimente ähnlicher Art.

Literatur: William Braud: Distant Mental Influence. Hampton Roads 2003

Telergie

> Telekinese, die den Körper eines anderen Menschen beeinflusst, insbesondere sein > Gehirn und sein Nervensystem. Es handelt sich also um eine Form von > Besessenheit. Der Begriff wurde von F. W. > Myers geprägt (11, 19).

Tenhaeff, Wilhelm Heinrich Carl

Seit 1953 Inhaber des ersten ordentlichen Lehrstuhls für > Parapsychologie, gegründet an der holländischen Universität Utrecht.

Thanatalogie

Die wissenschaftliche Erforschung von Sterben und Tod.

The Archives of Scientists' Transcendent Experiences (TASTE)

Von Charles > Tart errichtetes Online-Journal, in dem Wissenschaftler in einem geschützten Raum über ihre > transzendenten Erfahrungen berichten können. Tart kam auf diese Idee, nachdem Soziologen festgestellt hatten, dass viele Forscher wissenschaftliche Theorien mit wissenschaftlichen Fakten verwechselten. Daraus habe sich Tart zufolge ein dogmatisches Glaubenssystem gebildet, aus dem sämtliche Dinge ausgegliedert werden, die nicht in das dazugehörige Weltbild passen: insbesondere spirituelle, mystische oder übersinnliche Erlebnisse. Verschiedene Wissenschaftler hatten ihm von solchen Erfahrungen berichtet, die das gewohnte Verständnis von Realität in Frage stellten und die sie emotional bewegten, die sie aber ihren Kollegen oder Freunden nicht mitteilen konnten, weil sie Angst hatten, zurückgewiesen oder lächerlich gemacht zu werden. Manchmal fürchteten sie um ihre geistige Gesundheit. Nachdem sie hörten, dass es anderen Menschen ebenso ging, waren sie erleichtert; sie fragten, warum solche Dinge nicht gründlicher erforscht würden, mussten jedoch meist auch einräumen, dass sie es selbst mit ihrer Stellung in der wissenschaftlichen Gemeinschaft nicht vereinbaren konnten, eigene entsprechende Forschungen zu unternehmen.

Web: www.issc-taste.org/index.shtml

Thomas, C. Drayton

Britischer Kirchenmann und Mitglied der > Society for Psychical Research. Er erfand sowohl den > Buchtest als auch die > Proxy-Sitzungen, um dadurch sicherzugehen, dass ein > Medium, das angeblich von Verstorbenen stammende zutreffende Informationen mitteilte, diese nicht lediglich durch Gedankenlesen (> Telepathie) erhielt. Bei beiden neuen Versuchsanordnungen ließen die Leistungen der Medien nicht nach (63, 44).

Thompson-Gifford-Fall

Bekanntestes Beispiel scheinbarer > Besessenheit. Der Graveur Frederic Thompson sah sich dabei trotz mangelnden Interesses und Begabung dem plötzlichen Zwang ausgesetzt, Szenen im Stil des Malers Robert Swain Gifford auf die Leinwand zu bringen, den er zuvor nur flüchtig gekannt hatte. Gifford war ein halbes Jahr zuvor gestorben, was Thompson aber nicht wusste. Die Ähnlichkeit zwischen den gemalten Bildern und Orten, an denen sich Gifford zu Lebzeiten gern aufgehalten hatte, war verblüffend. Thompson hatte während seiner Arbeit das Gefühl, er sei Gifford selbst, behielt die meiste Zeit über jedoch das > Bewusstsein seiner eigenen Identität bei. Nur in einem Fall berichtet er von einem Gedächtnisverlust. Kunstexperten fielen bemerkenswerte Ähnlichkeiten im Stil auf, und Thompson malte von Gifford fotografierte Landstriche, die Thompson selbst nie gesehen hatte. Der Parapsychologe Hyslop brachte Thompson ohne Namensnennung mit verschiedenen > Medien in Kontakt, deren Wahrnehmungen eine Besessenheit durch Gifford bestätigten (21, 197; 22, 149-156; 76, 377; 78, 195).

Todesfluchterlebnis

> Nahtod-Erfahrung, die von Menschen erlebt wird, die sich nicht wirklich in tödlicher Gefahr befanden, sondern lediglich große Angst davor hatten. Beispielsweise berichten Bergsteiger, die aus großen Höhen herabfallen, aber ohne ernste Verletzungen überleben, von > außerkörperlichen Erfahrungen, > Lebensrückblicken und anderen Elementen. Der Krebsspezialistin Dianne Komp zufolge schildern viele sterbende Kinder mit intaktem > Gehirn singende > Engel und Lichtgestalten, die beim > Gebet, in Träumen oder > Visionen auftauchen. Das scheint die Annahme zu widerlegen, dass solche Erlebnisse von einem sterbenden Gehirn verursacht werden, lässt aber die Möglichkeit offen, dass es sich schlicht um eine unter Stress erzeugte Durchmischung von > außersinnlicher Wahrnehmung und innerseelischen Vorgängen handelt.

Tonbandstimmenforschung

Versuch, Stimmen aus dem > Jenseits auf Band aufzufangen. Dabei legt man in ein handelsübliches Gerät ein Band ein, drückt auf Aufnahme und wertet das Gehörte dann mit viel Zeit und Konzentration aus. Als 1959 der schwedische Dokumentarfilmer Friedrich Jürgenson Vogelstimmen aufzeichnete, glaubte er, auf den Bändern auch die Stimmen verstorbener Freunde und Bekannter zu erkennen. Sie enthüllten ihm private Informationen und Anweisungen, wie er weitere solcher Mitteilungen aufzeichnen konnte.

Die > Parapsychologie beschäftigte sich daraufhin genauer mit diesem Phänomen, kam aber zu keinem hieb- und stichfesten Ergebnis. Schließlich sind auf den Bändern keine klaren Sätze zu hören, sondern vielmehr Geräuschfetzen, die man nur nach stundenlangem Anhören als Wörter zu erkennen meint, welche noch dazu unterschiedlichen Sprachen entstammen müssten. Die so ermittelten Sätze ergeben häufig keinen Sinn. > Skeptiker sind der Ansicht, dass es sich bei solchen Geräuschfetzen um zufällige Aufnahmen etwa des Kurzwellenfunkes handelt und dass ansonsten nach stundenlangem Anhören durch Wunschdenken Wörter wahrgenommen werden, die es in Wirklichkeit nicht gibt. Schließlich wurden manche vermeintliche Geisterstimmen beispielsweise als Beiträge von Radio Luxemburg wiedererkannt. Nachdem Jürgenson seine Tonbandversuche aufgab, gab er zu, unter > Halluzinationen zu leiden, bei denen er in Naturgeräuschen Stimmen wahrzunehmen glaubte.

Eine weiter gehende Erklärungsmöglichkeit für diesen Effekt wäre > Telekinese: Demnach würden die Forscher ihre Bänder unbewusst selbst mit ihren Gedanken bespielen (60, 198-199; 42, 129-131).

Totenbettvisionen

> Sterbebettvisionen

Totenbuch

Buch, das die Reise der > Seele durch das > Jenseits beschreibt. Es soll dem Sterbenden vorgelesen werden, damit er entsprechend vorbereitet ist. Am bekanntesten ist bei uns das tibetische Totenbuch, es gibt aber etwa auch ein ägyptisches. Stephen Levine, ein Fachmann in der Begegnung mit Sterbenden, rät allerdings davon ab, Menschen in der letzten Phase ihres Lebens davon vorzulesen, wie sie gleich mit dem Gebrüll fremder Götter und Dämonen konfrontiert würden. Das Buch sei für tibetische Mönche verfasst und solle ihnen helfen, ihre lebenslang geübte spirituelle Praxis in den Moment ihres Todes einzubringen. Auf Menschen aus unserem westlichen Kulturkreis dürfte es eher befremdend oder beängstigend wirken (14, 210-211).

Literatur: Robert F. Thurmann: Das Tibetische Totenbuch. Fischer 2002; Gregoire Kopaktchy: Das ägyptische Totenbuch. O.W. Barth 1998

Totenpakt

Die Vereinbarung zweier Menschen, dass sich der eine nach seinem Tod bei dem anderen meldet, falls es ein > Jenseits gibt. Das machte etwa der italienische Philosoph Marcilio Ficino mit seinem Freund Michael Mercato aus. Als Ficinio 1499 starb, erschien er seinem Freund tatsächlich auf einem weißen Pferd, gallopierte an seinem Fester vorbei und rief: "*Michael! O Michael! Diese Dinge sind wahr!*" (19, 3).

Ein berühmter Totenpakt, der nicht funktionierte, wurde zwischen Harry Houdini und seiner Frau (später Witwe) ausgemacht. Von einem geglückten Totenpakt berichtet der englische Staatsmann Henry Lord Brougham and Vaux.

Der Parapsychologe Edmund Gurney wie auch andere Forscher kamen nach einer gründlichen Untersuchung solcher Fälle zu dem Schluss, sie seien dermaßen zahlreich, dass eine entsprechende Vereinbarung zu Lebzeiten > Erscheinungen zur Todesstunde fördere (88, 137-138). Vgl. auch Joel > Rothschild.

Transformation

Verwandlung. Dieser Begriff wird vor allem gebraucht, wenn Menschen davon berichten, dass ein scheinbar > mystisches Erlebnis (etwa eine > Nahtod-Erfahrung) ihr ganzes Wesen und Leben verändert habe, weil sie dadurch einen Einblick in die höhere Ordnung des > Universums, den Sinn ihres Lebens, die Konsequenzen ihrer Handlungen und die Verbundenheit allen Seins erhalten hätten.

Kenneth > Ring führt in seinem Buch "Lessons from the Light" die wesentlichen Veränderungen in Einstellung und Weltsicht solcher Menschen aus:

- Sie verlieren ihre Angst vor dem Tod und betrachten das Sterben als friedlich und schön. Auch andere Ängste verschwinden.
- Sie wissen aber auch das Leben und ihren Körper viel mehr zu schätzen und wollen beides voll ausschöpfen. Sie würdigen den Augenblick mehr und leben jeden Tag, als wäre es der letzte. Alltägliche Freuden, an die sich die meisten Menschen längst gewöhnt haben, erwecken in ihnen wieder fast kindliche Freude ("sense of wonder").
- Sie glauben, dass Leben weder mit der Geburt beginnt noch mit dem Tod endet. Einige wenden sich der Lehre von der > Reinkarnation zu.
- Sie erkennen, dass bedingungslose > Liebe für alles und jeden das Wichtigste ist, dass Erfolg und Reichtum überschätzt werden und Zusammenarbeit besser ist als Wettbewerb. Das Mitgefühl und das Bedürfnis zu helfen wachsen.
- In ihnen entsteht ein enormer Durst nach Wissen. Auch ungebildete Menschen haben plötzlich Wörter aus unbekannten wissenschaftlichen Zusammenhängen in ihrem Kopf und entwickeln daraufhin Neugierde und große Begeisterung am Forschen.
- Sie spüren, dass es für alles im Leben einen Grund gibt, was ihnen viele Sorgen nimmt.
- Ihr Selbstwertgefühl ist gestiegen, und sie machen ihr Handeln deshalb weniger abhängig von den Meinungen und Erwartungen anderer. Gefühle von Unsicherheit und Schüchternheit und das Bedürfnis, gefallen zu müssen, verschwinden.
- Sie wissen die Natur und die Umwelt mehr zu schätzen.
- Formale Züge einer bestimmten Religion treten zurück gegenüber einer allumfassenden > Spiritualität.
- Unabhängig von ihrem früheren Glauben ist bei vielen eine innere Gewissheit entstanden, dass > Gott existiert.

Kenneth > Ring geht davon aus, dass solche Erfahrungen und die Berichte darüber eine Auswirkung auf weit mehr Menschen als die direkt Betroffenen haben. Seiner Ansicht nach findet gerade ein Evolutionsschub hin zu einem höheren Bewusstsein der gesamten Menschheit statt. Andere Denker, so etwa Michael Grosso, Duane Elgin und Peter Russell, teilen Rings Einschätzung und erläutern sie in ihren Büchern (3, 215; 62, 19, 26, 31-32, 124-131; 82, 285, 316).

Transkommunikation

Elektronisch unterstützte Verständigung mit anderen Formen des > Bewusstseins, beispielsweise mit dem > Jenseits oder über die Grenzen der Zeit hinweg. So sollen Botschaften von Verstorbenen oder anderen nichtkörperlichen Wesen über Fernsehen, Radio, Computer, Fax oder Telefon empfangen werden. Als Wegbereiter dieser Methode gelten Friedrich Jürgenson (> Tonbandstimmenforschung) und Konstantin Raudive.

Der Begriff Transkommunikation wurde in den siebziger Jahren von Dr. Ernst Senkowski geschaffen. Senkowski studierte in Hamburg und Mainz Physik, arbeitete vor Beginn einer Professur für die Vereinten Nationen und begann schließlich seine Experimente mit der Aufzeichnung von Stimmen anscheinend Verstorbener auf Tonbändern. Wenn diese Methode funktioniert, würde ihr Vorteil darin bestehen, dass man zur Verständigung mit Toten nicht länger auf ein > Medium angewiesen ist. Einige Privatpersonen behaupten, auf diese Weise beeindruckende Erfahrungen gesammelt zu haben. Es fehlt allerdings jede wissenschaftliche Bestätigung dafür, dass Transkommunikation unter kontrollierten Laborbedingungen funktioniert. Sie gilt daher auch in der > Parapsychologie als abgelegener Seitenzweig der Forschung. Allerdings soll es kürzlich im Rahmen des > Scole-Experimentes zu einer ganzen Anzahl solcher Verständigungen gekommen sein (72, 112; 127-128). Auch schildert Arthur Berger den Fall einer Witwe, deren toter Mann sich ihr anscheinend durch Klopfgeräusche mitteilte, welche sie auf Band aufnahm. In einem passenden Augenblick sagt eine ferne Männerstimme sanft den Satz: “Ich liebe dich.” Das Band wurde zwölf Menschen vorgespielt, ohne dass ihnen vorher mitgeteilt wurde, was darauf zu hören sei. Zehn von ihnen erkannten unabhängig voneinander diesen Satz, einer war sich unsicher und einer hörte gar nichts.

Professor Ernst > Bender wandte ein, dass es solche Worte auf Tonbändern geben könne, dass sie aber nicht zwingend von Toten erzeugt sein müssten, sondern genausogut den geistigen Einflüssen Lebender entstammen könnten: einer Sonderform der > Telekinese (9, 123-129).

Ein populärer deutscher Autor, der sich eingehend mit Transkommunikation beschäftigt, ist Ernst Meckelburg. Bekannt geworden ist in diesem Bereich auch der Kommunikationspsychologe John Klimo, der mit verschiedenen Geräten experimentiert, um sich mit körperlosen Formen des Bewusstseins zu verständigen. Dazu gehören radionische Kameras zur > Geisterfotografie, Flammensprecher-Mikrofone, Plasma-Empfänger und Bio-Spiegel (29, 215-216).

Literatur: Ernst Meckelburg: Hyperwelt. Heyne 1998

transpersonale Psychologie

Ende der sechziger Jahre in den USA entwickelte Ausrichtung, die ihre Anhänger als "vierte Schule" der Psychologie betrachten (nach dem Behaviorismus, der Psychoanalyse und der humanistischen Psychologie). Ihr geht es um jene Erfahrungen, bei denen die Grenzen des biologisch und kulturell geprägten persönlichen Ichs überwunden werden, also etwa Erleuchtungserlebnisse, religiöse, spirituelle und > mystische Erfahrungen der Einheit mit dem > Universum oder andere veränderte Zustände des > Bewusstseins. Anders als die traditionelle Psychologie nimmt die transpersonale Psychologie solche Erfahrungen ernst, statt sie als seelische Störungen vom Tisch zu wischen, und verweist dabei beispielsweise auf die belegbaren Forschungsergebnisse der > Parapsychologie, die durch solche Erfahrungen vermittelten Werte (> Moral) wie > Liebe und Mitgefühl sowie theoretische Entwürfe wie das > holographische Weltbild. Die fundamentale Einheit allen Seins, die die Betreffenden in solchen Zuständen erfahren, wird als von großem Nutzen für die Genesung unserer Welt betrachtet. Darüber hinaus beruft sich diese Ausrichtung auf religiöse Weisheiten (etwa des Zen-Buddhismus) sowie Wegbereiter wie Carl Gustav > Jung, Viktor Frankl und Abraham > Maslow (> Gipfelerfahrung). Einige Anhänger der transpersonalen Psychologie gehen davon aus, dass das > höhere Selbst, ein über die Alltagspersönlichkeit hinausgehender Kern des > Bewusstseins, den Tod des Körpers überlebt.

Die transpersonale Ebene der Wirklichkeit wird von Menschen unterschiedlicher Glaubensrichtungen unterschiedlich betrachtet. Für Christen ist sie die Vereinigung der unsterblichen > Seele mit Gott, für Buddhisten ist es das Nirvana, für manche Wissenschaftler das Quantenvakuum, das allem Sein zugrunde liegt (46, 366).

Die transpersonale Psychologie hat noch bestimmte Probleme sich durchzusetzen. Wenn sie sich etwa auf Parapsychologie, Religion, Philosophie und > Esoterik beruft, stützt sie sich auf Dinge, die von der etablierten

Schulwissenschaft nur begrenzt als Möglichkeit der Erkenntnis ernst genommen werden. Zudem muss sie sich oft einer neuartigen, schwer verständlichen Sprache bedienen, da unsere gewohnte Sprache ja auch an unsere gewohnten Erfahrungen von Wirklichkeit gebunden ist.

Zu den bekanntesten Vertretern der transpersonalen Psychologie zählen Ken > Wilber, Stanislav > Grof und Charles > Tart.

Literatur: Sylvester Walch: Dimensionen der menschlichen Seele. Walter 2002; Ken Wilber: Das Spektrum des Bewusstseins. Rowohlt 1991; Bruce W. Scotton: Textbook of Transpersonal Psychiatry and Psychology. Perseus 1996; Francis Vaughan und Roger Walsh: Paths Beyond Ego. Tarcher 1993.

Web: www.transpersonal.com, http://www.clas.ufl.edu/users/ gthursby/ psi/trperson.htm, http://www.mdani.demon.co.uk/trans/humtrans.htm http://www.paradigm-sys.com/display/ctt_articles2.cfm?ID=25

Transzendentologie

Von dem Parapsychologen Professor Milan Rýzl vorgeschlagener Begriff für eine neue Wissenschaft, die die spirituelle Wirklichkeit studieren sollte: *"Gewiss, es besteht kein Zweifel, dass hier ein riesiges Hindernis bei unserer Suche ist. Aber es bedeutet noch nicht, dass das Spirituelle überhaupt nicht erkennbar, völlig außerhalb unserer intellektuellen Reichweite sei."* Rýzl zieht die moderne Physik als Vergleich heran, die ja auch das normalerweise unsichtbar bleibende Innerste von Atomen beschreiben könne. Ähnlich müsse man sich der Erforschung einer Welt außerhalb von Raum, Zeit und Kausalität schrittweise nähern können (67, 321-322). Dies ähnelt Rudolf Steiners Vorstellung einer "Spirituellen Wissenschaft" (7, 36).

Transzendenz

Ebene der Wirklichkeit, die die körperliche Welt übersteigt.

Traumzeit

In der Vorstellung der australischen Ureinwohner (Aborigines) die Welt jenseits von Zeit und Raum, in die der Mensch nach seinem Tod eingeht. Ein > Schamane, der dort eintrifft, kann sofort über sämtliches Wissen verfügen (vgl. > Akasha-Chronik). Der deutsche Ethnopsychologe Holger Kalweit macht darauf aufmerksam, dass es nicht nur bei den Aborigines, sondern in den unterschiedlichsten Kulturen dieser Erde übereinstimmende Vorstellungen über diese Welt gibt: etwa dass sie von unermesslich schönen Landschaften erfüllt ist, sich in ihr lehrende und leitende > Astralwesen befinden und dass das > Bewusstsein dort etwa Nahrung materialisieren kann (> imaginale Welt). Eine > Nahtod-Erfahrung gibt dem Menschen demnach Gelegenheit, Schamane zu werden und in diese Welt hineinzureisen (82, 282).

“Trost aus dem Jenseits”

Von Bill und Judy Guggenheim erstellte Sammlung von über 350 > Nachtod-Kontakten (Originaltitel: “Hello from Heaven”). Sie weist darauf hin, dass entsprechende Erfahrungen weitaus häufiger sind als zuvor gedacht, dass sie nichts mit geistigen Störungen zu tun haben, sondern stattdessen in der Regel seelisch und spirituell aufbauend und stützend wirken. Das Buch unterteilt diese Erlebnisse in verschiedene Kategorien, etwa Nachtod-Kontakte in der Form von Gegenwartsempfinden, Hören, Berührungen, Gerüche, > Erscheinungen, Träume, > Telekinese, Kontakte ohne vorheriges Erhalten der Todesnachricht, mit Beweiskraft oder in Anwesenheit von Zeugen sowie als Schutz oder Warnung.

Bill und Judy Guggenheim wurden durch die Arbeit der Sterbeforscherin Elisabeth > Kübler-Ross angeregt und sind Mitbegründer der > International Association for Near-Death Studies (IANDS). Im ersten Kapitel ihres Buches sprechen sie über das seltsame Missverhältnis, dass Umfragen zufolge zwar 42 Prozent der erwachsenen Amerikaner schon einmal entsprechende Erfahrungen gemacht hatten, die von den Guggenheims befragten Menschen ihre Schilderungen aber gründsätzlich mit Sätzen begannen wie *“Ich erwarte nicht, dass Sie mir glauben ...”, oder “Das wird Ihnen vermutlich verrückt vorkommen ...”.* Im herrschenden Weltbild (> Paradigma) des > Materialismus werden solche Erlebnisse nicht ernst genommen, sondern als Wunschvorstellungen oder durch Trauer verursachte > Halluzinationen abgetan. Die Guggenheims befragten für ihr Projekt 2000 Menschen aus allen Lebensbereichen und Schichten zwischen acht und 92 Jahren.

Literatur: Bill und Judy Guggenheim: Trost aus dem Jenseits. Scherz 2002

Web: www.after-death.com

Tulpa

Sonderform des > Doppelgängers. Die Völkerkundler W.Y. Evans-Wentz und Alexandra David-Néel berichten davon, dass manche Tibetaner bei ihrer spirituellen Ausbildung lernen, eine solche Erscheinung durch ein bestimmtes Ritual willentlich hervorzurufen. David-Néel gelang ihren Schilderungen zufolge schließlich dasselbe, wobei ihr Doppelgänger auch von anderen wahrgenommen wurde. Allerdings war er schwer unter Kontrolle zu behalten, er wurde immer aufsässiger und bösartiger. David-Néel musste ihn mühevoll auflösen. Evans-Wentz berichtet, dass der tibetanische Yogi Milarepa im Sterben zahllose Tulpas seiner selbst erschaffen habe (61, 75).

Tunnel

In manchen > Nahtod-Erfahrungen wahrgenommene Verbindung zum > Jenseits. > Skeptiker versuchten zunächst, ihn durch einen Ausfall der Sehnerven vom Rand bis zur Mitte des Auges zu erklären, was bei dem Betreffenden den Eindruck erwecke, er reise durch einen Tunnel ins > Licht. Es gibt dazu hübsche Computersimulationen. Die Theorie scheitert jedoch daran, dass der Tunnel auch von Blinden erlebt wurde. Der nächste, von Susan > Blackmore vorgebrachte Erklärungsversuch sprach von durch mangelnden > Sauerstoff bedingten Entladungen in den Gehirnzellen, die in der Gehirnmitte stärker seien als im äußeren Rand. Jedoch kommt es auch ohne Sauerstoffmangel zu Nahtod-Erfahrungen, und der Tunnel tritt ohnehin nur in neun Prozent aller berichteten Fälle auf, scheint also nicht durch den Gehirntod automatisch bedingt zu werden. Die tatsächliche Seltenheit des Tunnels bei Nahtod-Erfahrungen, obwohl er eines der zentralen Bestandteile in der öffentlichen Berichterstattung darüber darstellt, zeigt auch, dass Nahtod-Erfahrungen nicht deshalb einander ähneln, weil sie durch die Erwartungen der Sterbenden bedingt werden (21, 208-209, 216-217).

Tuzla

Stadt in Bosnien (Ex-Jugoslawien), in der am 25. Mai 1995 ein Angriff von Serben 71 Menschen das Leben kostete. Viele wurden dabei enthauptet, verloren Arme oder Beine. Monate danach waren an dem betreffenden Platz noch seltsame Geräusche und Klagelaute zu hören. Verschiedene Offiziere der Militärpolizei berichteten, den Geist eines Mädchens gesehen zu haben. Einer beschrieb sie als gesichtslos, sie sei auf der Suche nach ihren Beinen gewesen. Viele Bewohner der Stadt sollen aus ihrem Schlaf geschreckt sein, um neben ihrem Bett tote Freunde stehen zu sehen (19, 86).

Überlebensforschung

(englisch: survival research) Forschung, die sich der Frage widmet, ob die > Seele den Tod des Körpers überlebt. Hinweise darauf können aus unterschiedlichen Quellen entnommen werden: den Erkenntnissen der > Parapsychologie, die darauf hindeuten, dass das > Bewusstsein häufig unabhängig vom Körper handelt, > Nahtod-Erlebnissen, > außerkörperlichen Erfahrungen, der Erforschung der > Reinkarnation und schließlich der Auseinandersetzung mit > Medien, manchen > Poltergeistern und > Erscheinungen. Für viele der in diesem Bereich tätigen Forscher sind die Hinweise auf ein > Jenseits in ihrer Gesamtheit inzwischen so stark, dass sie außer durch völlig neuartige Versuche der Welterklärung nur noch durch die Annahme von > Super-Psi ausgehebelt werden können. Andererseits ist man in den letzten 100 Jahren der Überlebensforschung wirklich schlagenden Beweisen und neuen Erkenntnissen nur bedingt näher gekommen. Als neue Wege in diesem Zusammenhang wird aktuell unter anderem vorgeschlagen, die verschiedenen scheinbar übernatürlichen Ereignisse besser zusammenzuführen (etwa in der > transpersonalen Psychologie) sowie Methoden zu entwickeln, die dem Einzelnen praktische Erfahrungen möglich machen: beispielsweise durch Anleitungen zu > außerkörperlichen Erfahrungen oder Momenten der > Erleuchtung. Manche Wissenschaftler setzen auf einen gesamtgesellschaftlichen Bewusstseinssprung ähnlich wie bei Darwins Durchsetzung der Evolutionslehre, sodass diesem Thema mehr öffentliche Aufmerksamkeit und mehr staatliche Forschungsgelder zukommen. Ein Problem stellen hierbei vor allem die Feindseligkeiten besonders dogmatischer > Skeptiker dar.

Web: http://www.esalenctr.org/display/confpage.cfm?confid=3&pageid=19&pgtype=1

Universum

Der esoterischen Vorstellung nach eine Kollektivhalluzination aller Beteiligten und Trainingsplatz für die Weiterentwicklung der menschlichen > Seele (24, 87).

van Lommel, Pim

Niederländischer Kardiologe, der Anfang 2002 im medizinischen Fachmagazin "The Lancet" eine aufsehenerregende Studie über > Nahtod-Erfahrungen veröffentlichte. Er befragte 344 Patienten, die nach einem klinischen Tod wiederbelebt wurden. 62 (also 18 Prozent) berichteten von einer Nahtod-Erfahrung, 31 hatten mit klarem > Bewusstsein und angenehmen Empfindungen festgestellt, tot zu sein, 15 berichteten von > außerkörperlichen Erfahrungen. Zu den anderen genannten Phänomenen gehörten die Reise durch einen > Tunnel, ein Gespräch mit einem > Astralwesen aus > Licht, das Sehen einer himmlischen Landschaft und ein > Lebensrückblick. Als besonders beeindruckend empfand van Lommel den Fall eines Mannes, der eine Woche nach seiner Wiederbelebung eine Krankenschwester wiedererkannte, die ihm sein künstliches Gebiss aus dem Mund genommen hatte, als er im tiefen Koma lag. Sie konnte sich nicht mehr daran erinnern, wo sie es hingelegt hatte, der betreffende Patient aber sehr genau. Tatsächlich fand sich das Gebiss an dem von ihm angegebenen Ort: in der unteren Ablage eines von der Schwester mitgeführten Gefährtes. Der Mann schilderte, seine Wiederbelebung genau mitverfolgt und dadurch seine Angst vor dem Tod verloren zu haben (45, 98-99). Eine andere Patientin hatte bei einem flachen Gehirnwellenmuster, aus ihrem Kopf gesaugten Blut, aufgesetzten Kopfhörern und zugeklebten Augen eine > außerkörperliche Erfahrung, deren Wahrnehmung später bestätigt werden konnte. Lommel schlussfolgerte: Die gängigen medizinischen Erklärungsversuche für Nahtod-Erlebnisse greifen nicht. Mehrere Patienten verfügen selbst bei totem Gehirn über alle Kennzeichen eines klaren Bewusstseins: Wahrnehmung, Verstand, Gefühl, Gedächtnis und den Eindruck einer persönlichen Identität. Es sei bislang nie der wissenschaftliche Beweis erbracht worden, dass das Bewusstsein lediglich ein Produkt des Gehirns sei, auch habe man selbst nach jahrzehntelanger Forschung das Gedächtnis nicht im Gehirn aufspüren können. Beides gelte zwar momentan als medizinische Grundannahme, die inzwischen vorliegenden Erkenntnisse stellten diese Vermutung jedoch sehr in Frage.

Web: http://www.skepticalinvestigations.org/whoswho/vanLommel.htm

van Praagh, James

Bekanntes US-amerikanisches > Medium und Buchautor ("Und der Himmel tat sich auf. Jenseitsbotschaften"). Schon im Kindesalter erlebte van Praagh Ereignisse in Verbindung mit > außersinnlicher Wahrnehmung, sah Geistwesen und konnte Unfälle vorhersagen. Als Erwachsener entwickelte er seiner Darstellung nach die Fähigkeit, mit Verstorbenen zu kommunizieren, was in einem Fall zur Ermittlung eines Mörders führte, der später auch verurteilt wurde. Vor allem aber gibt van Praagh mit seinem Schaffen den Trauernden spirituellen Trost, vermittelt ihnen Einsichten über das Leben nach dem Tod und leitet sie dazu an, selbst in Kontakt mit Verstorbenen zu treten.

Vardögr

Norwegische Form des > Doppelgängers. Dem Osloer Physikprofessor Wereide kündigt sich in seinem Heimatland die Ankunft eines Menschen häufig durch diese > Erscheinung an. Sie wird nicht gesehen, sondern gehört - und zwar in Form all jener Geräusche, die man erwarten würde, wenn derjenige, zu dem dieser Doppelgänger gehört, eintreffen würde: Aufschließen der Tür, Schritte auf der Treppe und so weiter. Sie scheinen genau dann zu beginnen, wenn der Betreffende beschließt, sich auf den Weg zu machen. In einigen Fällen soll dieses Phänomen so alltäglich geworden sein, dass sich die Hausfrau nach diesen Geräuschen richtet, um das Essen aufzusetzen (55, 44).

Vincent, Victor

Im Frühjahr 1946 in Alaska verstorbener Tlingit-Indianer. Ein Jahr vor seinem Tod kündigte er seiner Nichte an, als ihr nächster Sohn zurückzukehren. Er zeigte ihr zwei verschiedene Operationsnarben, eine auf seinem Rücken, die andere auf seiner Nase, und teilte ihr mit, dass er auch als ihr Sohn diese Narben haben werde. Als Begründung, warum er noch einmal in derselben Familie geboren werden wolle, gibt er an, seine früh verstorbene Schwester habe sich bereits als Schwester seiner Nichte wiederverkörpert, und er wolle zusammen mit ihr noch einmal aufwachsen. Zudem hoffe er, dabei endlich sein Stottern ablegen zu können. Achtzehn Monate nach Victors Tod brachte seine Nichte Corliss Chotkin junior zur Welt.

Das Kind trug zwei Muttermale, die den Narben Victors sehr ähnelten und sich an denselben Stellen befanden. Als es zu sprechen begann, stellte es sich im Tlingit-Akzent als der verstorbene Victor vor und erkannte im Alter von zwei Jahren Familienmitglieder wieder, denen es in seinem jetzigen Leben nie begegnet war. Später schilderte der Junge detailliert Einzelheiten aus seinem früheren Leben, von denen er angeblich keine Kenntnis gehabt haben konnte. Sein anfängliches Stottern verlor er im Verlauf einer Logotherapie. - Die für manchen vermutlich zunächst recht abenteuerlich klingende Geschichte gewinnt dadurch an Glaubwürdigkeit, dass sie von Ian > Stevenson selbst nachrecherchiert wurde, der für sein gründliches und seriöses Vorgehen bekannt ist (13, 272-275).

Vision

Optische > Halluzination

vorgeburtliche Erinnerungen

Erinnerungen an die Zeit, als man sich noch im Mutterleib befand - und unter Umständen an die Zeit davor.

Der bisherigen Schulmedizin zufolge sind beim Zeitpunkt der Geburt die Nervenbahnen eines Säuglings noch nicht ausreichend ausgebildet und verknüpft, um ihm bewusste Wahrnehmung und ein Gedächtnis zu ermöglichen. Dies gilt umso mehr für die Zeit davor. Trotzdem weisen Studien über das vorgeburtliche > Bewusstsein darauf hin, dass hier eine Form von Wahrnehmung stattfindet:

- Manche drei- bis vierjährigen Kinder berichten von sich aus über ihre Geburt und ihre Zeit im Mutterleib.
- Bei Zuständen eines veränderten > Bewusstseins (die etwa durch Hypnose, Rolfing, Rebirthing oder andere Praktiken herbeigeführt werden) steigen unabhängig von den Erwartungen des Patienten oder des Therapeuten detaillierte Erinnerungen an die Zeit im Mutterleib oder die Umstände der Geburt auf. Letztere Berichte (etwa über die anwesenden Personen, ihre Kleidung und die benutzten Instrumente) stellten sich später in mehreren Studien als zutreffend heraus. In einer dieser Studien wurden Mutter und Kind getrennt voneinander zurückgeführt. Menschen, die sich bewusst nicht an ihre Geburt erinnerten,

konnten in Hypnose übereinstimmende Angaben über die genauen Umstände mitteilen. Wo es zu Widersprüchen kam oder die Mutter etwas nicht wusste, stellten sich die Angaben des Kindes als die zuverlässigeren heraus.

- Wenn bei einer Fruchtwasseruntersuchung eine Nadel in die Gebärmutter eingeführt wird, dann zeigt sich im Ultraschall, dass schon Föten im Alter von zehn Wochen davor zurückweichen. Ihr > Gehirn ist zu diesem Zeitpunkt gerade mal 13 Millimeter groß. Etwas ältere Föten griffen die Nadel an. Bis zur sechsundzwanzigsten Woche sind die Augenlider von Föten aber noch zusammengewachsen.
- Bei einer Studie wurde Müttern für ein paar Tage das Rauchen verboten. Sobald ihnen danach die erste neue Zigarette ausgehändigt wurde, konnte man Stress-Signale des Fötus aufzeichnen, noch bevor die Zigarette überhaupt angezündet worden war.

Bereits nach diesen Erkenntnissen zeigt sich, dass es zu einer Zeit, wo das Gehirn noch überhaupt nicht ausgebildet ist, ebenso zu einer Form bewusster Wahrnehmung kommt wie zu einer Zeit, wo das Gehirn bereits tot ist (vgl. > van Lommel, Pim). Manche schlussfolgern, dass das Bewusstsein also offenbar nicht vom Gehirn abhängig sei.

Auch in > Rückführungen zeigen sich Erinnerungen an Geschehnisse aus der Zeit, als sich die betreffende Person noch im embryonalen Zustand befand und die sich später als zutreffend erweisen: etwa an Abtreibungsversuche. Wenn man entsprechende Mitschriften untersucht, erkennt man, dass die Betreffenden von zwei verschiedenen Blickwinkeln der Wahrnehmung während der frühesten Phase ihres Lebens berichten. Der eine ist mit dem Fötus oder Baby verbunden; die andere befindet sich außerhalb - sogar außerhalb des Körpers der Mutter. Bei manchen Rückführungen kommt es sogar zu "Erinnerungen" an die Zeit, noch bevor der Körper des Embryos geformt wurde, beispielsweise an den Augenblick der Zeugung. Auch was dabei geschildert wurde, lässt sich später als zutreffend bestätigen. In manchen Fällen werden medizinische Vorgänge geschildert, die dem Laien unbekannt sind, bei manchen zeigt sich eine telepathische Einsicht in die Gedanken und Gefühle anderer. Die Entwicklungspsychologin Jenny Wade schildert den Fall eines Kindes, das sich vor der Geburt als noch nicht verkörpertes Bewusstsein erinnerte. Das alles deckt sich mit den von Helen

> Wambach vollzogenen Rückführungen: 89 Prozent der von ihr Befragten beschrieben, als Fötus zugleich ein biologisches und ein > transzendentes Bewusstsein gehabt zu haben. Zu einer Verschmelzung kam es nur zögernd und allmählich, bis sie schließlich meist im dritten Drittel der Schwangerschaft stattfand. Zu diesem Zeitpunkt kann man die ersten Gehirnwellen des Babys messen (1, 59-62, 269-271; 16, 314; 89, 23-59).

Literatur: Gerald Bongard: The Near-Birth Experience. Marlowe & Company 2000; D.B. Chamberlain: Babies Remember Birth. Tarcher 1988; Sarah Hinze: Coming From the Light. Pocket Books 1997; Jenny Wade: Changes of Mind. State University of New York 1996

Walk-In

In der spirituellen Vorstellung eine Seele, die einen frei werdenden Körper übernimmt: etwa weil dieser durch eine Krankheit zu geschwächt ist oder weil die eigentliche Seele keine Möglichkeit zur Weiterentwicklung mehr sieht und sich verabschiedet.

Wallace, Alfred Russell

Britischer Naturforscher, der gemeinsam mit Charles Darwin die Lehre der Evolution entwickelte. Wallace war allerdings kein Anhänger des reinen > Materialismus. Vielmehr befand er, der Darwinismus zeige zwar, "*wie der menschliche Körper sich aus niederen Formen nach dem Gesetz der natürlichen Zuchtwahl entwickelt haben kann; aber er lehrt uns auch, dass wir intellektuelle und moralische Anlagen besitzen, welche auf solchem Weg sich nicht hätten entwickeln können, sondern einen anderen Ursprung gehabt haben müssen - und für diesen Ursprung können wir eine Ursache nur in der geistigen Welt finden.*"

Wallace führte auch einige Versuche durch, die zeigten, dass andere Menschen auf geistigem Wege beeinflussbar waren. Bei einem zuvor von ihm hypnotisierten Jungen stellte er etwa fest, dass dieser aufschrie, wenn Wallace sich mit einer Nadel stach, und dass der Knabe daraufhin die entsprechende Stelle seines Körpers berührte. Wenn Wallace an einem Zuckerstück lutschte, begann auch der Junge zu schmatzen.

Vom > Spiritismus ließ sich Wallace überzeugen, als er bei helllichtem Tag Zeuge von sich scheinbar selbstständig bewegenden schweren Tischen und Klopfgeräuschen aus dem Nichts wurde. Auch lernte er eine füllige junge Dame namens Agnes Nichols kennen, die seinen Schilderungen nach in der Lage war zu schweben und auf Wunsch > Apporte beispielsweise einer Sonnenblume zu erzeugen. Als Wallace von diesen Dingen berichtete, schadete das seinem Ruf in der wissenschaftlichen Gemeinde. Mit besonderer Heiterkeit wurde ein Fall aufgenommen, als Wallaces Bekannte Zeugenaussagen zufolge selbst zum Apport wurde. Sie verschwand demnach aus ihrem Speisezimmer, um vier Meilen entfernt auf dem Tisch einer > Séance aufzutauchen (16, 150-151; 93, 112-113).

Wambach, Helen

(1925-1985) Kalifornische Psychologin, die > Reinkarnation statistisch erfasste, um sie über die Ebene des Einzelfalls hinauszuführen. Anhand von rund 1000 Versuchspersonen stellte sie fest, dass sich 90 Prozent von ihnen an Szenen und Gefühle eines "vergangenen Lebens" erinnerten. Diese wurden bis in kleinste Einzelheiten in umfangreichen Fragebögen festgehalten. Dabei kam Wambach zu folgenden Ergebnissen:

- Verschiedene Details ließen sich historisch oder archäologisch belegen.
- Es gab unter den knapp 1000 Fragebögen nur elf, die eindeutige historische Unstimmigkeiten aufwiesen. Alle anderen äußerten sich mit zum Teil auffälliger Übereinstimmung über kaum bekannte Epochen und Kulturen.
- Wenn es Abweichungen gab, dann waren sie bei weit zurückliegenden Zeitaltern genauso groß wie bei der jüngsten Vergangenheit. Das legt nahe, dass hier kein Vorauswissen durch Bücher oder Medien hineinspielte.
- Die Berichte von Personen, die sich an dieselbe Kultur erinnerten, deckten sich bis hinein in Details wie die Beschreibung von vor über 2000 Jahren im Mittelalter verwendeten Münzen.
- Entgegen mancher Annahme erinnerte sich keineswegs jeder Zweite an ein Leben etwa als Napoleon oder Kleopatra: Nur zehn Prozent der Befragten gaben an, Mitglieder der Oberschicht gewesen zu sein, zwischen 60 und 70 Prozent entstammten der Unterschicht und berichteten von einem Leben voller Entbehrungen. Damit entsprachen

die Ergebnisse der Rückführungen der tatsächlichen Klassenverteilung, und Erinnerungen an frühere Leben hatten offensichtlich mit Wunschträumen nichts zu tun. Dieselbe statistisch stimmige Verteilung ergab sich, was Rassen- und Geschlechtszugehörigkeit sowie die historisch gewachsene Zahl der Weltbevölkerung betraf.

Ab 1978 versetzte Wambach 750 weitere Versuchspersonen in Trance und befragte sie über Sinn und Zweck von Reinkarnation. Obwohl viele der Betreffenden den Glauben an eine Wiedergeburt ablehnten oder sich nie damit beschäftigt hatten, zeigte sich eine überraschende Übereinstimmung mit uralten asiatischen Lehren:

- Der Mensch könne sich frei für eine Wiedergeburt entscheiden, etwa um unerledigte Aufgaben und Erfahrungen zu Ende zu bringen, geistig zu wachsen, charakterliche Schwächen zu überwinden, bestehende Beziehungen zu vertiefen, Furcht zu überwinden und > Liebe zu lernen. Manchmal werde er dazu allerdings von jenseitigen Beratern gedrängt.
- Beziehungen aus dem jetzigen Leben nehmen mit vertauschten Rollen Beziehungen aus früheren Leben auf: So werden Väter zu Geliebten und Rassisten zu Schwarzen.
- Die Vereinigung der > Seele mit dem Fötus findet schrittweise statt: In der Regel ab dem sechsten Schwangerschaftsmonat, manchmal auch erst während der Geburt.
- Die Betreffenden nahmen schon im Mutterleib die Gedanken und Gefühle ihrer Mutter stark wahr (> Grof, Stanislav; > vorgeburtliche Erinnerungen). Mit der Geburt selbst werden Empfindungen von Schreck, Trauer, Einsamkeit, Fremdheit und genereller Überforderung verbunden.
- Selbst Patienten mit starker Angst vor dem Tod erlebten ihren Tod in früheren Leben in Verbindung mit Ruhe, Frieden und Gelassenheit, Freiheit und Erleichterung (vgl. > Kübler-Ross, Elisabeth). Zwanzig Prozent der Befragten berichteten von > außerkörperlichen Erfahrungen bei ihrem Tod.

Da Wambach von manchen Ergebnissen selbst überrascht war, hält sie es für unwahrscheinlich, dass die übereinstimmenden Ergebnisse lediglich auf der Grundlage ihrer eigenen Auffassung entstanden waren.

Wie andere Reinkarnationsforscher führt auch Wambach seelische Störungen bei manchen Menschen auf schreckliche Erlebnisse in ihrem früheren Leben zurück (60, 160-161; 92, 63-71).

Literatur: Helen Wambach: Leben vor dem Leben. Heyne 1989

Watseka-Wunder

Berühmter Fall von scheinbarer > Besessenheit, der sich in dem US-amerikanischen Städtchen Watseka zutrug. Er dreht sich unter anderem um das Mädchen Mary Roff, das unter Anfällen litt, aber auch in der Lage gewesen sein soll, geschlossene Bücher und versiegelte Umschläge zu lesen. Sie starb 1864 im Alter von 18 Jahren. Zu diesem Zeitpunkt war Lurancy Vennum ein Jahr alt. Mit 13 erlitt sie ihren ersten eigenen Anfall und schien sich in Trance mit > Engeln und den > Geistern verstorbener Menschen zu unterhalten, die zeitweise auch Besitz von ihr ergriffen. Schließlich behauptete Lurancy, in Wahrheit Mary Roff zu sein, Heimweh zu haben und ihre Familie wiedersehen zu wollen. Nach einiger Zeit wurde es ihr gestattet, dreieinhalb Monate bei den Roffs zu verbringen. Vennum erkannte jeden wieder, den Mary Roff damals gekannt hatte, erinnerte sich an viele Einzelheiten aus ihrem "früheren" Leben, aber an nichts aus ihrem Leben als Lurancy Vennum. Mary Roffs Familie erkannte in Vennum ihre Tochter wieder. Schließlich kehrte Lurancys eigene Persönlichkeit in sie zurück.

Der Fall mag sich anfangs sehr überzeugend anhören und wird deshalb auch gerne in der Literatur zitiert; allerdings gelang es > Skeptikern, einiges daran in Frage zu stellen. So wurde Lurancy, offenbar ein seelisch belastetes pubertierendes Mädchen, die Persönlichkeit Mary Roffs durch den selbst ernannten Priester und Geistheiler E. W. Stevens in Hypnose-Sitzungen nahe gebracht. Stevens war auch derjenige, der die Einzelheiten des Falles der Öffentlichkeit mitteilte. Die beiden Familien hatten eine Zeitlang in derselben Nachbarschaft gelebt, und die Umstände von Marys Leben und Tod gingen vermutlich einige Zeit durch die Gerüchteküche des Ortes. Die Möglichkeit, dass Lurancy, als sie bei den Roffs lebte, einige von ihren Gesprächen mithörte und so Einzelheiten über Marys Leben erfuhr, kann ebenfalls nicht ausgeschlossen werden. Andererseits wurde Stevens Bericht von den beiden Familien beglaubigt, Stevens besaß einen guten Leumund, und zahlreiche unabhängige Forscher sowie Journalisten beschäftigten sich ebenfalls gründlich mit diesem Fall. Auch wusste Lurancy unerklärlich viele Einzelheiten selbst über Marys privateste Dinge, und sie machte in 14 Wochen der Befragung in ihren Berichten keinen einzigen Fehler (1, 136-137; 27, 173; 78, 194).

Weiss, Brian

Bekannter US-amerikanischer Rückführungstherapeut und Buchautor. Er war ursprünglich regulärer Psychotherapeut und wollte eine Patientin lediglich in ihre Kindheit zurückführen, als sie sich an ein früheres Leben zu erinnern begann. Daraufhin lösten sich ihre Angstzustände auf. Zudem war sie Weiss' Darstellung nach in der Lage, bemerkenswerte Nachrichten über seine Familie und seinen verstorbenen Sohn aus dem "Raum zwischen den Leben" zu erlangen. Inzwischen unterhält Weiss eine Privatpraxis in Miami und führt internationale Seminare zum Thema > Rückführung durch.

Literatur: Brian Weiss: Die Liebe kennt keine Zeit. Ullstein 2001

Web: www.brianweiss.com

Whitton, Joel

kanadischer Psychiater, der über hypnotische Verfahren hieb- und stichfeste Beweise für die These der > Reinkarnation zu gewinnen suchte. Als unerwartete Nebenerfolge dieser Tätigkeit stellte sich 1974 heraus, dass seine Patienten auch über den Zeitraum zwischen ihren irdischen Leben berichteten (> Bardo) und dass sie den Tod in ihrem vergangenen Leben genau so schilderten, wie er mittlerweile in Berichten über Nahtodes-Erfahrungen dargestellt wird.

Literatur: Christopher M. Bache: Das Buch von der Wiedergeburt. Scherz 1998

Wilber, Ken

Aufgrund seiner zahlreichen Bücher international bekanntester, US-amerikanischer Vertreter der > transpersonalen Psychologie (geboren 1949). Er eignete sich ein umfassendes Wissen in den Bereichen Psychologie, Philosophie und Biochemie an und sammelte Erfahrung mit Meditation und Psychotherapie. Das Ziel seines Schaffens ist das Zusammenführen der unterschiedlichsten Wissens- und Erkenntnisbereiche zu einem neuen Welt- und Menschenbild, das der spirituellen Weiterentwicklung des > Bewusstseins wieder Raum gewährt. Hierbei orientiert er sich an Heiligen, Mystikern und Weisen, denen es offenbar bereits gelungen ist, in jenen Bereich der > Transzendenz vorzudringen. Die Konzentration der bisherigen Schulwissenschaft auf das objektiv Erfahrbare der äußeren Welt erscheint ihm als zu kurz gegriffen.

Literatur: Ken Wilber: Eros, Kosmos, Logos. Krüger 1996 (und viele andere)

Willett, Winifred

In der ersten Hälfte des letzten Jahrhunderts ein bekanntes britisches > Medium. Sie hatte eine gute Erziehung genossen und war als eine der ersten Frauen Englands als Friedensrichterin sowie in anderen öffentlichen Ämtern tätig. Nach > Myers Tod schienen sich sein > Geist sowie der von Edmund Gurney, einem anderen Gründungsmitglied der > Society for Psychical Research, durch Milletts Mund zu äußern. Auffällig dabei war, dass die Gespräche mit diesen beiden vermeintlichen Geistern auf einem sehr hohen Niveau abliefen, welches das große Interesse der Verstorbenen an Themenbereichen wie Psychologie, > Parapsychologie und Philosophie, eine bemerkenswerte Vertrautheit mit Myers Schriften sowie ein stark ausgebildetes Unterscheidungsvermögen auch in Kleinigkeiten widerspiegelte. Diese hochgeistigen Unterhaltungen erfolgten über Monate hinweg. Mrs. Willet selbst besaß keinerlei Kenntnisse oder auch nur Interesse an Philosophie und verstand, als man ihr die Mitschriften der Gespräche vorlegte, kein Wort von dem, was da aus ihrem Mund gedrungen war. Die Parapsychologen, die sich mit "Myers" und "Gurney" unterhielten, waren überzeugt, dass Verhalten und Sprechweise dieser vermeintlichen Geister genau mit denen der Verstorbenen übereinstimmten. Willett war keinem von beiden zuvor begegnet. Vgl. > Piper, Leonora E.

Web: www.prairieghosts.com/cross_corr.html, www.survivalafterdeath.org

Wiseman, Richard

häufig in Presse und Fernsehen vertretener britischer Parapsychologe (vgl. > Parapsychologie). Seine Schwerpunkte sind dabei das Testen angeblicher

Medien (> Medium), parapsychologische Experimente sowie > Erscheinungen. Dabei hilft ihm seine Erfahrung als professioneller Bühnenmagier ebenso wie sein Wissen als Psychologieprofessor bei dem Unterfangen, für viele scheinbar > paranormale Phänomene eine irdische Erklärung zu finden und Täuschungen zu durchschauen. Als überzeugter > Skeptiker ist er Mitglied der Organisation > CSICOP (vgl. > Committee for the Scientific Investigation of Claims of the Paranormal). Allerdings wurde ihm von anderen Parapsychologen häufig vorgeworfen, ihre Untersuchungsergebnisse verfälschend wiederzugeben sowie seine eigenen Experimente bewusst so anzulegen, dass dabei kein paranormales Wirken festgestellt werden konnte. Die Kritik an Wiseman erreichte im September 2004 ihren Höhepunkt, als er die junge Russin Natasha Demkina untersuchte, der andere Wissenschaftler die Fähigkeit diagnostiziert hatten, auf übersinnliche Weise Krankheiten zu erkennen. Obwohl Demkina bei diesem Test Treffer erzielte, die nur mit einer Wahrscheinlichkeit von 50 zu 1 durch Zufall zu erklären sind, beurteilte Wiseman diesen Versuch als fehlgeschlagen. Der Physik-Nobelpreisträger Brian Josephson war nicht der einzige, der Wisemans Analyse zerpflückte. Tatsächlich gelangte auch eine große Mehrheit von Wisemans Kollegen in der parapyschologischen Forschungsgemeinschaft zu dem Urteil, dass seine Arbeit nicht wissenschaftlich integer war, weshalb er schließlich die > Society for Psychical Research verlassen musste.

Worth, Patience

Angeblich 1650 im englischen Dorsetshire geborene Frau, die dann in die USA ausgewandert und dort von Indianern umgebracht worden sein soll. Ob es sie wirklich gab, lässt sich nicht mehr ermitteln. 1916 fiel die US-amerikanische Hausfrau Mrs. Curran in Trance, als sie über einem Brief grübelte, und begann, wie von selbst in altenglischer Sprache einen Text niederzuschreiben (> Automatismus). In diesem Text, der im Lauf der nächsten 20 Jahre auf fünf Romane anwuchs, teilte sich eben jene "Patience Worth" mit. Einige der genannten Fakten ließen sich historisch belegen. Der Psychologe Charles Cory, der diesen Fall untersuchte, zeigte sich verwundert darüber, dass Mrs. Curran in sehr hohem Tempo (bis zu 1700 Wörter in der Stunde) einen literarisch ausgefeilten altenglischen

Text zustande brachte, der nicht mehr überarbeitet werden musste und in dem sich nicht ein einziges Wort fand, das erst nach dem 17. Jahrhundert Teil der englischen Sprache wurde. Manche von Curran verwendeten seltenen Worte konnten von Sprachwissenschaftlern erst nach mühevoller Arbeit in uralten Dokumenten aufgespürt werden (11, 133-177; 21, 193-194).

Xenoglossie

Die Fähigkeit, eine nie gelernte Fremdsprache zu sprechen oder zu verstehen. Beispielsweise ließ der Psychiater Ian > Stevenson eine US-amerikanische Arztfrau jüdischer Abstammung in ein früheres Leben zurückführen (> Rückführung), woraufhin diese von ihrem Leben als ein Bauer namens Jensen Jakoby im Südwesten Schwedens berichtete und dabei in einen lange ausgestorbenen Dialekt verfiel. Zehn Sprachwissenschaftler erkannten diesen Dialekt anhand von Tonbandmitschnitten als richtig. Nur ein gebürtiger Schwede könne manche der verwendeten Wörter so aussprechen, wie diese Frau es tat. "Jensen" war in der Lage, auch komplizierte Fragen vernünftig zu beantworten, verfügte über einen angemessenen Wortschatz und berichtete einiges aus seinem Leben. Nach 16-jähriger Untersuchung schloss Stevenson in einem 200-seitigen Abschlussbericht aus, dass sich die Arztfrau die altertümliche fremde Sprache zu Lebzeiten angeeignet haben konnte. Da sie anonym bleiben wollte, war auch kein Grund zu erkennen, weshalb sie Stevenson hätte hinters Licht führen sollen.

Es gibt indes Fälle von Xenoglossie, bei denen Anhaltspunkte für Einflüsse aus der Gegenwart vorliegen. Generell wird diese Fähigkeit nicht sehr oft beobachtet und erschöpft sich meistens im papageienartigen Daherplappern einiger kurzer Sätze. Es zeigen sich oft auch grammatikalische Fehler, die auf ein geringes Verständnis der Sprache hinweisen (9, 70-71; 78, 191; 92, 107-109).

Zeitungstest

Versuch, bei dem ein > Medium mitteilt, welche Worte und Namen man am nächsten Tag an bestimmten Stellen (also etwa Seite und Spalte) bestimmter Zeitungen finden wird. Solche Tests wurden etwa von C. Drayton > Thomas mit Leonard > Osborne durchgeführt. Die Erfolgsquote war weit höher, als man es dem bloßen Zufall nach erwarten dürfte (von 104 Angaben waren etwa nur 19 falsch). Sie übertraf auch die der > Buchtests. Solche Versuche waren auch dann erfolgreich, als die entsprechenden Zeitungsseiten noch gar nicht gesetzt waren (88, 221-224).

Zufallszahlengenerator

Von dem Physiker Helmut Schmidt erfundene Gerätschaft, die mit Hilfe von zufallsgesteuertem radioaktivem Zerfall von Strontium 90 eine große Menge von Zahlen ausgibt. Wenn diese Maschine unbeeinflusst funktioniert, stellt der Zufall sicher, dass jede Zahl in derselben Häufigkeit erscheint. Gelingt es jemandem, diese Zahlen in statistisch auffälliger Häufigkeit vorherzusagen, gilt dies als Beweis für > außersinnliche Wahrnehmung. Gelingt es jemandem, eine merkliche Abweichung zu dieser Verteilung zu erzeugen, einfach indem er sich auf das Gerät konzentriert, wird das von Parapsychologen als Beweis für > Telekinese bewertet (> Parapsychologie). Führende Parapsychologen sind überzeugt davon, diesen Beweis so endlich auch per Laborversuch erbracht zu haben. Ergebnisse auf der Grundlage von Zufallszahlengeneratoren gelten als verlässlicher als solche, die durch das Mischen und Betrachten von Karten sowie das Werfen von Würfeln entstehen (vgl. > Rhine, J.B.), weil damit Fehler und Betrug von den Versuchsleitern besser vermieden werden können.

Literatur: Robert Jahn und Brenda Dunne: An den Rändern des Realen. Zweitausendeins 1999. Dean Radin: The Conscious Universe: The Scientific Truth of Psychic Phenomena. Harper Collins 1997

Zukunft der Überlebens- und Jenseitsforschung

Die bisherige Erforschung der Frage, ob es ein Leben nach dem Tod gibt, führte zu vielen Erkenntnissen, die in diese Richtung weisen, die sich allerdings mit großer Mühe noch in ein rein irdisches Denkschema einpassen lassen. Viele Belege wirken anfangs überzeugend, aber bei genauerer Betrachtung lassen sich zumindest mögliche Erklärungen finden, die ohne die Existenz eines > Jenseits auskommen. Andererseits lässt sich das, was insbesondere von gut belegten Reinkarnationsfällen sowie von > Nahtod-Erlebnissen bekannt ist, nicht einfach vom Tisch wischen. Erkenntnisse, denen zufolge das > Bewusstsein nicht auf das > Gehirn begrenzt ist und auf gewisse Weise Wirklichkeit schaffen kann, wurden durch die Forschung der letzten Jahrzehnte insgesamt betrachtet weit eher gestützt als widerlegt.

Sowohl ein Versuch der irdischen Erklärung als auch die Annahme eines Jenseits erscheinen auf dieser Grundlage gleichermaßen kühn, wobei Letzteres inzwischen vielen als glaubhafter erscheint - zumal es ja auch in den etablierten Naturwissenschaften immer mehr Ansätze gibt, das Bewusstsein vom Gehirn mindestens teilweise unabhängig zu sehen. Dennoch würden nur die wenigsten ernsthaften Forscher behaupten, für die Existenz eines Jenseits, geschweige denn für dessen nähere Beschreibung, sei ein hieb- und stichfester wissenschaftlicher Beweis erbracht. Gleichzeitig erscheint es vielen schwierig, sich vorzustellen, wie ein solcher Beweis überhaupt aussehen und in welche Richtung man die Forschungen betreiben könnte.

Der Parapsychologe Milan Rýzl, selbst ein begeisterter Anhänger der Annahme von > Super-Psi, schlägt in seinem Buch "Der Tod ist nicht das Ende" vor, eben jene offenbar gewaltige Macht > außersinnlicher Wahrnehmung auch zur Erkundung des Jenseits einzusetzen. Sobald genügend Menschen diese Begabung vervollkommnet und trainiert hätten, sollten sie auf diese Weise genügend Wissen sammeln können. Rýzl räumt ein, dass es einige Generationen dauern dürfte, die dafür nötige Bereitschaft in der Mehrheit der Bevölkerung zu schaffen. Ein kürzerer Weg könne sein, die Aussagen von > Medien auf die in ihnen enthaltenen Informationen über das Jenseits zu untersuchen: Ob diese Informationen durch Geister oder durch eine extreme Form außersinnlicher Wahrnehmung zustande kämen, sei ja im Grunde egal.

Eine Zusammenstellung von weiteren Ansätzen wurde 1998 auf einer Konferenz des > Esalen Centers präsentiert. Dazu gehören neben vielen anderen:

- das gezielte Erlangen von Erkenntnissen aus einem anderen Bewusstseinszustand als dem normalen Wachbewusstsein heraus,
- das Aufstellen konkreter Hypothesen, die man bestätigen oder widerlegen kann,
- Versuchspersonen zu Dingen wie > außerkörperlichen Erfahrungen oder > Channeling gezielt zu trainieren (möglicherweise über Biofeedback), statt nur zu hoffen, passende Leute zu finden,
- genauer zu erforschen, inwieweit das Gehirn als Erzeuger und inwieweit es als Überträger von Bewusstsein funktioniert,

- Informationen über Nahtod-Erfahrungen bei extremen chirurgischen Eingriffen wie dem Fall Pam > Reynolds zu sammeln,
- Informationen über Nahtod-Erfahrungen Blinder zu sammeln,
- eine gründlichere Untersuchung von > Sterbebettvisionen und allem, was damit zusammenhängt,
- das Aufstellen von > Zufallszahlengeneratoren in den Zimmern Sterbender,
- Kinder mit Erinnerungen an frühere Leben über die Jahrzehnte hinweg zu begleiten und über Methoden der psychologischen Diagnostik zu untersuchen, ob sich dieselben Verhaltensmerkmale wie bei den Verstorbenen wiederfinden,
- über Verfahren der Hypnose gezielter nach Informationen aus dem früheren Leben zu suchen,
- junge Kinder unvermittelt zu befragen, an welche Dinge aus ihrem vergangenen Leben sie sich erinnern,
- eine genauere Untersuchung von Fällen im Zusammenhang mit Xenoglossie, beispielsweise durch Gehirntomographien,
- eine weitere Untersuchung von > Kreuzkorrespondenzen,
- eine gründlichere Beschäftigung mit den Kontakten mit Verstorbenen, die durch das > Psychomanteum gezielter werden sollen,
- eine sprach- und literaturwissenschaftliche Analyse von gechannelten Texten, die angeblich von verstorbenen Autoren übermittelt wurden.

Momentan versuchen auch viele Laien, das Jenseits zu erforschen, indem sie das > Scole-Experiment fortsetzen.

Stephen > Braude hält es generell für geboten, sich wieder verstärkt mit > Medien und ihren Leistungen zu beschäftigen, um überhaupt neue Erkenntnisse in der > Parapsychologie zu gewinnen: “Kein noch so langes Herumfummeln mit Zufallszahlengeneratoren verspricht die Einsichten, die von einem Medium des Kalibers von Home oder Palladino gewonnen werden können.” (10, 57) Diese neue Hinwendung zu Medien findet in der aktuellen Forschung auch wieder statt (vgl. etwa > “The Afterlife Experiments”, > Robertson, Tricia, > Roy, Archie).

Web:http://www.esalenctr.org/display/confpage.cfm?confid=3&pageid=28&pgtype=1

Über den Autor

Arne Hoffmann,

geboren 1969 in Wiesbaden, ist studierter Medien-Wissenschaftler, Journalist und Buchautor. In seinen Werken, etwa dem "Lexikon der Tabubrüche" (Schwarzkopf & Schwarzkopf 2002), widmet er sich vor allem Themen, die normalerweise in der öffentlichen Berichterstattung beiseite gedrängt und verschwiegen werden. Für die "bahnbrechenden sozialwissenschaftlichen, ökonomischen und juristischen Analysen auf dem Gebiet der Gleichberechtigung der Geschlechter" in Hoffmanns Buch "Sind Frauen bessere Menschen?" (Schwarzkopf & Schwarzkopf 2001) verlieh ihm die Kellmann-Stiftung für Humanismus und Aufklärung den Belfort-Bax-Preis 2004. Über Hoffmanns aktuellste Neuerscheinungen informiert seine Website unter der URL www.arnehoffmann.com.

Gebrauchsanleitung für die Quellenangaben

Um das Buch nicht mit Fußnoten zu überlasten, sondern ein flüssiges Lesen zu ermöglichen, habe ich mich für ein möglichst wenig sichtbares System entschieden.

Bei vielen Einträgen in diesem Lexikon habe ich die Quelle, aus der diese Information stammt, unter dem jeweiligen Eintrag als Web- oder Literaturtipp angegeben. Häufig finden Sie mitten im Text aber auch eingeklammerte Zahlen, etwa (88, 101). Das bedeutet, die vorangehende Information stammt von Titel Nummer 88 auf der unten stehenden Literaturliste, Seite 101. Wenn in einer Klammer mehrere Zahlen von einem Semikolon getrennt stehen (88, 101; 19, 77), habe ich mir erlaubt, mehrere Quellen zusammenzufassen. Mehrere Zahlen ohne Semikolon (88, 101, 107) bedeutet: ein Titel (Nummer 88 im Literaturverzeichnis) und darin zwei Seiten (101 und 107). Finden Sie in einer Klammer nur eine Zahl (12), dann beziehe ich mich auf eine Website im Internet, wo es keine Seitenzahlen gibt.

Jede Quellenangabe bezieht sich auf die vorausgegangenen Informationen, manchmal auch über mehrere Absätze hinweg. Keine eigene Quellenangabe erfolgt, wenn die Veröffentlichung, auf die ich mich berufe, ausdrücklich im Text genannt wird oder wenn die entsprechende Information zum Allgemeinwissen in der Jenseitsforschung gehört, sodass sie in zahllosen Texten erscheint.

Verwendete Literatur:

1. Almeder, Robert: Death and Personal Survival. Littlefield Adams 1992
2. Atwater, Margaret: The Complete Idiot's Guide to Near-Death Experiences. Macmillan 2000
3. Bache, Christopher: Dark Night, Early Dawn. State University of New York 2000
4. Badham, Paul: Immortality or Extinction? Rowman & Littlefield 1982
5. Bailey, Lee Worth und Yates, Jenny: The Near-Death Experience. A Reader. Routledge 1996
6. Bauer, Wolfgang; Dümotz, Irmtraud und Golowin, Sergius: Lexikon der Symbole. Heyne 1987
7. Beard, Paul: Living On. Pilgrim Books 1987
8. Becker, Carl: Paranormal Experience and Survival of Death. State University of New York 1993
9. Berger, Arthur S.: Evidence for Life After Death. Charles C. Thomas Pub Ltd 1988
10. Braude, Stephen: The Limits of Influence. Lanham 1997
11. Braude, Stephen: Immortal Remains. Rowman & Littlefield 2003
12. Broughton, Richard: Parapsychology: The Controversial Science. Ballantine 1991
13. Currie, Ian: Niemand stirbt für alle Zeit. Goldmann 1989
14. Doore, Gary: Gibt es ein Leben nach dem Tod? Kösel 1994
15. Dossey, Larry: Recovering the Soul. Bantam 1989
16. Eichelbeck, Reinhard: Übersinnlich. Berichte aus der magischen Welt. Goldmann 2004
17. Elsäser-Valarino, Evelyn: On the Other Side of Life. Perseus 1997
18. Esalen-Institut: State of the Survival Field. Im Internet unter http:// www.esalenctr.org/display/confpage.cfm?confid=3&pageid=19&pgtype=1
19. Evans, Hilary und Huyghe, Patrick: The Field Guide to Ghosts and Other Apparitions. Quill 2000
20. Ewald, Günter: "Ich war tot". Pattloch 1999
21. Fischinger, Lars: Der Blick ins Jenseits. Kailash 2003
22. Gauld, Alan: Mediumship and Survival. Paladin Books 1983
23. Goodwin, Karin: Research proves the Existence of a 'Sixth Sense'. Im Internet unter http://www.sundayherald.com/33398

24. Gossler, Marcus: Lexikon Grenzwissenschaften. Mvg 1988
25. Gossler, Marcus: Lexikon der Reinkarnation. Im Internet unter: http://www-ang.kfunigraz.ac.at/~gossler/pers/reinlex/index.html
26. Greyson, Bruce: Near-Death Experiences. In: Cardena, Etzel: Varieties of Anomalous Experience. American Psychological Association 2000
27. Griffin, David Ray: Parapsychology, Philosophy and Spirituality. State University of New York 1997
28. Grof, Stanislav: Die Welt der Psyche. Rowohlt 1997
29. Grosso, Michael: Experiencing the Next World Now. Pocket Books 2004
30. Guggenheim, Bill und Judy: Trost aus dem Jenseits. Scherz 2002
31. Hansen, George P.: The Trickster and the Paranormal. Xlibris 2001
32. Harpur, Patrick: Daimonic Reality. Pine Winds Press 2003
33. Haraldsson, Erlendur: Reinkarnation. In: Gerald L. Eberlein. Lexikon der Parawissenschaften. Beck 1995
34. Hofmann, Hellmut: PSI - die andere Wirklichkeit. Edition vaBene 2001
35. Irwin, Harvey: An Introduction to Parapsychology. McFarland & Company 1999
36. Jakoby, Bernard: Auch du lebst ewig. Langen Müller 2000
37. Kakuska, Rainer: Der Esoterik-Leitfaden. Heyne 1991
38. Katra, Jane und Targ, Russell: The Heart of the Mind. New World Library 2000
39. Kuzma, Cindy: Pregnant on a Prayer? Im Internet unter: http://www.science-spirit.org/articles/Articledetail.cfm?article_ID=284
40. LaGrand, Louis E.: Messages and Miracles. Extraordinary Experiences of the Bereaved. Llewellyn Publications 1999
41. Laszlo, Ervin: Das fünfte Feld. Materie, Geist und Leben - Vision der neuen Wissenschaften. Bastei 2000
42. Lewis, James: The Death and Afterlife Book. Visible Ink Press 2001
43. Lorimer, David: Survival? Body, Mind and Death in the Light of Psychic Experience. Routledge 1984
44. Lorimer, David (Hrsg.): Thinking Beyond the Brain. A Wider Science of Consciousness. Floris Books 2001
45. Lucadou, Walter von (Hrsg.): Dimension Psi. List 2003
46. Marshall, Ian und Zohar, Danah: Who's Afraid of Schrödinger's Cat? Quill 1997
47. Mayer, Gerhard: Grenzgebiete im Blick. Berichterstattung zu Themen aus dem Bereich der Anomalistik in SPIEGEL und BILD. In: Skeptiker 3/03, S. 84-97

48. Meckelburg, Ernst: Hyperwelt. Erfahrungen mit dem Jenseits. Heyne 1998

49. Meckelburg, Ernst: Die "andere" Wirklichkeit. Droemer Knaur 2002

50. Moring, Gary: The Complete Idiot's Guide to Theories of the Universe. Macmillan 2002

51. Morse, Melvin und Perry, Paul: Verwandelt vom Licht. Knaur 1994

52. Morse, Melvin und Perry, Paul: Where God Lives. Harper Collins 2000

53. Murphy, Michael: Der QuantenMensch. Integral 1994

54. Parvese, Armando: Handbuch der Parapsychologie. Pattloch 1992

55. Peter, Andreas und Kilian, Caspar: Die phantastische Wissenschaft. Fischer 1975

56. Petre, Jonathan: Soul-Searching Doctors Find Life After Death. Im Internet unter http://news.telegraph.co.uk/news/main.jhtml?xml=%2Fnews%2F2000%2F10%2F22%2Fnsoul22.xml

57. Radin, Dean: The Conscious Universe. Harper San Francisco 1997

58. Radin, Dean: Seeking for Whom the Bell Tolls. Exploring Mind-Matter Interactions on a Global Scale. Im Internet unter http://www.datadiwan.de/SciMedNet/library/ articlesN77+/N79Radin_ globalmind.htm

59. Rao, K. Ramakrishna: Basic Research in Parapsychology. McFarland and Company 2001

60. Readers Digest: Faszination des Unfassbaren. Readers Digest 1983

61. Rickard, Bob und Michell, John: Unexplained Phenomena. Rough Guides 2001

62. Ring, Kenneth: Lessons from the Light. Moment Point Press 1998

63. Rogo, Scott: Life After Death. Sterling 1986

64. Rogo, Scott: Beyond Reality. Aquarian Press 1990

65. Roy, Archie: The Archives of the Mind. SNU Publications 1996

66. Russell, Ronald: The Vast Enquiring Soul. Hampton Roads 2000

67. Rýzl, Milan: Das große Handbuch der Parapsychologie. Ariston 1997

68. Sabom, Michael: Light and Death. One Doctor's Fascinating Account of Near-Death Experiences. Zondervan 1998

69. Schattner, Nick: Beweis für Wiedergeburt? Im Internet unter http://www.freenet.de/freenet/wissenschaft/mensch/wiedergeburt/indien/index.html

70. Schmicker, Michael: Best Evidence. Writers Club 2000

71. Shanor, Karen Nesbitt: The Emerging Mind. Renaissance Books 1999

72. Solomon, Grant und Jane: The Scole Experiment. Piatkus 1999

73. Sommer, Andreas: Leben nach dem Tod? - Die wissenschaftliche Erforschung der Frage nach dem Fortleben. Geschichte, Fragestellungen, Status und Implikationen der "Survival Research". Im Internet unter http://www.forumkontrovers.de/index/historie-Dateien/Survival.htm

74. Spraggett, Allen: The Case for Immortality. New American Library 1974

75. Stack, Rick: Out of Body Adventures. McGraw-Hill 1988

76. Stevenson, Ian: Reinkarnation. Der Mensch im Wandel von Tod und Wiedergeburt. Aurum 1979

77. Stevenson, Ian: Reinkarnationsbeweise. Aquamarin 1999

78. Stokes, Douglas: The Nature of Mind. McFarland & Company 1997

79. Strieber, Whitley: Are OBEs All in the Brain? Im Internet unter: http://www.unknowncountry.com/news/?id=3433

80. Strieber, Whitley: OBE Created by Brain Stimulation. Im Internet unter: http://www.unknowncountry.com/news/?id=1967

81. Strieber, Whitley: Simple Test for Near-Death-Experiences. Im Internet unter http://www.unknowncountry.com/news/?id=3103

82. Talbot, Michael: Das holographische Universum. Die Welt in neuer Dimension. Droemer Knaur 1994

83. Targ, Russell und Katra, Jane: Miracles of Mind. New World Library 1999

84. Tart, Charles: Body Mind Spirit. Exploring the Parapsychology of Spirituality. Hampton Roads 1997

85. Tart, Charles: Psi. Backinprint.com 2001

86. Tart, Charles: A Psychophysiological Study of Out-of-the-Body-Experiences in a Selected Subject. Originalveröffentlichung im Journal of the American Society for Psychical Research, 1968, vol. 62, No. 1, Seiten 3-27. Im Internet einsehbar unter http://www.paradigm-sys.com/cttart/sci-docs/ctt68-apsoo.html

87. Tart, Charles: Consciousness. A Psychological, Transpersonal and Parapsychological Approach. Im Internet unter http://www.paradigm-sys.com/display/ctt_articles2.cfm?ID=38

88. Tenhaeff, W.H.C.: Kontakte mit dem Jenseits. Ullstein 1995

89. Wade, Jenny: Changes of Mind. State University of New York 1996

90. Wegschneider, Hermann; Weidinger, Hans Peter; Zundel, Edith und andere: Transpersonales Lexikon. Im Internet unter http://www.transpersonal.at

91. Weigl, Hanspeter: Auf der Suche nach der unsterblichen Seele. Piper 1999

92. Wiesendanger, Harald: Zurück in frühere Leben. Ullstein 1991

93. Wilson, Colin: After Life. Survival of the Soul. Llewellyn 2000

94. Wolf, Fred Alan: Die Physik der Träume. Dtv 1997

95. Wolf, Fred Alan: Mind into Matter. Moment Point Press 2000

96. Wulff, David M.: Mystical Experience. In: Cardena, Etzel: Varieties of Anomalous Experience. American Psychological Association 2000

60 Seiten, gebunden
11 ganzs. Farbfotos
€ [D] 14,90 / sFr 26,80
ISBN 3-931652-72-6

Elisabeth Kübler-Ross

Warum wir hier sind

Antworten auf Fragen, die in ihren anderen Büchern noch nicht gestellt wurden und uns alle bewegen:

Warum sind wir Menschen hier? Warum müssen wir immer wieder inkarnieren? Warum vergessen wir eigentlich, woher wir gekommen sind? Was sollen wir in dieser Erdenschule lernen? Was können wir aus einer Partnerschaft lernen? Wie kann man mit dem Jenseits in Kontakt kommen? Wie bereiten wir uns auf ein erneutes Erdenleben vor? Hat denn alles, was einem im Leben widerfährt, einen Sinn?

112 Seiten, gebunden
m. vielen meditat. Illustrationen
€ [D] 19,90 / sFr 34,90
ISBN 3-931625-10-6

Der Klassiker: 89 Seiten, broschiert
€ [D] 11,90 / sFr 21,30 I ISBN 3-3-923781-02-4

Elisabeth Kübler-Ross

Über den Tod und das Leben danach

Sonderausgabe

Der Innenteil dieser hochwertigen Leinenausgabe wurde durch 11 ganzseitige, farbige, meditative Illustrationen des Künstlers Peter Dorn ergänzt.
Das weltweit bekannte Buch mit seinen überzeugenden Beweisen für ein Leben nach dem Tod gilt mittlerweile als Klassiker zu diesem Thema.

16 Seiten, farbig
€ [D] 6,95 / sFr 12,90
ISBN 3-89845-033-3

Elisabeth Kübler-Ross

Der Dougy-Brief

Worte an ein sterbendes Kind

Elisabeth schreibt an einen krebskranken Jungen einen Brief, in welchem sie ihm erklärt, warum es Gott so eingerichtet hat, dass wir Menschen auf Erden geboren werden und wieder sterben müssen. Diesen Brief hat sie mit Buntstiften geschrieben und mit Zeichnungen versehen.

220 Seiten, broschiert
€ [D] 14,90 / sFr 26,80
ISBN 3-89845-020-1

Takis Evdokas

Der Tod, die große Illusion

Was passiert in den letzten Augenblicken vor dem Tod? Und was erleben wir danach? Gibt es tatsächlich eine ›andere Welt‹? Wie sieht es dort aus? Vieles ist über paradiesische Erfahrungen geschrieben worden, über die große Leuchtkraft des Lichts und über Farben von unsagbarer Schönheit.
Man hört auch, viel seltener allerdings, von Erfahrungen mit der Hölle, von Feuerströmen, Schlangen und Ungeheuern. Gibt es nach dem Tod ein anderes Leben? Der Autor, Psychotherapeut, unternimmt hier den Versuch einer Antwort in dem wohl umfassendsten Überblick über wissenschaftliche Erkenntnisse aus der Psychologie und Psychiatrie. Faszinierende Nahtod- und Nachtoderlebnisse zeigen uns, was der Tod in Wirklichkeit ist: eine große Illusion.

240 Seiten, gebunden
€ [D] 15,90 / sFr 28,50
ISBN 3-931652-03-0

Elsa Barker

Licht hinter dem Schleier

Wegweiser in die vierte Dimension

»Licht hinter dem Schleier« nimmt uns die Angst vor dem Tod und lässt uns die Verbindungen zwischen der irdischen und jenseitigen Welt erkennen.
Dieses Buch macht uns durch authentische Geschichten mit einer Welt vertraut, die wir mit unserer Innenwelt ständig berühren, jedoch meistens nicht bewusst wahrnehmen. Lebendig und spannend wird diese in ihrer Vielschichtigkeit und mit ihren unterschiedlichsten Wesen beschrieben.

216 Seiten, broschiert,
€ [D] 12,90 / sFr 23,50
ISBN 3-89845-099-6

Sylvia Barbanell

Ich lebe im jenseitigen Kinderreich

Gespräche mit Kinderseelen

Die Neuauflage des Klassikers beweist anhand zahlreicher überzeugender Fälle, dass verstorbene Kinder im Jenseits weiterleben und dort zur vollen Größe heranwachsen. Kinder "sterben" daher im eigentlichen Sinne nicht, sie leben in einer höheren Welt weiter. Aus diesem Kinderreich besuchen sie oft die auf der Erde Zurückgebliebenen und überbringen ihnen auf unterschiedlichste Weise überzeugende Identitätsbeweise und liebevolle Botschaften. Diese hier zusammengestellten Zeugnisse solcher Begegnungen trauernder Eltern und ihrer Kinder spenden Trost und erweitern unser Wissen über höhere Wahrheiten und das jenseitige Kinderreich.

288 Seiten, broschiert
€ [D] 8,95 / sFr 16,50
ISBN 3-89845-060-0

Elizabeth Clare Prophet & Patricia R. Spadaro

Karma in der Praxis

– Die Zukunft gestalten

Klein in Format und Preis – groß im Inhalt: »Karma in der Praxis« zeigt dem Leser anhand von praktischen Beispielen, wie Aktionen aus seinem früheren Leben – gute oder böse – mit seinem heutigen Leben zusammenhängen. Er lernt aber auch viel über Gruppenkarma und erfährt, was die großen Lehrer der westlichen und östlichen Welt, wie z. B. Jesus und Konfuzius, über Karma und Reinkarnation lehrten. Doch vor allem lernt der Leser, wie er karmische Begegnungen als große Chancen für seine Zukunft zu nutzen vermag.

384 Seiten, gebunden
€ [D] 24,90 / sFr 43,70
ISBN 3-89845-014-7

Trutz Hardo

Das große Karmahandbuch

Wiedergeburt und Heilung

Deutschlands bekanntester Rückführungstherapeut legt hier ein umfassendes Grundlagenwerk vor, das sowohl Allgemeinmedizin als auch Psychotherapie mit einem neuen revolutionären Heilansatz konfrontiert. In diesem Buch erfahren Sie alles über die Kette von Ursache und Wirkung – insbesondere in Bezug auf Krankheiten und Schwierigkeiten in zwischenmenschlichen Beziehungen. Die meisten Krankheiten werden schon in früheren Leben verursacht und manifestieren sich in Folgeleben als Symptome. Löst man die Ursachen auf, kann meist eine sofortige Heilung geschehen ...

272 Seiten, broschiert
€ [D] 8,95 / sFr 16,50
ISBN 3-89845-107-0

Elisabeth Clare Prophet / Patricia R. Sparado

Chakren – Deine sieben Energiezentren

Dieses Buch vermittelt – basierend auf der Lehre vom feinstofflichen Energiesystem unseres Körpers – kraftvolle Einsichten und Werkzeuge, um wieder heil und ganz zu werden. Quelle dieses Wissens sind verschiedenste spirituelle Traditionen, die uns anleiten, wie wir unsere Seele über die sieben Schritte des persönlichen Wachstums voranbringen können. Dieses Werk beinhaltet darüber hinaus ganzheitliche Techniken zur Wiederherstellung der energetischen Balance unseres Körpers – angefangen bei Homöopathie über Vitamine und Heilbäder bis hin zur Arbeit mit Meditationen, Affirmationen und Visualisierungen.